创新创业教育系列教材

规划职业理想
成就精彩人生

主　编　　王　雪
副主编　　江　静

中国经济出版社
北京

图书在版编目（CIP）数据

规划职业理想，成就精彩人生 / 王雪主编；江静副主编. -- 北京：中国经济出版社，2025.7. -- ISBN 978-7-5136-8257-2

Ⅰ．G647.38

中国国家版本馆CIP数据核字第2025UB1018号

策划编辑　崔姜薇
责任编辑　罗　茜
责任印制　李　伟

出版发行	中国经济出版社
印 刷 者	北京科信印刷有限公司
经 销 者	各地新华书店
开　　本	787mm×1092mm　1/16
印　　张	15.25
字　　数	255千字
版　　次	2025年7月第1版
印　　次	2025年7月第1次
定　　价	49.00元

广告经营许可证　京西工商广字第8179号

中国经济出版社　网址 http://epc.sinopec.com/epc/　社址 北京市东城区安定门外大街58号　邮编 100011
本版图书如存在印装质量问题，请与本社销售中心联系调换（联系电话：010-57512564）

版权所有　盗版必究（举报电话：010-57512600）
国家版权局反盗版举报中心（举报电话：12390）　服务热线：010-57512564

创新创业教育系列教材编委会

主　　任：陈　啸

副 主 任：林伟智

委　　员：（按姓氏笔画为序）

　　　　　王　雪　　刘　璐　　刘佳音　　江　静

　　　　　谷蕴韬　　周英辉　　袁　宏　　崔晓会

　　　　　程海亮　　颉静莉

练就鹰一样的眼光，狼一样的力量
——写在创新创业教育系列教材发行之际

海口经济学院董事长　曹成杰

鹰翔万里而不颓，是因为有眼光有志向

狼跃千里而不惧，是因为有智慧有力量

——题记

习近平总书记在党的二十大报告中强调"必须坚持科技是第一生产力、人才是第一资源、创新是第一动力"，深刻指出了创新在国家发展中的核心地位，将科技、人才和创新视为推动社会进步与经济发展的关键因素。海口经济学院确立的"加强应用型研究，建设创业型大学，培养创新型人才"的目标不仅是对党中央号召的积极响应，更是契合了时代发展的要求，一经提出就得到了社会和高等教育界的广泛认同。

近年来，学校以建设创业型大学为总揽，以培养创新型人才为目标，全面推进创新创业教育与人才培养深度融合，并采取多部门联动、多项目交叉、多举措融合的建设路径，扎实推进创新创业教育改革。学校成立创新创业学院，负责开展学生的创新创业系列课程教学及各类创新竞赛活动；成立创业管理处，负责学生企业注册及相关项目管理；建设10000多平方米的创新创业大厦，承接学生公司企业孵化；设立大学生创新创业发展基金，资助学生创业；建立政策激励机制，鼓励教师把产业和行业的新理论、新技术、新工具、新应用融入与更新到教学内容，有效指导与培养学生的创新思维、创业意识和创新创业能力；多途径建设校院两级创新创业协同共建基地，打造出以创新创业项目为核心，从学生入学到最终就业、创业的一体化创新创业教育生态圈。

学校全面修订人才培养方案，采取"9+1项目"模式，通过分层教学，使创新创业教育融入人才培养全过程。具体来说，大一学生接受创新创业教育，通过学习和训练，培养学生创新创业思维，初步掌握创新创业技能；大二学生接受职业生涯规划教育，引导在校大学生对自己的学业和职业生涯，制定现实可行的规划；大三学生在完成理论学习的同时，开展创新训练计划，并借此将大学生创新训练计划内伸外延至人才培养体系以及创业项目的选育、孵化和初创等环节中，以此形成一个闭环式创新创业教育体系，使创新意识培养与创业能力提高实现有机统一，最终达到"四进"（进教材、进课堂、进头脑、进项目）的目标；大四学生接受就业指导教育，帮助其提升求职竞争力，顺利实现从校园到职场的过渡，从而形成贯穿大学四年的全程化生涯发展教育体系。这种学习和训练，既是对有创业意愿的大学生系统的学习规划，又是对暂时没有创业意愿或是对自己是否适合创业还不能确定的大学生的正确引导。

学校的创新创业教育工作受到教育部高教司、海南省教育厅的充分肯定。2017年，学校先后三次在海南省和全国会议上做典型发言；2017年8月26日，《海南日报》专版报道学校创新创业教育工作情况。2016年7月，学校被教育部评为"全国高校首批创新创业50强"。2017年3月，学校创业孵化基地又被评为共青团中央全国首批29家"大学生创业示范园"；5月，海南省教育厅正式发文确立学校为海南省首批深化创新创业教育改革示范校。2021年6月，学校被海南省教育厅授予"示范应用型本科高校"，这是海南省乃至全国第一所省级示范应用型本科高校。2023年5月，学校创业孵化基地被海南省人力资源开发局认定为"海南（青年）公共创业孵化基地"。2025年4月，教育部正式公布中国国际大学生创新大赛（2024）获奖名单。经权威教育评价机构"麦可思研究"统计发布，海口经济学院以优秀的创新教育成果和赛事表现，成功入选"国家级创新大赛100强高校"榜单。今后，学校将继续以大赛作为创新创业教育的重要抓手，坚持以赛促教、以赛促学、以赛促改、以赛促创，将创新创业教育与专业教育相融合，以创新引领创业，以创业带动就业，扎实有效地推进创新创业示范高校建设工作。

古人云："读万卷书，不如行万里路。"习近平总书记也曾说过，当代大学生接触得更多的是书本上的理论，但书里有水分，只有与实践相结合，才能蒸发水分，得到真正的知识。学校正是按照习近平总书记的指示，认真思考如何针对自身不同特点，编撰适合本校大学生的系列教材。《创新引领未来　创业成就梦想》《规划职业理想　成就精彩人生》《掌握求职技巧　开启职业之门》《投身创新演练　淬炼创业本领》，正是这样一套以"创新引领、实践育人"为核心理念，致力于培养具有家国情怀、创新精神和实践能力的高素质应用型人才的系列校编教材。

同学们，海阔凭鱼跃，天高任鸟飞。只要你有意愿，学校就会倾力支持。让我们携手同行，在建设创新型国家的征程中，书写属于海口经济学院学子的青春华章！

2025年5月于海口桂林洋

目录 CONTENTS

第一章　生涯规划概述 ·· 1
　第一节　生涯规划的内涵与意义 ······················ 2
　第二节　生涯规划的要素与实施步骤 ·············· 12
　第三节　生涯规划理论 ··································· 21

第二章　自我认知 ·· 47
　第一节　兴趣探索 ·· 47
　第二节　价值观探索 ······································ 62
　第三节　能力探索 ·· 73
　第四节　性格探索 ·· 97

第三章　职业认知 ·· 108
　第一节　职业发展趋势 ································· 108
　第二节　职业认知分析 ································· 124
　第三节　职业访谈方法 ································· 131

第四章　职业决策 ·· 139

第一节　职业信息收集 ·················· 139
　　第二节　职业决策分析 ·················· 154
　　第三节　职业决策方法 ·················· 162

第五章　职业生涯发展与管理 ·················· 170
　　第一节　职业生涯阶段 ·················· 171
　　第二节　职业生涯调控 ·················· 183
　　第三节　职业素养提升 ·················· 197

附录一　霍兰德职业索引——职业兴趣代码与其相应的职业对照表 ········ 211
附录二　价值观拍卖表 ·················· 217
附录三　我的成就事件回忆表 ·················· 218
附录四　职业生涯人物访谈报告 ·················· 219
附录五　我的生涯规划档案 ·················· 221
附录六　我的参访计划反馈表 ·················· 228
附录七　考公、考研、考证备考指南 ·················· 229
参考文献 ·················· 231
编后记 ·················· 233

第一章 生涯规划概述

学习目标

【知识目标】 理解生涯规划的定义与重要意义；了解生涯规划相关理论；掌握职业规划的具体内容；澄清生涯规划与找工作之间的差异与联系；明确生涯规划要素与步骤。

【技能目标】 能够利用本章所学知识，初步获得做好职业生涯规划前期准备的能力，即自我评估、确定目标、选择路径等。

【思政目标】 了解高校毕业生就业形势，理解职业对个体生活的重要意义；意识到目标的重要性，能够积极地对自己进行生涯探索和规划；熟悉职业生涯规划的步骤、职业的特性，思考未来理想职业与所学专业的关系，确立长远而稳定的发展目标，增强学习的目的性、积极性。

本章实际上相当于整个教材的一个绪论，概述生涯规划。首先，概述生涯规划的基本概念与重要意义、关键要素与实施步骤，回答生涯规划是什么、为什么、有什么、怎么办四个问题；其次，概述生涯规划理论的产生渊源与具体理论内容。

生涯规划实际上指的是职业生涯规划，是指一个人一生中所有与职业相联系的行为与活动，以及相关的态度、价值观、愿望等连续性经历的过程，也是一个人一生中职业、职位的变迁及工作、理想的实现过程。职业生涯规划意义重大，是我们追求人生幸福的重点，做好职业生涯规划是职业成功的必备条件。对于即将走进职业生涯的大学生来说，生涯规划可以让他们明确人生的方向，大大提高成功的概率。生涯规划具体内容虽然因人而异，但基本要素是三个方面：认识自我，认识环境，然后把自我放置环境中予以定位决策从而实现职业价值。首先，探索自我的兴趣、价值观、能力、性格是做好职业生涯规划的第一步；其次，探索职业的本质、职业的类型以及职业的发展等是做好职业生涯规划的第二步；最后，求职并在求职前后做好素质提升是做好职业生涯规划的第三步。而整个职业生涯规划过程中，都必须遵循一定的原则、依据一定的步骤、掌握一定的方法、注意一些关键事项。

与职业不同，职业生涯是一个发展的概念，也是一个动态的过程，具有浓厚的个人色彩。它是人生中最重要的历程，是追求自我实现的重要人生阶段，对人生价值起着决定性作用。1909年帕森斯的特质因素理论（又称人职匹配理论）是最早的职业辅导理论。随着实践的开展，相关理论也不断涌现，至20世纪70年代先后出现了戴维斯、罗斯杰、金斯伯格、舒伯、罗伊、霍兰德、戈特福瑞德森、克朗伯兹、斯列皮兹等代表人物，代表理论有人业互择理论、工作适应理论、人格类型理论、发展取向理论、生涯发展理论、限制—妥协理论、社会学习取向的生涯理论与社会认知职业理论、认知信息加工理论等，这些理论均对职业生涯规划起到了很好的指导作用，今天仍然值得好好运用。

第一节 生涯规划的内涵与意义

生涯规划，最开始被称作"职业规划"，到今天又被习惯称作"生涯规划"，是"职业生涯规划"的简称。职业生涯规划是指通过个人和组织相结合，对个人职业生涯的主客观条件进行测定、分析、总结、研究，尤其是在对其兴趣、爱好、个性、能力、价值观、特长、经历以及存在的不足等各方面进行综合分析的基础上，确定其最佳的职业奋斗目标，并为实现这一目标做出行之有效的安排。

职业生涯规划是个体的活动，也是社会的活动，其意义存在于个体和社会两个方面并最终落实在个体上。在对一个人职业生涯的主客观条件进行测定、分析、总结的基础上，对自己的兴趣、爱好、能力、特点进行综合分析与权衡，结合时代特点，根据自己的职业倾向，确定最佳的职业奋斗目标，并为之奋斗。职业生涯规划的意义，绝不仅仅是帮助个人按照自己的资历条件找到一份合适的工作，实现个人目标，更重要的是，在帮助个人真正了解自己，为自己定下事业大计、实现自我价值的同时，推动社会的进步。

"职业生涯规划"这一概念并非今天才诞生，20世纪时已在西方国家盛行，是社会发展过程中经济发展、职业分化和社会矛盾运动的产物。20世纪60年代初，美国学校开设了三年制的职业指导课程，至今大部分州仍在实行覆盖初中和高中整个阶段的六年制系统的职业教育课程。随着中国改革开放的发展，社会化进程的加快，职业教育意识的增强，职业生涯规划这一概念也逐渐进入人们的视野。

一、职业生涯规划的概念

（一）含义

1. 规划

所谓规划，意思就是个人或组织制订的比较全面的长远的发展计划。用通俗的话来说，就是实施总体目标的行动计划，是对未来整体性、长期性、基本性问题的思考、考量和设计未来整套行动的方案。

规划是目标确定以后的继续，是实施总体目标的重要手段。总体目标只有通过具体的规划加以实施，才能达到预期的效果。规划的职能主要包括决定最后结果，以及获得这些结果的适当手段和全部管理活动。简单地说，规划就是行动之前做出的某些事先的考虑。

规划有很多种，其中职业生涯规划是针对个人的人生的，职业生涯规划常简称为生涯规划或职业规划。

2. 生涯规划

生涯，通俗地理解，就是"生计、生活、人生、一生"的意思。学术界对于"生涯"的解释有多种，但基本上是"一个人终生从事的工作或事业等有关的活动过程"的意思。"生涯"一词在中国最早出现于《庄子·养生主》中的"吾生也有涯，而知也无涯"。初指生命有边际、限度，后指生命、人生。庄子的意思就是告诉我们：我的生命是有限的，但需要我学习、探索的是无边无际的。那么生涯也就是我们在自己有限的生命中学习和探索无边无际世界的过程。生涯的英文是career，源自古罗马及拉丁文carrus，意指"战车"，有全速前进、猛冲的意思。在希腊，career这个词蕴含着"疯狂竞赛的精神"的意思，最早的时候常用作动词，如驾驭赛马，后来又引申为道路，即人生的发展道路。美国国家生涯发展协会对"生涯"一词有如下定义：生涯（career）是个人通过从事工作所创造出的一个有目的的、延续一定时间的生活模式。

拓展练习

我的生命线

第一步：请在白纸上画一条直线，这条直线的长度代表了你生命的长度，思考一下，你期待自己活到多少岁，然后将直线的一端视为你生命的开始，另一端写上你期待可以活到的年龄。

第二步：在这条生命线中找到你现在的年龄点，并标记出来，写下现在的年龄。

第三步：回顾你过往生命历程中发生的重大事件，在直线上方写出两件到三件对你有积极影响的事件，并在直线相应位置上标明年龄；在直线下方写出两件到三件对你有消极影响的事件，并在直线相应位置上标明年龄。

第四步：思考一下这些事件对你的影响，即它们如何使你成为今天的你。

按理来说，生涯规划是包括一个人整个人生活动的长远而完整的计划，但是它常常用来特指职业规划。职业规划活动产生于20世纪初的美国，紧接着被提升到生涯规划的高度，到后来，由于某些规律的决定，这种生涯规划的重点仍然集中在职业方面，所以被称为职业规划并延续至今。

3. 职业生涯规划

职业生涯是指个体职业发展的历程，一般是指一个人终生经历的所有职业发展的整个历程。职业生涯规划是一个人一生中所有和职业相联系的行为与活动，以及相关的态度、价值观、愿望等连续性经历的过程，也是一个人一生中职业、职位的变迁及工作、理想的实现过程。简单地说，职业生涯就是一个人终生的工作经历。

职业生涯是一个发展的概念，也是一个动态的过程。它不仅包括一个人的过去、现在和未来那些可以实际观察到的连续从事的职业发展过程，还包括个人对职业生涯发展的理解和期望。具体地讲，职业生涯是以心理开发、生理开发、智力开发、技能开发、伦理开发等人的潜能开发为基础，以工作内容的确定和变化，工作业绩的评价，工资待遇、职称、职务的变动为标志，以满足需求为目标的工作经历和内心体验经历。

人们的职业生涯开始于任职前的职业学习和培训，终止于退休。选择什么职业作为自己的工作，对于每个人的重要性都是不言而喻的。

职业生涯包括以下四个方面的含义：

①职业生涯是针对个体而言的，是指个体自身的行为经历，而非群体和组织的行为经历。

②职业生涯不能简单地以成功与失败来衡量，它是对个体一生中在各种职业岗位上所度过的全部经历的一种客观描述。

③职业生涯包括个体有意识地进行职业准备、从事职业工作，最后完全退出职业劳动这一整个过程（这一过程可以是间断的，也可以是连续的）。

④职业生涯受个体理想、家庭条件、社会需求等多方面因素的影响。

通常来说，人们又把职业生涯分为外职业生涯和内职业生涯。外职业生涯是指从事职业时的工作单位、工作地点、工作内容、工作职务、工作环境、工资待遇等因素的组合及其变化过程。外职业生涯的发展通常是由别人对主体的认识而产生的，具有不稳定的特点，它是依赖于内职业生涯的发展而发展的。内职业生涯是指从事一种职业时的知识、观念、经验、能力、心理素质、内心感受等因素的组合及其变化过程。内职业生涯主要依靠个体的不断探索而获得，具有自主性的特点。它是别人无法替代和窃取的人生财富。外职业生涯是客观的，内职业生涯是主观的，它们既相互促进、共同发展，也相互折射。

职业生涯规划（career planning），常常简称生涯规划或职业规划，在学术界，人们惯称"生涯规划"。在有些地区，也有一些人喜欢用"人生规划"来称呼，其实表达的都是同样的内容。比如，做出个人职业的近期和远景规划、职业定位、阶段目标、路径设计、评估与行动方案等一系列计划与行动。

（二）特征

职业生涯规划具有四大基本特征。

▶ 1. 可行性

职业生涯规划必须依据个人及其所处环境的现实来制定，才能成为可实现和落实的计划方案，而不是没有依据或不着边际的幻想。比如大学生进行职业生涯规划，要考虑所学的专业或今后从事的职业所需要的知识和能力。如果所学非所用，或者不具备理想职业所要求的能力，职业生涯规划就不可行。现实中，所学非所用的现象比比皆是，那都是没有进行职业生涯规划或者职业生涯规划失败的结果。

▶ 2. 适时性

职业生涯规划是对未来的职业生涯目标和未来职业行动的预测。因此，各项活动的实施及完成时间，都应该有时间和顺序上的安排，以便作为检查行动的依据。

3. 灵活性

规划未来的职业生涯目标与行动，涉及很多不确定因素，因此，规划应有弹性。随着外界环境和自身条件的变化，个人应及时调整自己的职业生涯规划方案，以增强其适应性。

4. 持续性

职业生涯目标是人生追求的重要目标，职业生涯规划应贯穿人生发展的每一个阶段，通过不断的调整和持续的职业活动安排，最终实现职业生涯目标。

也有人说，职业生涯规划是一个系统工程，职业生涯规划需要理性与感性的融合。职业生涯规划是个性化的、动态的、开放的。

按照规划的时间维度，职业生涯规划可以分为短期规划、中期规划、长期规划和人生规划四种类型。

二、大学生的职业生涯规划

（一）大学生的大学规划

大学是人生成长、成才的一个新阶段，处于承上启下的关键位置。大学生是社会的一个特殊群体，肩负着重要使命。大学生的大学规划是其职业生涯规划的重要组成部分。

大学规划与我们一般说的学习计划有些相似，但又不完全等同。大学规划是大学生对自己的一个整体规划和综合规划，而不仅仅是一个学习计划。大学规划立足于对未来职业的定位和展望，以大学后的人生阶段为主要参照系和落脚点，以大学后的职业生涯为向度、为载体，从整体上来安排自己整个大学的学习和生活。大学规划的直接目的是成功就业，最终目的是实现人的全面发展。

大学规划的制定，关键在于要有目标和措施，可以按照时间顺序或者大学生活的主要方面来进行。比如，分年级与分学期从学习、生活、人际关系处理等方面来设立目标与措施。

一名大学新生，制定一份大学规划是必不可少的作业，完成与否对其大学生活影响深远。

（二）大学生的职业生涯规划

在制定和实施一份大学规划的同时，大学生应开始自己的职业生涯规划。

处于不同职业生涯发展阶段的人，所面对的环境不同，自身素质积累不同，因此，个人的职业生涯规划，应根据规划时所处的阶段、职业发展现状进行。大学生正处于职业的学习、准备和起步阶段，因此，与其他工作者的职业生涯规划相比，在总体原则和操作步骤大体一致的情况下，两者的规划内容和侧重点不尽相同。

1. 设定目标不同

一般的职业生涯规划的总体目标是获取一定的职业地位或取得一定的职业成绩。比如，规划自己35岁前要进入某企业的高级管理层，或为自己定下两年内销售量成为公司销冠的业绩目标。一般职业生涯规划的阶段目标划分也并不明晰，视个人的总体目标和现实差距而定。

大学生的职业生涯规划，其最根本也最现实的目标是初次就业成功，能拥有一个与自己的兴趣、爱好、能力等相匹配的职业岗位。比如，规划自己毕业后能够进入某大厂成为一名合格的算法工程师。大学生职业生涯规划的阶段目标可以十分明朗。比如，一年级应该达到什么要求、二年级应该完成什么计划、毕业年要实现什么目标等。

2. 规划年限不同

通过前面的内容介绍，我们知道职业生涯规划按时间期限可以分为短期规划、中期规划、长期规划和人生规划四种。一般的职业者可以按照自身的条件和客观环境的特点，制定期限可长可短的职业生涯规划。

大学生活是一个完整和固定的阶段，其时间维度上以大学的学制作为大学生活的起止时限。大学生职业生涯规划中最现实、最典型的是中期规划，其规划年限一般与学生的毕业年限是相同的。比如，医学院的本科学制为五年，如果一名新生从入学之初开始进行职业生涯规划，则其规划的起止年限为五年；如果是从二年级下学期开始进行职业生涯规划，则其规划的起止年限为三年半。虽然大学生的职业生涯规划中也有长期规划或人生规划的做法，但并不具有代表性。

3. 实施策略不同

一般的职业生涯规划，其实施策略主要是根据职业发展目标，制订一些职业范围内的学习培训、专业技能提高、职场人际关系沟通、职场文化融合等行动计划。

大学生处于职业的准备阶段，其职业生涯规划的实施策略主要是了解和探索职业，完成与未来可能从事职业相关的学习、培训任务，提高职业生活的基本能力和素质，行动计划必须与大学生本身的学习任务和校园活动密切联系。

众所周知，个体与社会的发展是相辅相成的，个人的发展离不开社会，社会的发展也离不开个人，个人和社会的发展都离不开职业。从个人角度来看，由于人的本质属性决定人生的核心是职业生涯，职业生涯是人生历程中最精彩、最绚丽的一部分；而职业生涯规划是职业生涯的关键，具有十分重要的意义。西方管理理论认为，规划的职能主要包括四个部分：①确定目标以及目标的先后次序；②预测对实现目标可能产生影响的未来事态；③通过预算来执行规划；④提出和贯彻指导实现预期目标的活动策略。这四个部分总是相互联系、相互依赖，依靠它们最后制定出全面的规划，并且引导组织（这里为主体的人）达到预定的目标。缺少其中任何一个方面，都会给规划的实现造成障碍。

（三）影响职业生涯规划的因素

职业生涯不是一个静止的点，它是一个动态的历程；不只发生在人生的某个阶段，而是如影随形，伴随人的一生。同时由于遗传、家庭、经历、所处社会环境等的不同，每个人的职业目标和发展过程也会不同。所以，职业生涯的发展是个性化的发展，即使处于同一时代或同一文化背景下的人们，也会因为生涯发展中其他因素的影响，有属于自己的独特的职业生涯。

决定一个人职业生涯发展和规划的因素是多种多样的，概括起来有以下几点。

（1）个人的特质

生理特质：健康、形体容貌、性别、精力等。

心理特质：能力、人格、自我概念。

经验：受教育程度、掌握的技能、工作的经历、社会活动等。

（2）个人的背景状况

家族背景：父母的社会经济地位、从事的职业，父母的期望等。

个人家庭的背景：婚姻关系、夫妻间的依赖程度、配偶的期望值等。

其他状况：种族、宗教、生态环境等。

（3）个人的环境状况

包括所处的时代、社会、经济、技术、国际环境、国家政策等。

（4）不可预测的因素

包括自然灾难、意外、疾病、死亡等难以预测的事件。

深度链接

米歇尔罗兹（Michelozzi，1998）指出：生涯规划有突破障碍、开发潜能和自我实现三个积极目的。一个人最大的幸福，是能以自己选择的方式生活。择其所爱，爱其所择，会使一个人以己为荣，并呈现出圆融、丰足、喜悦、智慧和充满创造力的气质。

三、职业生涯规划对于人生的意义

（一）人生价值与职业成功

人生就是人的一生，人为什么活着？人生的意义何在？人生有什么价值？这三个问题其实是同一个问题：人生价值问题。什么是价值？通俗地说，价值就是作用、用途。哲学意义上，价值的一般本质在于它是现实的人的需要与事物属性之间的一种关系。价值是客体的属性和功能对主体需要的满足和效用。价值来源于客体，取决于主体，产生于实践。

生涯规划是一个过程，规划的功能在于为生涯设定目标，并找出达成目标所需采取的步骤。目标可以为人生带来希望和意义，奥地利心理学家维克多·弗兰克尔（Viktor Emil Frankl）凭借生命的意义成为奥斯威辛集中营中少有的幸存者之一，并开创了心理治疗中的"意义疗法"。他说："你不要去问生命，你应该要回答生命对你的质询。"在生涯规划中，目标的制定是一个探索过程，这个过程帮助一个人逐渐去厘清生命的价值与意义，并用行动去实现它。好像为飘忽不定的人生加了一个锚，无论风雨来自何方，人生之船都自有它的方向。

人生有很多的具体目标和价值追求，都是在劳动中得以实现的。职业成功是人生幸福的必备要素。职业，不仅是养家糊口的手段，更是自我实现、找到幸福感的必备条件。人只有参与社会才能得到最大限度的自我实现，因而职业成功是幸福的必备要素。社会学家对成功做出了各种解释，成功不仅是有钱、有权、有名，更是自我潜能发挥、自我实现的快乐。

（二）职业成功与职业规划

每个人都渴望成功。了解自己，有坚定的奋斗目标，并按照情况的变化及时调整自己的计划，才有可能实现成功。这就需要进行职业规划。

职业规划能够使个体科学合理地选择行业和职业；准确定位职业方向，增强职业竞争力，发现新的职业机遇；扬长避短，发挥职业竞争力；发掘自我潜能，提升个人实力，获得长期职业发展优势；加快适应工作，提高工作满意度，使事业成功最大化。

（三）职业规划是时代与社会对现代人提出的要求

未进入工业化以前，职业的种类较少，工作内容也极为简单，通常的职业是由父母传授给子女，或由师傅传授给学徒，没有择业的种种问题。自产业革命之后，工业科技日渐发达，机器日新月异，生产过程日渐复杂，产品种类及生产量也大量增加。因此，社会的行业种类与职业类型更趋复杂与专业。面对如此众多的职业数目及复杂的职业内涵，年轻人很难洞悉各种职业的内容及分类，而父母、亲友们也难有专业化的知识来协助其选择适当的职业。因此，辅导年轻人择业的责任，就由家庭转移到学校及社会就业辅导机构。

对年轻人而言，职业选择是否适当，将影响其将来事业的成败以及一生的幸福；对社会而言，个人择业是否适当，能决定社会人力供需是否平衡。如果每个人都择业适当，那么，不仅每个人都有发展的前途，而且社会会因此运转正常；相反，则个人容易困顿，进而引发社会问题。

传统的职业规划重在人与职业的匹配上，而生涯规划以个人生命历程中的事业生涯发展为核心，关心个体一生当中的教育、职业，并涉及与教育、职业有关的生存角色的选择及发展，其范围较传统的职业规划更宽广。在今天，人们越来越意识到，科学的职业生涯规划在自己一生中有着至关重要的地位。特别是在高等教育大众化时期，职业市场的竞争非常激烈，成功的机会也相对较多。给自己制定一个好的职业生涯规划，充分发挥自己的优势，在众多的竞争者中脱颖而出，是明智的策略。

四、职业生涯规划对于大学生的意义

▶ 1. 大学生职业生涯规划的必要性

根据人生发展理论，人生全过程包含婴儿期、幼儿期、儿童期、少年期、青年期、中年期、老年期等时期，其中青年期一般指个体14~27岁（15~28岁）的时期。青年期大体可分为三个阶段：14~17岁（15~18岁）为青年初期；17~24

岁（18~25岁）为青年中期；24~27岁（25~28岁）为青年晚期。大学生正处在青年期的中晚期。青年期是个体生理发育成熟的时期，在心理、认识、情感、意志等方面逐渐趋于成熟和稳定，个性也基本形成。特别是大学生完成了基础教育阶段的学业，在基本知识、基本技能与基本素质方面已经达到一定程度，已具备对自己进行自我认识的条件并应该对自己的未来发展做一番计划了。

大学阶段是人生中快速发展的关键期，大学生即将面对人生从学习到工作的一次重大转折。为了让这次转折变得顺利，他们必须重视并规划好这段时间，抓紧时间，正视社会现实，客观认清自我，提高自己抓住机会的能力，勇于面对人生的各种挑战。

大学也为大学生职业生涯规划提供了良好的条件。大学的图书馆以及师资都可以为大学生提供职业规划的知识与技能。大学相关部门组织的各种社会实践活动及职业素质拓展专项活动，也为大学生进行职业规划创造了良好的条件。

2. 大学生职业生涯规划的紧迫性

有关社会调查表明，中国大学生对所学专业的满意程度、对自我的认识程度和对就业前景的关注度都不算太高，有的还特别不尽如人意，可见职业规划在中国的大学还不是那么普及。现在很多高中生高考时不知道自己要学什么，选什么专业，大多要靠父母给自己做主。到了大学，仍然是盲目地学习，这是一件比较可惜的事情；到了大学毕业仍不知自己喜欢做什么，这便成了可怕的事情；在社会上工作了十年八年，到了而立之年，还是摸不清自己的方向，这就是可悲的事情了。这样的人想要职业获得成功，大概需要奇迹。可以说，中国大学生的职业生涯规划现状大大落后于先进国家，也赶不上社会与时代的现实需求。

有人说，出名要趁早。我们纠正一下，规划要趁早。职业要成功，必须规划。有规划的职业生涯，一定会少走弯路，少浪费时间。

3. 职业生涯规划可以提升大学生应对竞争的能力

当今社会处在变革的时代，到处充满着激烈的竞争。要想在这场激烈的竞争中脱颖而出并立于不败之地，必须设计好自己的职业生涯规划。这样才能做到心中有数，不打无准备之仗。而不少应届大学毕业生没有充分认识到职业生涯规划的意义与重要性，认为找到理想的工作就是靠学识、业绩、耐心、关系、口才等条件，认为职业生涯规划纯属纸上谈兵，简直是耽误时间，有那时间还不如多跑两家招聘单位。这是一种错误的理念，实际上先做好职业生涯规划，有了清晰的认识与明确的目标之后再把求职活动付诸实践，这样的效果要好得多，也更经济、更科学。

每个人的职业兴趣、价值观，以及个性、语言能力、动手能力和社交能力、组织管理能力等都有所不同，因此要从这些方面进行系统的分析，得出综合的个案结论，并为个人提供适合的职业类别、工作环境和单位类别等信息，帮助个人进行职业生涯规划。进行职业生涯规划能够使大学生更好地了解自身的优势及缺陷，使自己有针对性地学习、提高，是大学生成功就业或创业，实现自身价值不可或缺的重要手段。

第二节　生涯规划的要素与实施步骤

职业生涯规划，本质上是一种实践活动、一个实践过程，操作性很强。在操作中，虽然每个人所考虑的要素有所不同，但有些基本要素是相同或相似的。有人说，一个完整的职业生涯规划由职业定位、目标设定和通道设计三个要素构成；也有人将知己、知彼、抉择、目标、行动归纳为职业生涯规划的五大要素。我们认为，在职业生涯规划过程中，有三个环节是必不可少的，那就是自我认识，职业认识以及把对自我的认识放置在职业中予以定位、决策和行动，最终达成最完善的职业生涯。所以，自我探索、职业探索与生涯行动是职业生涯规划的三大基本要素。

一、生涯规划的要素

（一）自我探索

自我探索是指个人经由生活经验而了解自己的兴趣、价值观需求及各种帮助事业成功发展的能力。我们可以依据心理学意义上的人格来探索自我。而人格是包括各个层次内容的，因而自我探索包括探索兴趣、探索价值观、探索能力、探索性格四个方面。

1. 探索兴趣

兴趣是影响人们工作满意度、职业稳定性和职业成就感的重要因素，同时是对职业进行分类的重要基础。因此，兴趣探索是生涯规划中进行自我探索的一个重要方面。

2. 探索价值观

价值观是我们在生活和工作中所看中的原则、标准和品质。它指向我们一生中最重要的东西，是个体行为背后的深层动机，对个体的职业选择和发展起到重要的激励和影响作用。

3. 探索能力

才能是职业生涯管理的一个重要组成部分，它反映了一个人能够做什么或通过适当培训后能够做什么。

4. 探索性格

性格是人格中的一项重要因素，性格的探索有助于个体知道自己适合干什么，在职业规划和具体工作中扬长避短。

（二）职业探索

1. 探索职业的本质和意义

职业的表面是一些工作甚至是一个个岗位，但本质上远不止于此。社会学层面的职业概念有四个层次的内容：第一，与人类的需求和职业结构相关，强调社会分工；第二，与职业的内在属性有关，强调利用专门的知识与技能；第三，与社会理论相关，强调创造物质财富与精神财富的合理报酬；第四，与个人生活相关，强调物质生活来源，并涉及满足精神生活。这些内容可以帮助我们理解职业的本质。

众所周知，职业的意义不只是养家糊口，还有帮助一个人实现社会化和自我实现的功能。对于个体而言，还有更为细致深入的具体意义。这就需要个体结合自己的实际来进行探索了。

2. 探索职业环境及其发展趋势

职业环境包含的范围比较广，包括社会政治、经济、文化等方面，还有职业内部的热点门类分布与需求以及自己所选择的职业，甚至是组织在当前与未来社会中的地位与发展趋势。

3. 职业认知与职业访谈

职业认知分析是指求职者通过不断收集、提取与意向岗位相关的信息，多维度进行自我职业探索、人岗匹配的分析过程，是探索解决"我能找到怎样的工作"这个问题的重要手段。如果说职业认知分析是一个多维度了解意向岗位的方法，那么做好职业访谈可以帮助我们了解当前的自己适合怎样的工作。

（三）生涯行动

1. 寻求职业的行动

求职的行动包括求职前的准备（就业形势分析、信息收集、简历制作等）和求职时的表现（心理调适、礼仪与技巧等）。

2. 提升职业素质的行动

在求职前后，职业素质的提升都是生涯规划者必不可少的一项修炼。职业素质应包括身体素质、心理素质、思想素质、政治素质、道德素质、科学文化素质、审美素质、专业素质、社会交往素质、创新素质等内容。个体必须结合自己的具体情况和职业需求予以提升。

二、生涯规划的步骤

拓展练习

我的旅游计划

请同学参考中国地图，为自己制定一个详细可行的旅游计划。将同学分为5人一组并讨论：

——你的旅游计划是什么？
——你制订这个计划经过了哪几个步骤？
——你将如何落实这个旅游计划？
——这个过程与职业生涯规划有哪些相似之处？

小组总结，并在全班讨论交流。

其实，生涯规划并不困难，它和我们制订一份旅游计划有很多的相似之处。如目标的制定、实现的过程，都和一个人的兴趣、爱好以及自身条件等密切相关，对目标和过程的选择也没有好坏之分。职业生涯规划是一个周而复始的长期的连续的过程，职业生涯规划的制定不是一蹴而就的，需要一步一步地达成。其基本步骤如图1-1所示。

1. 自我评估

自我评估既包括对自己的兴趣、特长、性格的了解，也包括对自己的学识、技能、智商、情商的

图1-1 生涯规划步骤

测试，以及对自己的思维方式、思维方法、道德水准的评价等。自我评估的目的是认识自己、了解自己，从而对自己所适合的职业和职业生涯目标做出合理的抉择。

2. 环境评估

环境评估，也叫职业生涯机会的评估，主要是评估周边各种环境因素对自己职业生涯发展的影响。在制定个人的职业生涯规划时，要充分了解所处环境的特点、掌握职业环境的发展变化情况、明确自己在这个环境中的地位以及环境对自己提出的要求和创造的条件等。只有对环境因素充分了解和把握，才能做到在复杂的环境中避害趋利，使自己的职业生涯规划具有实际意义。环境因素评估主要包括组织环境评估、政治环境评估、社会环境评估、经济环境评估。

这两步也可以叫作调查研究，对本规划系统的现状做全面细致的调查研究，是制定规划必须进行的一步，也是对本系统情况的一次全面衡定，在此基础上，才能制定出可行性很强的规划。

3. 确定目标

俗话说："志不立，天下无可成之事。"立志是人生的起跑点，反映了一个人的理想、胸怀、兴趣和价值观。在准确地对自己和环境做出了评估之后，我们可以确定适合自己、有实现可能的职业发展目标。在确定职业发展的目标时要注意自己的性格、兴趣、特长与选定职业的匹配，更重要的是考察自己所处的内外环境与职业目标是否相适应，既不能妄自菲薄，也不能好高骛远。合理、可行的职业生涯目标的确立决定了职业发展中的行为和结果，是制定职业生涯规划的关键。

确定规划的目标，是规划设计的灵魂。因为在任何情况下，只有方向明确，才能下大决心。目标不明确，执行人员就会无所适从，这样的规划没有什么价值。因此，目标的确定是制定规划的关键环节，需要认真对待。

4. 选择路线

在职业目标确定后，要决定向哪一路线发展，是走技术路线还是管理路线，抑或艺术路线；是走"技术+管理"即技术管理路线，还是先走技术路线，再走管理路线等，此时要做出选择。发展路线不同，对职业发展的要求也不同。因此，在职业生涯规划中，必须对发展路线做出抉择，以便及时调整自己的学习、工作以及各种行动措施并沿着预定的方向前进。

▶ 5. 制定措施

在确定了职业生涯的终极目标并选定职业发展的路线后，行动便成了关键的环节。这里所指的行动，是指落实目标的具体措施，主要包括工作、培训、教育、轮岗等方面的措施。对应自己的行动计划可将职业目标进行分解，即分解为短期目标、中期目标和长期目标。其中短期目标可分为日目标、周目标、月目标、年目标，中期目标一般为3~5年，长期目标为5~10年。分解目标有利于跟踪检查，同时可以根据环境变化制订和调整短期行动计划，并针对具体计划目标采取有效措施。职业生涯中的措施主要指为达成既定目标，在提高工作效率、学习知识、掌握技能、开发潜能等方面选用的方法。行动计划要对应相应的措施，要层层分解、具体落实，细致的计划与措施便于进行定时检查和及时调整。

▶ 6. 反馈评估

俗话说，计划赶不上变化。影响职业生涯规划的因素很多，有的变化是可以预测的，有的变化难以预测。要使规划行之有效，就需要不断地对职业生涯规划进行检查评估，反馈调整。首先，对年度目标的执行情况进行总结，确定哪些目标已按计划完成，哪些目标未完成。其次，对未完成目标进行分析，找出未完成原因及发展障碍，制定相应的解决障碍的对策及方法。最后，依据评估结果对下一年的计划进行修订与完善。如果有必要，也可考虑对职业目标和路线进行修正，但一定要谨慎考虑。

一般而言，根据自己的职业生涯规划，一个人应在人生的每一个阶段进行一次全面系统的评估，也可以根据时间跨度选择短期、中期、长期目标的反馈评估。

评估的步骤如下：第一步，确定反馈评估的目标和任务；第二步，进行自我评价；第三步，全面收集反馈信息；第四步，分析反馈信息；第五步，运用合适的评估方法；第六步，得出结论。

三、生涯规划制定原则、方法及注意事项

职业生涯规划首先必须制定出来，然后才可以作为依据予以实施。如果没有制定规划，那就谈不上实施；如果规划制定得不好，实施的效率则必然低下。制定一个可行的、可持续的规划，必须遵循一定的原则，依照一定的步骤，涵盖一定的内容，运用一定的方法，并注意一些事项。

(一) 生涯规划制定的原则

所谓原则，就是人们观察问题、处理问题的准绳。对待问题的看法和处理，往往会受到立场、观点、方法的影响。原则是从自然界和人类历史中抽象出来的，只有正确反映事物的客观规律的原则才是正确的。职业生涯规划的过程是个体探索自我、科学决策、统筹规划的过程。其中，规划的制定是一项活动，这项活动开展得科学有效需要遵循一定的原则。注意：这里说的是制定规划的原则，而非职业生涯规划的原则。同时，对于职业生涯规划制定的原则的表述有很多种，具体如下：

1. 远近呼应，可持续

千里之行，始于足下。职业生涯规划虽然是从眼前开始，但也一定要考虑长远。只有这样才能为人生设定一个大方向，集中力量围绕这个方向努力，最终取得成功。

人生是由各个不同的阶段紧密连接组成的，因此在考虑人生发展的整个过程的同时要注意时间梯度。由于人生具有发展阶段，职业生涯规划与管理的内容就必须分解为若干个阶段，并划分到不同的时间段内完成。每一时间阶段又有"起点"和"终点"，即"开始执行"和"完成目标"两个时间坐标。如果没有明确的时间规定，会使职业生涯规划陷于空谈和失败。须注意主要目标与分支目标是否统一、具体规划与人生整体规划是否一致、个人目标与组织发展目标是否一致。在实施职业生涯规划的各个环节上，对自身进行全过程的观察、设计、实施和调整，以保证职业生涯规划的持续性，使其效果得到保证。为了对自身的职业生涯发展状况和组织的职业生涯规划与管理工作状况有正确的了解，要对职业生涯进行全面的评价。

2. 点面结合，相和谐

根据系统论的观点，子系统不能背离母系统赋予的任务，否则就破坏了整个系统的有效运转。所以，规划必须从大处着眼、小处着手，要与全局规划的拍子相吻合。

在制定职业规划时，要从人生全局出发，注意各方面的综合平衡。一方面要考虑自身的兴趣爱好和社会的需求，另一方面要考虑与此有关的社会因素以及自身条件。制定职业规划，要突出重点，而不要平均用力，面面俱到，在时间上应有先有后，在力量上应有轻重缓急。突出重点，实质上就是把力量放在需要着重发展的方向。最忌讳的就是将目标做加法运算，拼成一个规划。

3. 目标明确，够清晰

目标的设定对于规划来说至关重要。规划目标一定要清晰、明确。目标方向和实现效果成正比，如果目标方向明确，努力程度越高，实行可能性也就越大。制定规划时应考虑目标是否清晰明确，实现目标的步骤是否直截了当，目标是否符合自己的性格、兴趣和特长，是否能对自己产生内在激励作用，个人的目标与他人的目标是否具有合作性与协调性。

4. 动态开放，有弹性

世间万事万物都是发展变化的，职业也是动态的，因此职业生涯规划也应当是动态的。所谓计划没有变化快的情况也是有的。在应变过程中，不仅需要应对变化，还要为变化创造条件，后者是一种更加积极主动的应变。

制定规划时应考虑目标或措施是否有弹性或缓冲性，是否能依据环境的变化而调整。在职业生涯规划中，随时保持一颗弹性、开放、接受变化的心，才可以以不变应万变。

5. 量体裁衣，有差别

没有最好的职业规划，只有适合自己的职业规划。人如其面，各不相同。鉴于个人兴趣、能力、性格、价值观等的不同，职业生涯规划也是因人而异的，很难用一套标准去衡量什么样的职业规划是标准的、完善的、最好的。

在制定规划时应注意是否从实际出发考虑了个人和社会发展的现实条件，是否符合个人与社会发展的需要，规划的各个方面是否互相协调，各阶段的路线划分与措施是否具体可行。

6. 切实可行，可操作

实现生涯目标的途径很多，在做规划时必须考虑自己的特质、社会环境、组织环境以及其他相关的因素，选择确定可行的途径。规划的设计应有明确的时间限制或标准，如评量、检查，使自己随时掌握执行状况，并为规划提供参考的依据。

生涯规划各阶段的路线划分与安排必须具体可行。制定规划时要考虑主要目标与分目标是否一致、目标与措施是否一致。

7. 开拓进取，具挑战

制定职业规划时不能墨守成规，应与时俱进，有开拓和创新。目标要既有一定的难度，又带有挑战性，还有实现的可能。这样，既有利于目标的实现，又有利于发挥自身的潜能和积极性。制定规划时应检查目标与措施是否具有挑战性。

发挥自身的"创造性"这一点，在确定职业生涯目标时应得到体现。职业生涯规划和管理工作，并不是只制定一套规章程序，让自己循规蹈矩、按部就班地完成，而是要发挥自己的能力和潜能，达到自我实现、创造组织效益的目的。还应当看到，一个人职业生涯的成功，不仅是职务上的提升，还包括工作内容的转换或增加、责任范围的扩大、创造性的增强等内在质量的变化。

所谓"择己所爱""择己所长""择己所利""择世所需"，指的就是选择职业时的原则。

（二）生涯规划制定的方法

许多职业咨询机构和心理学专家进行职业规划和职业咨询时常常采用的一种方法就是有关5个"W"的思考模式。从问自己是谁开始，共有5个问题：你是谁、你想干什么、你能干什么、环境支持或允许你干什么、最终的职业目标是什么。回答了这5个问题，找到它们的最高共同点，你的职业生涯规划就了然于胸了。

▶ 1. 你是谁？（Who are you?）

第一个问题："你是谁？"这是对自己进行一次深刻的反思。通过反思自我争取对自己有一个比较清醒的认识，自己有什么优点和缺点，都应该一一罗列。

▶ 2. 你想干什么？（What do you want?）

第二个问题："你想干什么？"这是对自己职业发展的一个心理趋向的检查。每个人在不同阶段的兴趣和目标并不完全一致，有时甚至是完全对立的。但随着年龄和经历的增长而逐渐固定，并最终锁定自己的终身理想。

▶ 3. 你能干什么？（What can you do?）

第三个问题："你能干什么？"这是对自己能力与潜力的全面总结。一个人的职业定位最根本的还要归结于他（她）的能力，而职业发展空间的大小取决于自身的潜力。对于一个人的潜力应该从几个方面着手去认识，如对事的兴趣、做事的韧力、临事的判断力以及知识结构是否全面、是否及时更新等。

▶ 4. 环境支持或允许你干什么？（What can support you?）

第四个问题："环境支持或允许你干什么？"这种环境支持应从主客观两个方面综合起来看。客观方面包括本地的各种状态，比如经济发展、人事政策、企业制度、职业空间等；主观方面包括同事关系、领导态度、亲戚关系等。我们在职业选择时常常忽视主观方面的东西，没有将一切有利于自己发展的因素调动起来，从而影响了自己的职业发展。在国外，通过同事、熟人的引进找到工作是最正常也是最容易的，我们应该充分挖掘这些资源，当然我们应该知道这和一些"走后门"等歪门邪道有着本质的区别。这种区别就是这里的环境支持是建立在自己的能力之上的。

➡ 5. 最终的职业目标是什么？（What can you be in the end?）

明晰了前面四个问题，就会从各个问题中找到对实现有关职业目标有利和不利的条件，列出不利条件最少、自己想做而且能够做的职业目标，那么第五个问题有关"自己最终的职业目标是什么"自然就有了一个清晰明了的框架。最后，将自我职业生涯计划列出来，建立个人发展计划档案，通过系统的学习、培训，实现就业理想目标：选择一个什么样的单位，预测自我在单位内的职务提升步骤，个人如何从低到高逐级而上。例如，从技术员做起，在此基础上努力熟悉业务领域，提高能力，最终达到技术工程师的理想生涯目标。预测工作范围的变化情况和不同工作对自己的要求，并想出应对措施。预测可能出现的竞争，想想如何相处与应对，分析自我提高的可靠途径。设想如果发展过程中出现偏差，如果工作不适应或被解聘，如何改变职业方向。

（三）生涯规划制定的注意事项

职业规划制定出来，只有付诸实践，才具有意义。而作为一个个体，既是规划的制定者，又是规划实施的监督者。在规划实施中，应该注意以下事项：

➡ 1. 规划实施的永恒性

职业生涯规划不是三天两日的事，它要持续较长的时期，少则三年五载，长则几十年甚至一生。因此，在职业规划的实施进程中应该持之以恒，保持相对的稳定性，切勿朝定夕改，否则将会使信心动摇、现实性降低，大大削弱规划的实效性。

➡ 2. 规划实施的可靠性

职业生涯规划只是观念性的东西，而要把观念性的东西转变为现实性的东西，绝不能满足规划的书面内容，而应该采取具体措施，使规划得以在现实中落实。为此，还应增强自己的坚定意志和信念，为规划的顺利推行提供可靠的保证，否则，规划就只能停留在语言上，毫无价值。

➡ 3. 规划实施的协调性

在职业生涯规划实施中，为了能使规划顺利推行，还要经常反思。通过反思，可以及时了解规划执行的情况以及规划在具体实施中所遇到的问题，以便进一步完善，使规划的各个部分更加协调。

第三节 生涯规划理论

如前所述，职业生涯规划一般称为"生涯规划"，它的前身为职业规划。职业规划的实践起源于20世纪初期的美国，职业规划的概念是由帕森斯（Parsons）等根据他们的实际工作经验而提出的。随着实践的深入发展，职业规划的理论也日渐增多。

自职业规划兴起以来，职业辅导运动蓬勃发展，20世纪60年代末到70年代初期，生涯规划理论在学术文献中开始大量涌现，特别是"生涯发展理论"的提出，最终替代了职业规划的地位。这时候出现了不少理论家，代表人物有戴维斯、帕森斯、罗斯杰、金斯伯格、舒伯、罗伊、霍兰德、戈特福瑞德森、克朗伯兹、斯列皮兹等，他们从各个方面对人生的职业发展提出了自己独到的见解。20世纪70年代，生涯教育运动在美国的提出与实施，为生涯规划在学校内的运用起到了推波助澜的作用。20世纪80年代之后，职业生涯规划如雨后春笋般在西方国家迅速成长起来。

生涯规划已经成为美国、英国、加拿大等国家广泛实施的一种活动过程与咨询方式，成为学校教育辅导的重要组成部分。随着中国改革开放的发展和职业市场的不断升温，"职业生涯规划"这个名词对于今天的职业人士，特别是即将走入职业生涯的大学生而言已不再陌生。人们对职业生涯规划的关注，对职业成功起到了重要的作用。

一、生涯规划理论渊源

19世纪末20世纪初，随着职业辅导这项服务的兴起，职业规划理论也开始萌芽。帕森斯等根据他们的实际工作经验提出了职业规划的概念。20世纪60年代末到70年代初，生涯规划理论在各种学术论坛以学术文献的形式大量出现，尤其是生涯发展理论的提出，最终替代了职业规划的地位。20世纪70年代，生涯教育运动在美国的提出与实施，为生涯规划在学校内的运用起到了巨大的推动作用。20世纪80年代之后，职业生涯规划如雨后春笋般在西方国家迅速成长起来。

（一）西方生涯规划理论

1. 西方生涯规划理论的产生

19世纪末20世纪初，一方面，由于社会生产力的迅猛发展，出现了大量可供人们选择的职业；另一方面，由于科学技术的飞速发展，农业机械化程度逐步提高，从土地的束缚中解放了大量的剩余劳动力，这些人重新面临职业选择，职业辅导应运而生。当时，职业辅导仅仅是一种社会服务工作。1909年，"生涯规划之父"——美国波士顿大学教授弗兰克·帕森斯在其出版的《选择职业》一书中告诉人们：不要只是"找工作"，而是要"选择职业"。书中明确阐述了职业选择的三大要素和条件。这三大要素就是知己、知彼、决策。这是职业规划理论的萌芽。

2. 西方生涯规划理论的发展

20世纪50年代后，随着职业形势与生活形态的变化，生涯规划理论得到了进一步发展。心理学人本主义兴起，人们日渐感到，不能用孤立和静止的视角去看待职业选择问题。人的一生是一个不断发展的过程，而且，由于科技的日新月异，职位的需要也在不断变化，因而，人职匹配并非如同一个萝卜一个坑一样固定了。选择职业不仅是选择一种工作，而且是选择一种生活形态。职业的选择与人们的其他生活活动如教育、家庭生活等有着密切的关系。职业角色只是人的多种角色中的一种，它们之间互相交织、互相影响。生涯规划不仅仅是帮助人们选择职业，而是更关注每个人内在的满足感、成就感、幸福感等。于是"生涯"和"生涯规划"的理念逐渐取代了原来较为狭隘的"职业"和"职业辅导"的概念。

进入20世纪80年代，生涯已经完全从过去的静态转变为动态，许多社会学家、心理学家、经济学家以及教育学家纷纷对这一领域进行了深入的涉及心理学、社会学、经济学、行为科学等多个学科的研究，并采用了大量新工具、新方向、新方法，生涯规划理论进入"百花齐放、百家争鸣"的阶段。

（二）我国生涯规划理论发展

生涯规划在我国萌芽也很早，但是未能得到正常的发育和成长。

1. 近代职业指导的萌芽

1916年，清华大学校长周寄梅先生开始指导学生择业。

1920年，著名的进步教育团体中华职业教育社设立了职业指导部，开展职业指导活动，以帮助"无业者有业，有业者乐业"。后来，中华职业教育社还建立了专门的职业指导所，负责调查上海主要商行和工厂雇佣人的情况，使职业学校的学生能明确适合自己的职业目标。这些都对当时中国社会的职业指导和社会发展起到了一定的推动作用。

20世纪30年代，国民党政府制定和颁布了在中小学开展职业指导的规定。

2. 中华人民共和国成立后

中华人民共和国成立以来，我国实行"统包统配"的就业制度和就业以后的"铁饭碗"、劳动力"单位所有制"等制度，使劳动者难以选择职业，更难以转换职业，职业生涯规划在这种体制中失去了存在的必要，没有得到丝毫的发展。

3. 改革开放以来

改革开放后，随着市场经济的确立，劳动力市场也逐渐建立起来，职业选择进入人们的思维范围，职业规划也悄悄兴起。

进入20世纪90年代中期，毕业生与用人单位"供需见面，双向选择"的模式在全国普遍推行。高校随之开展了一些职业指导活动，指导对象主要是毕业班的学生，就业指导形式单一、内容简单。

如今，我国部分高校和职业学校也开始借鉴西方生涯规划教育的经验，对学生进行生涯规划教育，有意识地培养学生的职业素质，挖掘他们的职业潜力，使学生在学习期间对自己的生涯有一个大致的认识和了解。

二、生涯规划的相关理论

自职业规划于20世纪初在美国兴起以来，职业辅导运动蓬勃发展，到60年代末70年代初，生涯规划理论大量出现，涌现出了不少理论家，他们从各个方面对人生的职业发展提出了自己独到的见解。代表理论有帕森斯的特质因素理论，戴维斯、罗圭斯特的工作适应理论，霍兰德的人业互择理论，金斯伯格的发展取向理论，舒伯的生涯发展理论，戈特福瑞德森的限制—妥协理论，克朗伯兹的社会学习取向的生涯理论与社会认知职业理论，佛罗里达大学四位学者的认知信息加工理论等。

职业发展理论是从发展的观点来探究职业选择的过程，研究个体职业行为、职业发展阶段和职业成熟的职业指导理论。在舒伯之前，有关生涯发展理论已有相当的基础，但舒伯发展了金斯伯格等人的理论，使职业辅导转变为生涯辅导。不同的生涯理论代表着不同的生涯观念。

（一）匹配论（帕森斯的特质因素理论、霍兰德的人业互择理论、施恩的职业定位理论）

强调匹配与适合：深刻了解自己，了解职业，做最适合自己的工作，在最适合的地方与最相配的人生活。

1. 帕森斯的特质因素理论

弗兰克·帕森斯（Frank Parsons），美国波士顿大学教授。他被尊称为"职业辅导之父"，"职业规划"就是由他提出的。其职业生涯选择理论（特质因素理论）今天仍具有指导意义。

（1）帕森斯的特质因素理论概述

帕森斯的特质因素理论又称帕森斯的人职匹配理论，是最早的职业辅导理论。1908年，弗兰克·帕森斯在美国波士顿设立职业局，在职业指导过程中，他提出了职业设计的三要素模式：其一，清楚地了解自己，包括性向、能力、兴趣、自身局限和其他特质等资料；其二，了解各种职业必备的条件及所需的知识，自己在不同工作岗位上所占有的优势、不足和补偿、机会、前途；其三，上述两者的平衡。1909年，弗兰克·帕森斯在其《选择一个职业》的著作中提出了"人与职业相匹配是职业选择的焦点"的观点，他认为，个人都有自己独特的人格模式，每种人格模式的个人都有其相适应的职业类型。所谓"特质"，就是指个人的人格特征，包括能力倾向、兴趣、价值观和人格等，这些都可以通过心理测量工具来加以评量。所谓"因素"，则是指在工作上要取得成功所必须具备的条件或资格，这可以通过对工作的分析而了解。

（2）帕森斯的特质因素理论内容

特质因素理论的核心是人与职业的匹配，其理论前提是每个人都有一系列独特的特性，并且可以客观而有效地进行测量；为了取得成功，不同职业需要配备不同特性的人员；选择一种职业是一个相当易行的过程，而且人职匹配是可能的；个人特性与工作要求之间配合得越紧密，职业成功的可能性越大。

特质因素理论产生100余年而经久不衰。其中，三要素模式被认为是职业设计的至理名言，并得到不断的完善和发展。职业选择和职业指导过程有三个步骤。第一步是评价求职者的生理和心理特点（特性）。通过心理测量及其他测评手段，获得有关求职者的身体状况、能力倾向、兴趣爱好、气质与性格等方面的个人资料，并通过会谈、调查等方法获得有关求职者的家庭背景、学业成绩、工作经历等情况，并对这些资料进行评价。第二步是分析各种职业对人的要求（因素），并向求职者提供有关的职业信息，包括：职业的性质、工资待遇、工作条件以及晋升的可能性；求职的最低条件，诸如学历要求、所需的专业训练、身体要求、年龄、各种能力以及其他心理特点的要求；为准备就业而设置的教育课程计划，以及提供这种训练的教育机构、学习年限、入学资格和费用等就业机会。第三步是人职匹配。指导人员在了解了求职者的特性和职业的各项指标的基础上，帮助求职者进行比较分析，以便选择一种既适合其个人特点又有可能得到，并能在职业上取得成功的职业。

人职匹配分为两种类型，一是因素匹配（活儿找人）。例如，需要有专门技能和专业知识的职业与掌握该种技能和专业知识的择业者相匹配；或脏、累、苦等劳动条件很差的职业，需要有吃苦耐劳、体格健壮的劳动者与之匹配。二是特性匹配（人找活儿）。例如，具有敏感、易动感情、不守常规、个性强、理想主义等人格特性的人，宜从事审美性、自我情感表达的艺术创作类型的职业。

特质因素理论强调个人所具有的特性与职业所需要的素质与技能（因素）之间的协调和匹配。为了对个体的特性进行深入详细的了解与掌握，特质因素理论十分重视人才测评的作用，可以说，特质因素理论进行职业指导是以对人的特性的测评为基本前提。它首先提出了在职业决策中进行人职匹配的思想。故这一理论奠定了人才测评理论的理论基础，推动了人才测评在职业选拔与指导中的运用和发展。

（3）帕森斯的特质因素理论意义

总体上看，特质因素理论为人们的职业设计提供了最基本的原则，各种心理测量工具和美国出版的大量的职业信息书刊为之提供了良好的支持。该理论由于有较强的可操作性，被人们广为采用。但也应该看到该理论中的静态观点和现代社会的职业变动规律不吻合，同时，它忽视了社会因素对职业设计的影响和制约作用。

▶ 2. 霍兰德的人业互择理论（人格类型理论）

（1）霍兰德的人业互择理论概述

约翰·L.霍兰德（John L. Holland）是美国霍普金斯大学心理学教授，美国著名的职业指导专家。他于1959年提出了具有广泛社会影响的人业互择理论，又叫"职业规划理论——霍兰德六角形理论"。

1959年后，霍兰德以自己从事的职业咨询为基础，通过对自己职业生涯和他人职业发展道路的深入研究，引入人格心理学的有关理论，经过多次补充和修订，形成了一套系统的职业设计理论，其内容包括个性和职业类型的划分、类型鉴定等。

（2）霍兰德的人业互择理论内容

霍兰德将职业选择看作一个人人格的延伸。他认为，职业选择也是人格的表现。同一职业团体内的人有相似的人格，因此对很多问题会有相似的反应，从而产生类似的人际环境。

霍兰德提出了四个基本假设：其一，人的个性大致可分为六种类型，即现实型、研究型、艺术型、社会型、企业型和传统型；其二，所有职业均可划分为相应的六大基本类型，任何一种职业大体都可以归属于六种类型中的一种或几种类型的组合；其三，人们一般倾向于寻找与其个性类型相一致的职业类型，追求充分施展其能力与价值观，承担令人愉快的工作和角色，职业也充分寻求与其类型相一致的人；其四，个人的行为取决于其个性与所处的职业类型，可以根据有关知识对人的行为进行预测，包括职业选择、工作转换、工作绩效以及教育和社会行为等。在这四个前提的基础上，霍兰德提出了六角形模型。他强调个人的人格与工作环境之间的适配和对应是职业满意度、职业稳定性与职业成就的基础。在我们的文化里，大多数人可以分为六种人格类型，这六种类型可以按照固定顺序排列成一个六角形。

现实型（R）：有运动机械操作的能力，喜欢机械、工具、植物或动物，偏好户外活动。

研究型（I）：喜欢观察、学习、研究、分析、评估和解决问题。

艺术型（A）：有艺术、直觉、创造的能力，喜欢运用想象力和创造力，在自由的环境中工作。

社会型（S）：擅长和人相处，喜欢教导、帮助、启发或训练别人。

企业型（E）：喜欢和人群互动，自信，有说服力、领导力，追求政治和经济上的成就。

传统型（C）：喜欢从事资料工作，有写作或数理分析的能力，能够听从指示，完成琐碎的工作。

通过测试，可以找到个人的职业代码。比如一个代码为ASI的人，在艺型、社会型、研究型三个方面得分较高,他最适合做的是艺术家、画家、记者等。在图1-2中,六边形的六个角分别代表霍兰德所提出的六种类型。六种类型之间具有一定的内在联系,它们按照彼此间相似程度定位,相邻两个维度在各种特征上最相近,相关程度最高。距离越远,表明两个维度之间的差异越大,相关程度越低。每种类型与其他五种类型存在三种关系:相近、中性和相斥。霍兰德又经过了大规模的试验,分别确定了男性和女性的各种类型之间的相关系数。

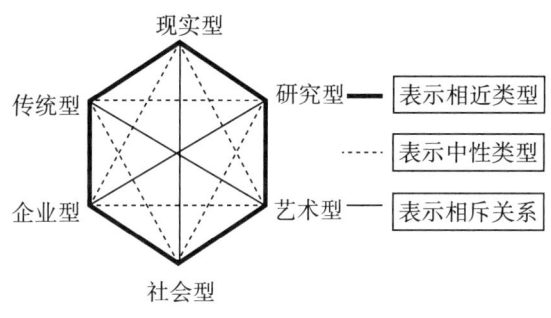

图1-2 霍兰德六角形模型

根据六角形模型来理解,最为理想的职业选择就是个体能找到与其个性类型重合的职业类型,即人职协调。这时,个人最可能充分发挥自己的才能并具有较高的工作满意感。如果个人不能获得与其个性相重合的职业,则寻找与其个性类型相近的职业。由于两种类型之间有较高的相关系数,个人经过努力和调整也能适应职业环境,达到人职次协调。最差的职业选择是个人在与其个性类型相斥的职业环境中工作。在这种情况下,个人很难适应工作,也不太能感到工作的乐趣,甚至无法胜任工作,是人职不协调的匹配方式。总之,个性类型与职业类型的相关程度越高,个人的职业适应性越好;相关程度越低,个体的职业适应性越差。因此,六角形模型有助于人们更好地理解和进行职业选择。

霍兰德在研究中发现,不同的人具有不同的人格特征,不同的人格特征适合从事不同的职业。由此他指出人格(包括价值观、动机和需要等)是决定一个人选择何种职业的另一个重要因素,并提出了著名的职业性向理论,指出决定个人选择职业的六种基本的"人格性向"。

现实性向:这种类型的人真诚坦率,较稳定,讲求实利,害羞,缺乏洞察力,容易服从。他们一般具有机械方面的能力,乐于从事半技术性的或手工性的职业,如运动员、管道工、装配线工人等。这类职业的特点是有连续性的任务需要却很少有社会性的需求,如谈判和说服他人等。

研究性向：这一类型的人为了知识的开发与理解而乐于从事现象的观察与分析工作。这类人思维复杂，有创见、有主见，但无纪律性，不切实际，易冲动。具有这种性向的人会被吸引从事那些包含着较多认知活动的职业，如生物学家、社会学家、数学家和大学教授。在商业性组织中，这类人经常担任的是研究与开发职务及咨询参谋之职。这些职务需要的是复杂的分析，而不必去说服取信于他人。

艺术性向：这种类型与传统型形成最强烈的反差。他们喜欢选择音乐、艺术、文学、戏剧等方面的职业。他们富有想象力，直觉强，易冲动，好内省，有主见。这一类型的人语言方面的资质强于数学方面。如果用消极一些的语言描述，这类人是感情极丰富的、无组织纪律的。具有这种性向的人会被吸引从事那些包含着大量自我表现、艺术创造、情感表达和个性化的职业，如艺术家、广告创意人员。

社会性向：具有这种性向的人喜欢为他人提供信息，帮助他人，在秩序井然、制度化的工作环境中发展人际关系和工作。这些人除了爱社交，还有机智老练、友好、易了解、乐于助人等特点。其个性中较消极的一面是独断专行，爱操纵别人。社会型的人适合从事护理、教学、市场营销、销售、培训与开发等包含着大量人际交往活动的职业。

企业性向：这种类型的人与社会型的人相似之处在于他（她）也喜欢与人合作。主要的区别是企业型的人喜欢领导和控制他人（而不是去帮助他人），其目的是达到特定的组织目标。这种类型的人自信，有雄心，精力充沛，健谈。其个性特点中较消极的一面是专横，权力欲过强，易冲动。具有这种性向的人会被吸引从事那些包含着大量以影响他人为目的的语言活动的职业，如管理人员、律师。

传统性向：具有这种性向的人会被吸引从事那些包含着大量结构性和规则性的职业，如会计和银行职员。这一类人容易组织起来，喜欢和数据型及数字型的事实打交道，喜欢明确的目标，不能接受模棱两可的状态。这些人可以用这一类的词语来描述他们，即服从的、有秩序的、有效率的、实际的。如果用不太客气的话说，就是缺乏想象，能自我控制，无灵活性。这种个性类型的人最适于从事事务性的职业，如会计、出纳、银行职业就是这种类型的典型代表。

实际上，每个人不止有一种职业性向，而是可能为几种职业性向的混合。霍兰德认为，这种性向越相似，则一个人在选择职业时面临的内在冲突和犹豫就越少。

在理论中，霍兰德还制定了两种类型的测定工具，帮助择业者进行职业决策。一种测定工具是职业选择量表（VPI）。该量表要求被试者在一系列职业中做出选择，然后根据测定结果确定个人的职业倾向领域。另一种测定工具是自我指导探索（SDS）。在测试感兴趣的活动、能力和喜欢的职业的基础上，进而查询比较适合自身特性的职业。霍氏理论由于其较强的操作性，成为20世纪60年代后较为有影响的职业设计理论。

3. 施恩的职业定位理论（职业锚理论）

（1）施恩的职业锚理论概述

职业锚理论产生于在职业生涯规划领域具有"教父"级地位的美国麻省理工学院斯隆管理学院著名的职业指导专家E. H. 施恩（Edgar H. Schein）教授领导的专门研究小组，是通过对该学院毕业生的职业生涯研究而形成的。斯隆管理学院的44名MBA毕业生，自愿形成一个小组接受施恩教授长达12年的职业生涯研究，包括面谈、跟踪调查、公司调查、人才测评、问卷等多种方式，最终分析总结出了职业锚（又称职业定位）理论。

职业锚，又称职业系留点。锚是使船只停泊定位用的铁制器具。职业锚实际就是人们选择和发展自己的职业时所围绕的中心，是指当一个人不得不做出选择时，他无论如何都不会放弃的职业中至关重要的东西或价值观。

职业锚，也是自我意向的一个习得部分。个人进入早期工作情境后，由习得的实际工作经验所决定，与在经验中自省的动机、价值观、才干相符合，达到自我满足和补偿的一种稳定的职业定位。职业锚强调个人能力、动机和价值观三个方面的相互作用与整合。职业锚是个人同工作环境互动作用的产物，在实际工作中是不断调整的。

了解职业锚的概念，需要注意几个方面。一是职业锚以员工习得的工作经验为基础。职业锚发生于早期职业阶段，新员工已经工作若干年，习得工作经验后，方能够选定自己稳定的长期贡献区。个人在面临各种各样的实际工作生活情境之前，不可能真切地了解自己的能力、动机和价值观以及在多大程度上适应可行的职业选择。因此，新员工的工作经验产生、演变和发展了职业锚。换句话说，职业锚在某种程度上由员工实际工作决定，而不只是取决于潜在的才干和动机。二是职业锚不是员工根据各种测试出来的能力、才干或者作业动机、价值观，而是在工作实践中，依据自身和已被证明的才干、动机、需要和价值观，现实地选择和准确地进行职业定位。三是职业锚是员工自我发展过程中的动机、需要、价值观、能力相互作用和逐步整合的结果。四是员工个人及其职业不是固定不变的。职业锚是个人稳定的职业贡献区和成长区，但是，这并不是意味着个人将停止变化和发展。员工以职业锚为其稳定源，可以获得该职业工作的进一步发展，以及个人生物社会生命周期和家庭生命周期的成长、变化。此外，职业锚本身也可能变化，员工在职业生涯的中、后期可能会根据变化了的情况，重新选定自己的职业锚。

（2）施恩的职业锚理论内容

职业锚以员工习得的工作经验为基础，产生于早期职业生涯。员工的工作经验进一步丰富发展了职业锚。1978年，美国E. H. 施恩教授提出的职业锚理论包括五种类型：自主/独立型、创业型、管理型、技术/职能型、安全/稳定型。随着职业锚的研究价值被不断挖掘，越来越多的人加入了研究的行列。20世纪90年代，施恩教授又发现了三种类型的职业锚：挑战型、生活型、服务型。施恩教授将职业锚增加到八种类型，并推出了职业锚测试量表。

①技术/职能型（technical/functional competence）：技术/职能型的人追求在技术/职能领域的成长和技能的不断提高，以及应用这种技术/职能的机会。他们对自己的认可来自他们的专业水平，他们喜欢面对来自专业领域的挑战。他们不喜欢从事一般的管理工作，因为这将意味着他们放弃在技术/职能领域的成就。

②管理型（general managerial competence）：管理型的人追求并致力于工作晋升，倾心于全面管理，独自负责一个部分，可以跨部门整合其他人的努力成果，他们想去承担整个部分的责任，并将公司的事务看成自己的工作。具体的技术/功能工作仅仅被看作通向更高、更全面管理层的必经之路。

③自主/独立型（autonomy/independence）：自主/独立型的人希望随心所欲安排自己的工作方式、工作习惯和生活方式。追求能施展个人能力的工作环境，最大限度地摆脱组织的限制和制约。他们宁愿放弃提升或工作扩展机会，也不愿意放弃自由与独立。

④安全/稳定型（security/stability）：安全/稳定型的人追求工作中的安全与稳定感。他们因可以预测将来的成功而感到放松。他们关心财务安全，例如退休金和退休计划。稳定感包括诚信、忠诚，以及完成老板交代的工作。尽管有时他们可以达到一个高的职位，但他们并不关心具体的职位和工作内容。

⑤创业型（entrepreneurial creativity）：创业型的人希望使用自己的能力去创建属于自己的公司或创建完全属于自己的产品（或服务），而且愿意去冒风险，并克服面临的障碍。他们想向世界证明公司是他们靠自己的努力创建的。

他们可能正在别人的公司里工作，但同时他们在学习并评估将来的机会。一旦感觉时机到了，他们便会走出去创建自己的事业。

⑥服务型（service dedication to a cause）：服务型的人一直追求他们认可的核心价值，例如帮助他人，改善人们的安全，通过新的产品消除疾病。他们一直追寻这种机会，这意味着即使变换公司，他们也不会接受不允许他们实现这种价值的工作变换或工作提升。

⑦挑战型（pure challenge）：挑战型的人喜欢解决看上去无法解决的问题，战胜强硬的对手，克服无法克服的困难等。对他们而言，参加工作的原因是工作允许他们去战胜各种不可能。新奇、变化和困难是他们的终极目标。如果事情非常容易，它马上变得非常令他们厌烦。

⑧生活型（lifestyle）：生活型的人喜欢允许他们平衡并结合个人的需要、家庭的需要和职业的需要的工作环境。他们希望将生活的各个主要方面整合为一个整体。正因如此，他们需要一个能够提供足够的弹性让他们实现这一目标的职业环境，甚至可以牺牲他们职业的一些方面，如提升带来的职业转换，他们将成功定义得比职业成功更广泛。他们认为自己在如何生活、在哪里居住、如何处理家庭事情，以及在组织中的发展道路是与众不同的。

职业锚具有驱动、制约、后发、识别的基本功能。在员工的工作生命周期和组织的事业发展过程中，发挥着重要的作用：

①使组织获得正确的反馈。

职业锚是员工经过搜索所确定的长期职业贡献区或职业定位。这一搜索定位过程，依循员工的需要、动机和价值观进行。所以，职业锚清晰地反映出员工的职业追求与抱负。

②为员工设置可行有效的职业渠道。

职业锚准确地反映了员工职业需要及其所追求的职业工作环境以及员工的价值观和抱负。透过职业锚，组织获得员工正确信息的反馈，这样，组织才可能有针对性地对员工职业发展设置可行的、有效的、顺畅的职业渠道。

③增长员工工作经验。

职业锚是员工职业工作的定位，不但能使员工在长期从事某项职业中增长工作经验，而且员工职业技能不断增强，直接产生提高工作效率或劳动生产率的明显效益。

④为员工奠定做好中后期工作的基础。

之所以说职业锚是中后期职业工作的基础，是因为职业锚是员工通过积累工作经验后产生的，它反映了该员工的价值观和被发现的才干。当员工抛锚于某一种职业工作，就是自我认知过程，是把职业工作与自我观相结合的过程，开始决定成年期的主要生活和职业选择。

职业锚是个人早期职业发展过程中逐步确立的职业定位。在职业锚的选定或开发中，员工个人起着决定性作用。

一般而言，员工经过认识、塑造、充实规划自我等诸多职前准备，经过一定的科学的职业选择，进入组织，这本身即代表了该员工个人对所选择职业有一定的适合性。但是这种适合性仅是初步的，是主观的认识、分析、判断和体验，尚未经过职业工作实践的验证。

职业适应性是职业活动实践中验证和发展了的适合性。每个人从事职业活动，总是处于一定的物质环境和心理环境之中，个人从事职业的态度受到诸多主客观因素的影响，例如，个人对工作的兴趣、价值观、技能、客观的工作条件、福利情况，他人和组织对自己工作的认可及奖励情况，人际关系情况，以及家庭成员对本人职业工作的态度等。个人的职业适应性就是能尽快习惯、调适、认可这些因素，也就是员工在组织的具体职业活动中，适应职业工作性质、类型和工作条件，与个人需要和价值目标融合，使自身在职业工作生活中获得最大的满足。职业适应的结果能保证员工个人在较长一段时间内从事某种职业活动，而且能保证员工在职业活动中有较高的效率，有利于员工个性的全面协调发展。因此，员工由初入组织的主观职业适合，通过职业活动实践转变为职业适应的过程，即员工搜寻职业锚或开发职业锚的过程。职业适应性是职业锚的准备或前提基础。

（3）施恩的职业锚理论意义

经过近30年的发展，职业锚已成为许多个人职业生涯规划的必选工具和公司人力资源管理的重要工具。

个人在进行职业规划和定位时，可以运用职业锚思考自己具有的能力，确定自己的发展方向，审视自己的价值观是否与当前的工作相匹配。只有个人的定位和从事的职业相匹配，才能在工作中发挥自己的长处，实现自己的价值。尝试各种具有挑战性的工作，在不同的专业和领域中进行工作轮换，对自己的资质、能力、偏好进行客观的评价，是使个人的职业锚具体化的有效途径。

对于企业而言，通过雇员在不同的工作岗位之间的轮换，了解雇员的职业兴趣爱好、技能和价值观，将他们放到最合适的职业轨道上，可以实现企业和个人发展的双赢。

职业锚问卷是国外职业测评运用最广泛、最有效的工具之一。职业锚问卷是一种职业生涯规划咨询、自我了解的工具，能够协助组织或个人进行更理想的职业生涯发展规划。

深度链接

佛隆的择业动机理论

美国心理学家佛隆（Victor H. Vroom）通过对个体择业行为的研究，认为个体行为动机的强度取决于效价的大小和期望值的高低，动机强度与效价及期望值成正比。1964年在《工作和激励》一书中，他提出了解释员工行为激发程度的期望理论。

佛隆将这一期望理论用来解释个人的职业选择行为，具体化为择业动机理论。该理论指导个人进行职业选择时分两步走。

第一步，确定择业动机。用公式表示为择业动机=职业效价×职业概率。

公式中，择业动机表明择业者对目标职业的追求程度，或者对某项职业选择意向的大小。

职业效价是指择业者对某项职业价值的评价，取决于择业者的职业价值观，择业者对某项具体职业要求如兴趣、劳动条件、工资、职业声望等的评估。即职业效价=职业价值观×职业要素评估。

职业概率是指择业者获得某项职业可能性的大小，通常取决于四个条件。一是某项职业的需求量。在其他条件一定的情况下，职业概率同职业需求量呈正相关。二是择业者的竞争能力，即择业者自身工作能力和求职就业能力，竞争力越强，获得职业的可能性越大。三是竞争系数，是指谋求同一种职业的劳动者人数的多少。在其他条件一定的情况下，竞争系数越大，职业概率越小。四是其他随机因素。因此，职业概率=职业需求量×竞争能力×竞争系数×随机性。

择业动机公式表明，对于择业者来说，某项职业的效价越高，获得该项职业的可能性越大，择业者选择该项职业的意向或者倾向越大；某项职业的效价越低，获得该项职业的可能性越小，择业者选择该项职业的倾向也就越小。

（二）适应论（明尼苏达的工作适应理论、克朗伯兹的社会学习理论、认知信息加工理论）

强调适应与发展：设定自己想要的方向，盯紧和校准目标，不断地自我提升与修炼，最终达成结果。

1. 明尼苏达的工作适应理论

工作适应理论起源于一项在明尼苏达大学进行的旨在探索如何帮助残障人

士适应工作的研究，由罗圭斯特（Lofquist）与戴维斯（Dawis）于1964年提出，经过数十年发展成为强调人境符合的心理学理论。

工作适应理论重点在于就业后个人需要的满足及对工作要求的满足，即就业后的适应问题。戴维斯等认为，每个人都会努力寻求个人与环境之间的一致性（correspondence），而"工作适应"（work adjustment）就是指个人为了能维持此一致性所做的努力，以在同一职位上的工作持久程度为衡量指标。当工作环境能满足个人的需求（给予个人"内在满意"，satisfaction），而个人亦能够满足工作的技能要求（达到"外在满意"，satisfactoriness）时，个人与环境的一致性就较高。但由于个人与环境都是动态发展的，相互之间会产生影响，因此，人境之间是否一致是一个互动过程的产物，而不是一成不变的。随着时间的推移，个人的需求会改变，工作的要求也会变化调整。如果个人或雇主能努力创造并维持这种人境之间的协调关系，则个人的工作满意度和雇主对其员工的满意程度就会较高，个人在该工作领域就能持久发展（见图1-3）。

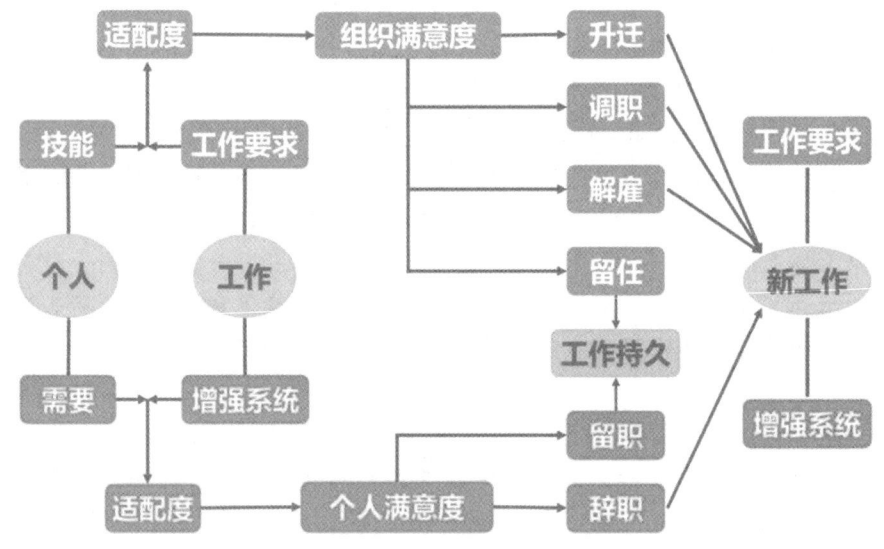

图1-3 明尼苏达工作适应模式（Dawis & Lofquist，1964）

罗圭斯特与戴维斯编制了一系列的量表来对个人的人格特质和工作环境进行评量。他们认为个人的心理需求主要反映在其价值观上，因此编制了明尼苏达重要性问卷来加以评量，并以明尼苏达能力测试和明尼苏达满意感受问卷对个人的技能及其内在满意程度进行评估。至于工作环境所提供的强化系统（是否能强化个人的心理需求）及职业的技能要求，则分别使用职业强化模式量表、职业能力倾向模式量表来进行分析，并通过明尼苏达满意指标量表对机构、工作人员的外在满意程度进行评估。

工作适应理论对于各类就业问题及不同的职业情况人群均有其应用价值。它不仅适用于就业适应问题，也对未来职业选择的标准提供了参考。无论是在职人员、即将就业的大学生、下岗人员还是正在考虑跳槽的人士，都可以运用该理论对其就业/转变过程中的问题进行探索，帮助其做到更"满意"和更"令人满意"。

2. 克朗伯兹的社会学习理论

社会学习理论（social learning theory）由班杜拉（Albert Bandura）于20世纪70年代提出，它以经典行为主义、强化理论和认知信息加工理论为基础。克朗伯兹（John D. Krumboltz）又将之引入生涯辅导领域。他提出：个人的社会成熟度在很大程度上依赖于对他人行为的学习和模仿，并由此决定他们的职业导向。

克朗伯兹认为有四种因素会影响职业决策：

（1）遗传因素和特殊的能力。个人得自遗传的一些特质，在某种程度上决定了个人的职业表现或影响到个人所获得的经验。这些因素包括种族、性别、外表特征、智力、动作协调能力等。

（2）环境因素和事件。通常在个人控制之外，来自人类活动（如社会、文化、政治、经济活动，家庭、教育系统的影响）或自然力量（如自然资源的分布或自然灾害如地震、洪水以及干旱等）。

（3）学习经验。克朗伯兹认为，每个人都有独特的学习经验，这对于个人的生涯抉择具有重要的影响。他提出有以下两种类型的学习：

工具式学习经验（instrumental learning experience）：个人为了得到好的结果，在特定的环境中采取一定的行动，其后果对个人会有重要的影响。例如，通过努力学习在一次考试中取得了好的成绩，会激励这个人更加努力地学习。克朗伯兹认为，生涯规划和职业所需的技能，可以通过工具式学习经验获得。

联结式学习经验（associative learning experiences）：个人通过观察真实和虚构的模型，通过对人、事的比较来学习对外部刺激做出反应。某些环境刺激会引起个人情绪上积极或消极的反应。如果原来属于中性的刺激与使个人产生积极或消极情绪反应的刺激同时出现，这种伴随在一起的联结关系就会使中性的刺激也具有积极或消极的情绪作用。

克朗伯兹指出，我们对于职业的刻板印象（stereotype），如"教师是清贫的""无商不奸"等，都是通过这种联结式学习经验获得的。不但一个联结式学习经验就有可能造成个人对某种职业的刻板化印象，这种印象还有可能一生都难以改变，从而对个人的生涯选择产生深远的影响。

（4）任务取向的技能。包括解决问题的能力、工作习惯、心理状态、情绪反应和认知的历程等。

克朗伯兹认为，在个人发展的历程中，上述四种因素相互作用，从而形成了个人对自我与世界的推论或信念（self-observation generalization/world-view generalization）。他认为，一般所谓的个人兴趣、价值观等实际上是学习的结果，属于个人生涯信念的一部分。生涯信念就是一系列对自己以及自己生涯发展的假设，这种假设会影响到个人在生涯历程中的期望与行动。个人可能会由于学习经验的不足、不当形成错误的推论、单一的比较标准、夸大式的灾难情绪等种种问题，以致有碍于生涯的正常发展。因此，克朗伯兹特别强调丰富而适当的学习经验的重要。

克朗伯兹认为职业选择的关键在于广义的学习，其他理论所强调的兴趣也是学习的结果。因此，心理测量的结果应被视作过去学习经验的总结与将来学习的指导工具，而非用于诊断。生涯辅导不仅仅是将个人特质与工作相匹配，其重点应在于帮助来询者获得多种多样的学习经验，使个人有机会参与各种不同性质的活动——无论是学习电脑、进行体育锻炼还是与朋友交往，其中，所学到的技能有可能在未来的工作中派上用场，并能拓展个人的兴趣，培养个人适当的自我信念和世界观。因此，生涯教育应当融合于普通教育之中，多向职业榜样学习经验（如参加校友经验座谈会），参加有关生涯决策的模拟活动、实际的社区考察及实习活动等。

社会学习理论特别强调社会影响因素及学习经验的重要，从社会学习的观点来解释人类生涯选择的行为，弥补了其他职业辅导理论在这方面的不足，因此具有重要的意义。同时，它对实际的生涯辅导工作，提供了很多新的理念和具体的操作方法，具有较高的实用价值。

▶ 3. 认知信息加工理论

20世纪90年代初期，彼得森（Petersen）、辛普森（Simpson）和利尔敦等（Reardon）提出了从信息加工取向看待生涯问题解决的认知信息加工（Cognitive Information Processing，CIP）理论。该理论认为生涯发展就是关于一个人是如何做出生涯决策以及在生涯问题解决和生涯决策过程中是如何使用信息的。该理论假设生涯选择源于认知过程和情感过程的交互作用，它是一种相当复杂的问题解决活动。个人解决生涯问题的能力，即生涯成熟度，取决于个人的知识和认知操作的有效性。

该理论把生涯发展与规划的过程视为学习信息加工能力的过程。该理论的提出者按照信息加工的特性构成了一个信息加工金字塔，即认知信息加工模式图（见图1-4）。

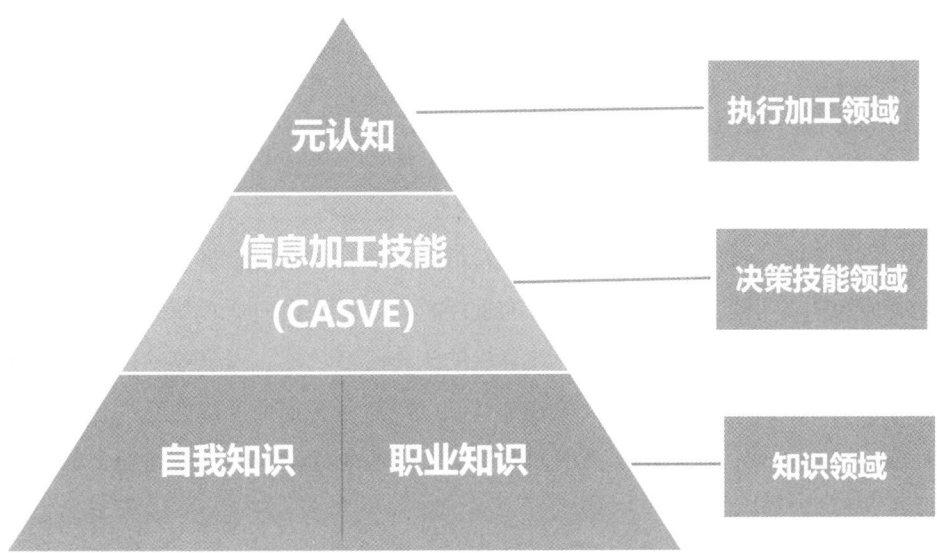

图1-4 认知信息加工模式图（Simpson，Peterson & Reardon，2004）

图1-4最上层的领域是执行加工领域，也称为元认知或后射认知（metacognition）。元认知就是个人对自己认知过程及结果的知识、体验和调节。它包括个人所具有的关于自己思维活动和学习活动的知识、对自我的觉察，以及对自己进行认知活动的过程和结果的监督控制。

位于塔底的是知识领域，包括自我知识（对自己兴趣、技能、价值观等的了解）和职业知识（对于工作世界的认识）。金字塔的中间是决策技能领域，即一般性的信息加工技能。它包括沟通（Communication）—分析（Analysis）—综合（Synthesis）—评估（Valuation）—执行（Execution）五个阶段，构成了决策的CASVE循环（见图1-5）：

- 沟通（确认需求）：个人开始意识到问题的存在。
- 分析（将问题的各组成部分相互联系起来）：对所有的信息进行分析。
- 综合（形成选项）：个人形成可能的解决方法并寻求实际的解决方法。
- 评估（评估选项）：评估每种选项的优劣，评出先后顺序。
- 执行（策略的实施）：依照选择的方案做出行动。

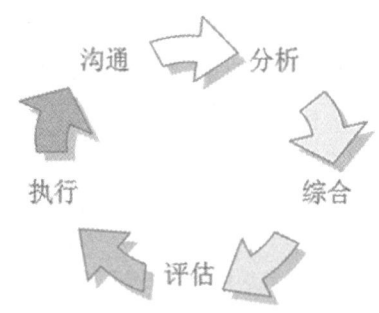

- 沟通（发现差距，识别问题的存在）
- 分析（现状评估，考虑各种可能性）
- 综合（策略总结，形成选项）
- 评估（方案评价，对选项排列次序）
- 执行（采取行动，解决问题）

图1-5 决策的CASVE循环

在认知信息加工金字塔中，知识领域相当于计算机的数据文件，需要我们进行存储。决策技能领域是计算机的程序软件，让我们对所存储的信息进行加工处理。而执行加工领域相当于计算机的工作控制功能，操纵电脑按指令执行程序。在这三个领域中，知识领域是基础。没有较全面而准确的自我知识和职业知识，个人就无法做出恰当的职业决策。执行加工领域则对上述两个领域的状况进行监控和调节。

认知信息加工理论强调生涯发展是一个持续学习的过程，生涯决策能力的获得也可以被视为一种学习策略。它区别于其他理论最主要的方面，是着重强调认知信息加工的重要性，并提出了具体直观的加工金字塔模型和决策模型来阐明信息加工的过程。该模型不同于其他理论的地方，还在于其强调了元认知的作用。另外，促进原认知的发展也是该理论用于生涯咨询所强调的最重要的方面。

（三）发展论（舒伯的生涯发展理论、施恩的职业生涯发展理论）

强调生涯平衡可持续：每个阶段做好每个阶段的事情，不同角色做好不同角色的状态，淋漓尽致地过平衡满足的人生。

▶ 1. 舒伯的生涯发展理论及生涯彩虹图

（1）舒伯的生涯发展理论概述

舒伯（Donald E. Super）是美国一位有代表性的职业管理学家。舒伯的生涯发展理论是一种纵向职业指导理论，重在对个人的职业倾向和职业选择过程本身进行研究。舒伯以美国白人作为自己的研究对象，把人的职业生涯划分为五个主要阶段：成长阶段、探索阶段、建立阶段、维持阶段和衰退阶段。

（2）舒伯的生涯发展理论主要内容

①成长阶段（0~14岁）。

主要任务：认同并建立起自我概念，对职业的好奇占主导地位，并逐步有意识地培养职业能力。

舒伯将这一阶段具体分为三个成长期。一是幻想期（10岁之前）：儿童从外界感知到许多职业，对于自己觉得好玩和喜爱的职业充满幻想并进行模仿。二是兴趣期（11~12岁）：以兴趣为中心，理解、评价职业，开始做职业选择。三是能力期（13~14岁）：开始考虑自身条件与喜爱的职业是否相符，有意识地进行能力培养。

②探索阶段（15~24岁）。

主要任务：主要通过学校学习进行自我考察、角色鉴定和职业探索，完成择业及初步就业。

探索阶段也可分为三个时期。一是试验期（15~17岁）：综合认识和考虑自己的兴趣、能力与职业社会价值、就业机会，开始进行择业尝试。二是过渡期（18~21岁）：正式进入职业，或者进行专门的职业培训，明确某种职业倾向。三是尝试期（22~24岁）：选定工作领域，开始从事某种职业，对职业发展目标的可行性进行实验。

③建立阶段（25~44岁）。

主要任务：获取一个合适的工作领域，并谋求发展。这一阶段是大多数人职业生涯周期中的核心部分。

这一阶段分为两个时期。一是尝试期（25~30岁）：个人在所选的职业中安顿下来。重点是寻求职业及生活上的稳定。二是稳定期（31~44岁）：致力于实现职业目标，是一个富有创造性的时期。

职业中期危机阶段可能会发现自己偏离职业目标或发现了新的目标，此时需重新评价自己的需求，处于转折期。

④维持阶段（45~64岁）。

主要任务：不断努力来获得生涯的发展和成就，避免产生停滞感。维护已获得的成就和社会地位，维持家庭和工作两者间的和谐关系，寻找接替人选。

⑤衰退阶段（65岁以上）。

主要任务：逐步退出职业和结束职业，开发社会角色，减少权利和责任，适应退休后的生活。

（3）舒伯的生涯彩虹图（life-career rainbow）

为了综合阐述生涯发展阶段与角色彼此间的相互影响，舒伯创造性地描绘出一个多重角色生涯发展的综合图形——生涯彩虹图，形象地展现了生涯发展的时空关系，更好地诠释了生涯的定义。在生涯彩虹图中，纵向层面代表的是纵观上下的生活空间，由一组职位和角色组成，分成子女、学生、休闲者、公民、工作者、持家者六个不同的角色，他们相互影响，交织出个人独特的生涯类型。

舒伯认为在个人发展历程中，随着年龄的增长而扮演不同的角色，图的外圈为主要发展阶段，内圈阴暗部分的范围长短不一，表示在该年龄阶段各种角色的分量；人在同一年龄阶段可能同时扮演数种角色，因此彼此会有所重叠，但其所占比例分量则有所不同。

根据舒伯的看法，一个人一生中扮演的许许多多的角色就像彩虹同时具有许多色带。舒伯将显著角色的概念引入了生涯彩虹图。他认为角色除与年龄及社会期望有关外，与个人所用的时间及情绪程度都有关联，因此每一阶段都有显著角色。

横贯一生的彩虹——生活广度。在一生的生涯彩虹图中，横向层面代表的是横跨一生的生活广度。彩虹的外层显示人生主要的发展阶段和大致估算的年龄：成长期（约相当于儿童期）、探索期（约相当于青春期）、建立期（约相当于成人前期）、维持期（约相当于中年期）和衰退期（约相当于老年期）。在这五个主要的人生发展阶段内，各个阶段还有小的阶段，舒伯特别强调各个时期的年龄划分有相当大的弹性，应依据个体的不同情况而定。

纵贯上下的彩虹——生活空间。在一生的生涯彩虹图中，纵向层面代表的是纵贯上下的生活空间，由一组职位和角色组成。舒伯认为人在一生当中必须扮演九种主要的角色，依次是儿童、学生、休闲者、公民、工作者、夫妻、家长、父母和退休者。各种角色之间是相互作用的，一个角色的成功，特别是早期的角色如果发展得比较好，将会为其他角色提供良好的关系基础。但是，在一个角色上投入过多的精力，而没有平衡协调各角色的关系，则会导致其他角色的失败。在每一个阶段对每一个角色投入的程度可以用颜色来表示，颜色面积越大表示该角色投入的程度越高，空白越多表示该角色投入的程度越低。其作用主要是对自身未来的各阶段进行调配，做出各种角色的计划和安排，使人成为自己的生涯设计师。

生涯彩虹图使用实例，如图1-6所示。此图所勾画的半圆最中间的一层是孩子（儿童）角色；第二层是学生角色；第三层是休闲者角色；第四层是公民角色；第五层是工作者角色；第六层是持家者（配偶或者父母）角色。有些人可能还有其他的想法，也可以写进去，但是最好在同一时间段，不要有过多的角色，否则生涯角色之间难以平衡，不免会出现问题。

在生涯彩虹图中，最外的层面代表横跨一生的"生活广度"，又称为"大周期"，包括成长期、探索期、建立期、维持期和衰退期。里面的各层面代表纵观上下的"生活空间"，由一组角色和职位组成，包括子女、学生、休闲者、公民、工作者、持家者等主要角色。各种角色之间是相互作用的，一个角色的成功，特别是早期角色的成功，将会为其他角色提供良好的基础；反之，某一个角色的失败，也可能导致另一个角色的失败。舒伯进一步指出，为了某一角色的成功付出太大的代价，也有可能导致其他角色的失败。

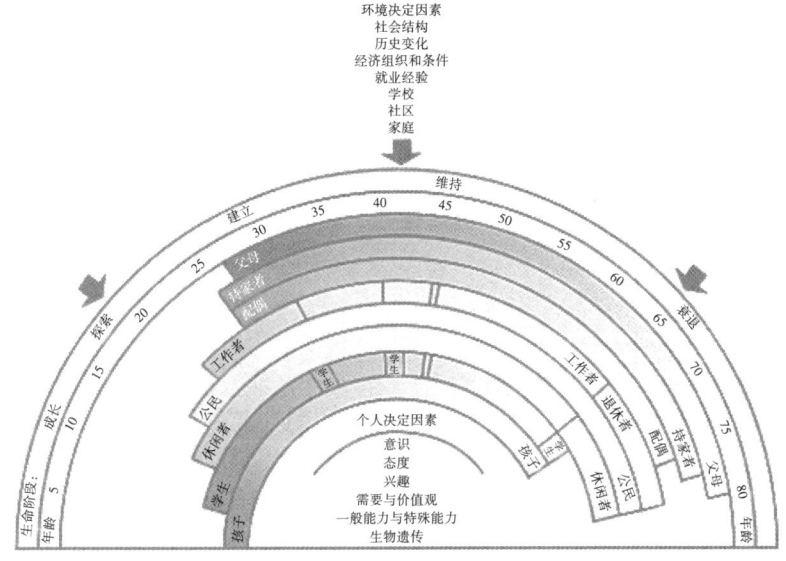

图1-6 舒伯的生涯彩虹图

生涯彩虹图中的阴影部分表示角色的相互替换、盛衰消长。它除了受到年龄增长和社会对个人发展、任务期待的影响外，往往跟个人在各个角色上所花费的时间和感情投入的程度有关。从彩虹图的阴影比例中可以看出，成长阶段（0~14岁）最显著的角色是子女；探索阶段（15~24岁）是学生；建立阶段（30岁左右）是家长和工作者；维持阶段（45岁左右）工作者的角色突然中断，又恢复了学生角色，同时公民与休闲者的角色逐渐增加，这正如一般所说的"中年危机"的出现，同时暗示这时必须再学习、再调适才有可能处理好职业与家庭生活中所面临的问题。

舒伯的生涯发展理论综合了差异心理学、发展心理学、自我心理学以及有关职业行为发展方向的长期研究结果。舒伯本人比较喜欢将其理论命名为"差异—发展—社会—现象的心理学"。舒伯汲取了这四大学术领域中有关生涯发展的精华，建构了一套完整的生涯发展理论。其理论观点是现今生涯辅导的重要理论基础。

在当时的生涯理论中，多数人关心的焦点集中在"职业选择"上，只有少数理论工作者对生涯发展的问题产生兴趣，如金斯伯格是其中最突出的一位。

舒伯不断地发展与完善自己的理论。以往的舒伯理论大多局限于他的发展阶段和对职业的自我观念论上，这些可以解释个体一生的生涯发展，其涵盖范围很广，但深度略显不够。"生活广度与生活空间的生涯发展即生涯彩虹图"的提出，正好弥补了原有的不足。在实际应用方面，生涯彩虹图横向的发展阶段、发展任务（生活广度的部分）和纵向的生涯角色的发展（生活空间的部分）交织成一个具体的生涯发展结构，这对促进个体的自我了解、自我实现有很大裨益。

由于社会的快速发展、终身学习观念的提出以及人的寿命的延长，生涯发展理论中关于中年期、老年期的角色与任务，有待进一步研究。

生涯发展理论似乎忽略了经济、社会因素对生涯发展方向的影响，而且学习的因素与职业发展历程的关系需进一步深入研究。

人的社会任务或职业生活不断变化，角色也随之变化，从一个角色进入另一个角色。角色转换的变化从根本上说是社会权利和义务的变化，而大学生就业后的社会角色转换不是瞬间发生和完成的，是需要一个过程的。

每一个人的生涯彩虹图都是不同的，所以我们从不同的生涯彩虹图中可以看到不同的生涯规划。

2. 施恩的职业生涯发展理论

（1）施恩的职业生涯发展理论概述

美国麻省理工学院斯隆管理学院教授、著名的职业生涯管理学家E. H. 施恩（Edgar H. Schein）立足于人生不同年龄段面临的问题和职业工作主要任务，将职业生涯分为九个阶段：成长、幻想、探索阶段，进入工作世界，基础培训，早期职业的正式成员资格，职业中期，职业中期危险阶段，职业后期，衰退和离职阶段，离开组织或职业——退休。

（2）施恩的职业生涯发展理论具体内容

①成长、幻想、探索阶段。一般0~21岁处于这一职业发展阶段。主要任务是发展和发现自己的需要与兴趣，发展和发现自己的能力与才干，为进行实际的职业选择打好基础；学习职业方面的知识，寻找现实的角色模式，获取丰富信息，发展和发现自己的价值观、动机与抱负，做出合理的受教育决策，将幼年的职业幻想变为可操作的现实；接受教育和培训，开发工作世界中所需

要的基本习惯和技能。在这一阶段所充当的角色是学生，职业工作的候选人、申请者。

②进入工作世界。16~25岁的人步入该阶段。首先，进入劳动力市场，谋取可能成为一种职业的第一项工作；其次，个人和雇主之间达成正式可行的契约，个人成为一个组织或一种职业的成员，充当的角色是应聘者、新学员。

③基础培训。处于该阶段的年龄段是16~25岁。与上一正在进入职业工作或组织阶段不同，要担当实习生、新手的角色。也就是说，已经迈进职业或组织的大门。此时主要任务一是了解、熟悉组织，接受组织文化，融入工作群体，尽快获得组织成员资格，成为一名有效的成员；二是适应日常的操作程序，应付工作。

④早期职业的正式成员资格。此阶段的年龄为17~30岁。获得组织新的正式成员资格所面临的主要任务是承担责任，成功地履行与第一次工作分配有关的任务；发展和展示自己的技能和专长，为提升或进入其他领域的横向职业成长打基础；根据自身才干和价值观以及组织中的机会和约束，决定是否留在这个组织或职业中，或者在自己的需要、组织约束和机会之间寻找一种更好的配合。

⑤职业中期。处于职业中期的正式成员，年龄一般在25岁以上。主要任务是选定一项专业或进入管理部门；保持技术竞争力，在自己选择的专业或管理领域内继续学习，力争成为一名专家或职业能手；承担较大责任，确立自己的地位；开发个人的长期职业计划。

⑥职业中期危险阶段。处于这一阶段的是35~45岁者。主要任务为现实地估价自己的进步、职业抱负及个人前途；就接受现状或者争取看得见的前途做出具体选择；建立与他人的良师关系。

⑦职业后期。从40岁以后直到退休，可以说是处于职业后期阶段，此时的职业状况或任务是成为一名良师，学会发挥作用，指导、指挥别人，对他人承担责任；扩大、发展、深化技能，或者提高才干，以担负更大范围、更重大的责任；如果求安稳，就此停滞，则要接受和正视自己影响力和挑战能力的下降。

⑧衰退和离职阶段。一般在40岁之后到退休期间，不同的人在不同的年龄会衰退或离职。此时主要的职业任务：一是学会接受权力、责任、地位的下降；二是基于竞争力和进取心的下降，要学会接受和发展新的角色；三是评估自己的职业生涯，着手退休。

⑨离开组织或职业——退休。在失去工作或组织角色之后，面临两大问题或任务：保持一种认同感，适应角色、生活方式和生活标准的急剧变化；保持一种自我价值观，运用自己积累的经验和智慧，以各种资源角色，对他人进行传帮带。

（3）特别之处

需要指出的是，施恩虽然基本依照年龄顺序划分职业发展阶段，但并未囿于此，其阶段划分更多地根据职业状态、任务、职业行为的重要性。正如其划分职业周期阶段是依据职业状态、职业行为和发展过程的重要性，又因为每个人经历某一职业阶段的年龄有别，所以，他只给出了大致的年龄跨度，并没有细化到每一个年龄与职业阶段上的交叉详情。

（四）后现代生涯咨询理论（生涯建构系统理论、生涯叙事理论）

强调诠释与创造生命：察觉、理解并接纳自己，找到生命的意义和使命，把生活当成一种创造性的自我表达。

1. 生涯建构系统理论

生涯建构系统理论的依据来自个人建构理论（personal construct theory）。个人建构理论是由乔治·凯利（George Kelly）于1955年提出来的人格理论，在临床心理学上应用得十分广泛。在美国、欧洲（尤其是英国）受到学术界、实务界的高度重视（Neimeyer, 1985）。凯利是一位资深的临床工作者，个人建构理论是其25年实务经验的产物。在临床学界的传统中，这并不偶然，理论的形成就是一部个人临床工作史。近年来，经过生涯心理学家们的努力，个人建构理论在生涯咨询上的应用与研究取得若干成就。

长久以来，心理学家有兴趣的主题之一，在于探索人究竟是如何归纳自己的经验，又如何对环境分类。心理学家们认为，如果能够掌握这把钥匙，就能开启预测人类行为的大门。

建构（construct）是人用来解释世界的方式。每一个人在这个世界上生活着，经历着世上种种发生在自己周围的现象，渐渐地用自己的方式形成自己的理论，自行预测自己的行为，然后根据预测来做事。这种行为方式类同于科学家的行为方式：一个科学家在其假设的理论世界中，不断地搜集数据，验证模式，修改参数。正如同一个人在他所预期发生的事件中不断修改建构，重新建构。当事件准确发生时，预期得到证实，建构就得到巩固；若未得到证实，建构就会发生对应的改变。建构系统不断修正、一再建构的历程，即是经验（朱智贤，1989）。事实上，个人建构理论的发现已经广泛应用在临床心理学、教育心理学、工业心理学等多个领域，生涯发展咨询亦不例外。

2. 生涯叙事理论

20世纪的所谓现代或当代，通常是用来描述我们实存的世纪，其主流思想以工业主义、逻辑实证论，以及客观科学为主轴。实证主义在生涯辅导上最大的贡献是提供了特质因素理论的认识论基础，影响了数十年来生涯辅导在促进自我知识与职业知识上的努力。在促进自我知识方面，各种心理测验的发展提供了心理特质测量的便利；在促进职业知识方面，各种职业分类大典、教育与职业信息的编纂，甚至各种计算机辅助生涯辅导系统的发展，均受到实证主义的影响。

在跨入21世纪之际，没有人能够明确地描述或评估下一世纪的特色，甚至每个人对同一职业的理解也有所不同。比如，同样是喜欢当公务员，不同的人对"公务员"有不同的认识，受到他们成长中特殊的社会背景、对"公务员"的定义等因素的影响而形成不同的认知建构，进而有不同的观点。这种观点论的兴起，在生涯咨询上可以弥补特质因素理论的不足，提供了生涯发展的另一种思考角度。萨维克斯（Savickas，1993）认为，迈入21世纪的生涯发展咨询，不再有所谓的专家；即使是就业课教师、生涯辅导咨询师都已不再是主流文化的代言人，而"当事人"可以重塑自己的生涯。

多元的价值观被肯定、被接纳，没有优势文化吞并劣势文化的现象。因此在生涯咨询中也必须调整方向，原有的适配功能被授权替代。"授权"的意义，就是将匹配的主导权放在当事人手中，让当事人自行描绘自己的人生蓝图。

不同的文化提供不同的个体发展路径。跨入下一世纪，生命设计（life design）将会包括职业选择，当工作角色不再孤立于其他角色之外，会更加关注当事人在生命当中工作、休闲、朋友、家庭等各种基本角色的分配与协调。

后现代纪元的生涯咨询将会越来越重视自传与意义的创造，希望能取代兴趣测验与辅导技术。如果生涯咨询师将生涯视为故事或剧本，生涯咨询将会创造出许多新的方法。如此一来，生涯咨询就成了一个当事人对自己的职业经验叙说故事（storing）与重编故事（restoring）的过程。咨询师的工作是帮助当事人为自己的生命与生涯做注释。出现在当事人生命中的兴趣、能力和工作价值等，有可能被解释为主要的生命主题。准确地说，这种生涯咨询就是一种协助当事人练习对自己生涯史进行叙说的历程。

面对后现代纪元的来临,许许多多的学者孜孜不倦地以这种观点论的精神涉入生涯发展或生涯咨询的研究。

【思考练习】
1. 职业生涯规划对自己有什么价值?
2. 常用的职业生涯规划理论和工具有哪些?

第二章 自我认知

学习目标

【知识目标】通过对兴趣、能力、价值观、性格等方面的诠释,使学生了解"我适合做什么?""我喜欢做什么?""我是一个什么样的人?""我能够成为一个什么样的人?",并对这些问题有清晰的认知。

【技能目标】能够利用本章所学知识,展开对自我的深层探索,并分析自己的兴趣、能力、价值观、性格与职业之间的适应度。

【思政目标】在强调兴趣对职业发展的重要性的同时,要强调诚信、友善的个人层面的核心价值体系,选择职业要和兴趣、能力、价值观匹配,做自己既喜欢又擅长,还能被社会认可的职业,才是最佳的职业选择。

第一节 兴趣探索

兴趣以需要为基础,需要有精神需要和物质需要两种,兴趣基于精神需要(如艺术、音乐等)。人们若对某件事物或某项活动感到需要,他就会热衷于观察、接触这件事物,积极从事这项活动,并注重探索其奥妙。兴趣又与认识和情感相联系,若对某件事物或某项活动没有认识,也就不会对它有情感,更不会对它有兴趣;反之认识越深刻,情感越炽烈,兴趣也会越浓厚。

兴趣会对人的认识和活动产生积极影响,但不一定有利于提高工作的质量和效果。

兴趣具有非常强的社会制约性,人所处的历史条件状况、社会环境不同,其兴趣就会有不同的特点。

一、兴趣的定义与分类

▶ 1. 兴趣的定义

尼采说过:"想知道你自己是怎样的人,只要看一看你自己喜欢什么。"兴趣对我们认识自我、了解自我的职业倾向,具有重要的意义。

在心理学中,所谓兴趣,是指人们力求认识某种事物和从事某项活动的心理倾向,是个体对特定的事物、活动及人所产生的积极的、带有倾向性和选择性的态度和情绪。简单地说,兴趣就是人们为了快乐,主动想做的事情。人们会对感兴趣的事物给予优先注意和积极的探索。每个人在观察这个世界的时候都有不同的关注点,我们总是优先选择自己感兴趣的事物,长此以往,会形成不同的个性特征。比如,有些爱美的女士喜欢关注周围人佩戴的首饰,能够非常敏锐地发现他人佩饰方面哪怕非常细微的变化;而很多男士可能共处很久,也没有意识到同事早已更换了眼镜。这些女士因为兴趣,日常生活中的注意倾向于服饰,这方面的知识和技能就会迅速地发展,很自然地会远远超过那些男士的水平。在从事感兴趣的活动时,个体能够感受到积极的情绪体验,表现出心驰神往。正是参与过程中愉快、满足的积极体验,使得个体不断地去主动从事这些活动。所以,兴趣是一种自觉自愿的心理和行为倾向,意味着人们的主观喜好,是人们爱做的事、想做的事、感到快乐的事。兴趣与能力无关,也就是无论能力高低,都会乐此不疲去做此事。例如,如果一个人对绘画感兴趣,他就会经常涂涂画画,主动参加一些绘画的活动,在绘画的过程中感到愉悦、放松和乐趣,甚至能够沉浸其中、废寝忘食。但并不是因为画得好,常被人们夸赞,他才喜欢画画。

拓展练习

回忆幸福时光

请放松、深呼吸,然后回忆三个自己感到特别愉快、忘了时空和自己的时候。请仔细地回想当时的场景细节以及自己的感受。

讨论:人在什么时候感到幸福?

▶ 2. 兴趣的分类

人的兴趣是多种多样的,概括起来其分类方法有三大类:

(1)按照兴趣的内容,可以把兴趣分为物质兴趣、精神兴趣和社会兴趣

物质兴趣主要是指人们对某些物质和物质生活(如衣、食、住、行方面)的兴趣和追求,精神兴趣主要是指人们对精神生活(如学习、研究、文学艺

术、知识）的兴趣和追求，社会兴趣主要是指人们对社会工作、人际交往等活动的兴趣（如加入青年志愿者、参加聚会、帮助孤寡老人）。同种职业可以满足人们不同种类的兴趣需求，但是不同职业在这三个方面有不同的倾向。比如，兴趣中以物质兴趣为主的人，适合从事经济效益比较好的工作，在这类职业中，个体能够获得更大的满足。

（2）按照兴趣的性质，可以把兴趣分为直接兴趣和间接兴趣

直接兴趣是指对活动过程本身的兴趣，间接兴趣主要是指对活动所能产生的结果的兴趣。比如，有人喜欢跳舞，沉醉于舞蹈的过程中，这是直接兴趣；还有人也经常跳舞，但是她是为了塑造身材、强身健体，甚至是为了结交朋友、扩大社交圈，这是间接兴趣。很多人从事某种职业是出于间接兴趣，就有必要在工作中培养直接兴趣，直接兴趣和间接兴趣相结合才能真正推动人们长期、高效地从事某种工作。

（3）按照兴趣的深度和发展阶段，可以把兴趣分为"有趣—乐趣—志趣"三个层次

有趣是兴趣的第一层次，也是兴趣发展的低级水平，是人们经过短暂接触后，出于新鲜感和趣味性对某些事物的兴趣倾向。例如，很多年轻人的兴趣爱好总是层出不穷，今天喜欢电影、动漫，明天喜欢摇滚、街舞，时而"哈日"，时而"哈韩"，这种兴趣是短暂的，往往转瞬即逝，易起易落。第二层次为乐趣。乐趣又称为爱好，是在有趣的基础上定向发展形成的，是兴趣发展的中级水平。在这一层次上，人们的兴趣会向专一的、深入的方向发展。如果一个人对动漫有乐趣，他不但会经常欣赏动漫作品，关心动漫相关的信息，还会学习一些制作动漫的技术，经常与志同道合的人沟通交流。第三层次为志趣。当人的乐趣与人的社会责任感、理想、奋斗目标结合起来时，便由乐趣转为志趣，它是兴趣发展的高级水平。志趣具有社会性、自觉性和方向性的特点。稳定的志趣经常与人的职业选择相结合，如果对动漫有乐趣的同学进一步发展到要一生从事动漫事业，希望将来可以成为一名动漫设计师，并且通过与动漫行业的接触印证了自己的想法，那么，动漫就成了一种志趣。一些新生进入大学以后，发现自己的专业和兴趣爱好不相符合，经常产生是否应该放弃专业投向个人兴趣的困惑，这时，对自己个人兴趣的评估很重要。自己的兴趣属于什么种类？是直接兴趣还是间接兴趣？达到了什么阶段？是有趣、乐趣还是志趣？如果是间接兴趣，还未达到志趣的水平，这时就要对自己的兴趣进行新的反思。当然，兴趣并不是职业选择的唯一决定因素，个性、价值观和技能等因素，都

会影响我们做出是否投向个人兴趣的决策。

二、兴趣与职业

1. 兴趣对于职业的意义

兴趣对一个人个性的形成和发展、生活与职业活动的开展有巨大的作用。首先，良好兴趣的发展对未来活动起到一定的准备作用。例如，很多男孩子在童年对拆装各种器具有兴趣，把家中大大小小的玩具、电器全部拆了装、装了拆，这个过程就很好地训练了这些孩子的机械思维能力和动手能力，为其将来从事工程机械类专业的学习和工作打下了一定的基础。其次，兴趣对正在进行的活动起推动作用。

兴趣可以划分为职业兴趣和非职业兴趣，但几乎每一种兴趣都可以与某种职业联系起来。职业兴趣是一种具有浓厚感情的志趣活动，它可以使人集中精力去获得知识，并创造性地完成当前的活动。美国著名华人学者、诺贝尔物理学奖得主丁肇中教授就曾经深有感触地说："任何科学研究，最重要的是要看对自己所从事的工作有没有兴趣，换句话说，就是有没有事业心，这不能有任何强迫，比如搞物理实验，因为我有兴趣，我可以两天两夜，甚至三天三夜在实验室里，守在仪器旁，我急切地希望发现我所要探索的东西。"可以看出，兴趣给人无尽的热情和动力，激励人们克服疲劳、战胜困难，推动人们实现目标。职业兴趣反映了职业特点和个体特点之间的匹配关系，是人们职业选择的重要依据和指南。理想的职业发展应该是"恰当的人从事恰当的工作"，个人的职业定位和职业选择要考虑是否与个体的职业兴趣相符，两者最佳的匹配可以为职业的发展提供持续的动力。

职业兴趣能够开发人的能力，激发人的探索欲与创造力。调查显示，如果一个人所从事的工作与其职业兴趣相吻合，能发挥其全部才能的80%~90%，能长时间地保持高效率的工作并乐此不疲；反之，则最多只能发挥其全部才能的20%~30%，还很容易导致厌倦和疲劳。由此可见，职业兴趣能够影响人们在职业活动中的工作绩效。

职业兴趣可以增强人的职业适应性和稳定性，从事感兴趣的工作，个体能够从工作中获得更多的愉悦感、价值感和满足感。就像爱迪生所说的："因为工作是快乐的，所以人生是快乐的。"在这种状态下，人与工作浑然一体，人们从工作中获得乐趣，感受到自我的价值。所以，职业兴趣可以促进人们有效地适应工作，对工作有更为深切的认同，显著提升人们的工作满意感。很多兴趣不是与生俱来的，而是以一定的素质为前提，在生活实践过程中逐渐发生和发展起来。如果一个人缺乏某种职业知识，或者根本不了解这种职业知识，那么他就不可能对这种职业真正产生兴趣。因此，一个人只有广泛了解职业知识，参加有关的职业活动，才可能真正发现自己的职业兴趣所在。同时，兴趣与能力经常有密不可分的关系，通常我们感兴趣的活动会得到更加充分的发展，我们会在这方面拥有更高的能力水平。另外，我们经常会因为自己在某方面的出色表现而逐渐喜欢这项活动，这是明显的从间接兴趣转向直接兴趣的例子。生活中我们也经常有"爱一行，干一行"和"干一行，爱一行"的说法，说的就是兴趣和能力之间相互影响的关系。综上所述，大学期间，大学生发展广泛的兴趣爱好有利于提升各方面的能力和综合素质，有利于塑造完善的人格。在此基础上，大学生要了解自己的兴趣取向，了解自己的职业兴趣，在充分把握各项因素和环境特征的基础上，重点培养和发展自己的职业兴趣，为将来的职业选择和职业发展做好准备。

2. 职业兴趣的概念及培养途径

职业兴趣是指人们对某种职业活动具有比较稳定而持久的心理倾向。当一个人对某种职业产生兴趣时，他就能提高积极性，全身心地投入工作中，孜孜不倦，引以为乐。他会积极地感知和关注与工作有关的一切，并且积极思考，大胆探索；在面对困难时，决不退缩，努力进取，排除万难，直到成功为止。在一个人的求职过程中，兴趣所起的作用就像一双无形的手，每个人都会自觉不自觉地受它影响。大家都希望能把自己的兴趣爱好与自己的职业生涯结合起来，这样，即使工作会辛苦一点，心情也总是会保持愉快，而且更容易成功。但是，大学毕业生们大部分时间并不清楚自己的职业兴趣所在。也许他们有明确的专业方向，也许他们会为某个职业的报酬或前景所吸引，但大多数人并不是很明确自己究竟想要什么，未来的努力方向在哪里。这时，通过职业兴趣测验就可能帮助他们找到职业兴趣的落脚点，明白自己的前途所在。

职业兴趣是诸多兴趣中的一种，不同职业兴趣的人对不同的职业产生的心理倾向具有较大的差异性。对于同一职业，有的人热烈地向往，积极地追求，有的人却无动于衷，有的人甚至感到厌倦。一个人的职业兴趣在寻求专业或职业的过程中起着至关重要的作用。任何一个人只有清楚地认识自己的职业兴趣，才能选择合适的职业。为了解决这一问题，很多教育和心理学研究者根据职业的性质和人们的兴趣特点划分出职业兴趣类型。职业兴趣的分类方法很多，一般根据人职匹配理论，将职业划分为现实型、研究型、艺术型、社会型、组织型和传统型六种，每个人主要隶属其中一类或几类。每个人所具有的兴趣与习惯特点不一定完全符合职业的要求，因此要根据自己所喜欢的职业方向调整和发展自己的职业兴趣，向着自己的职业目标努力。

每个人的职业兴趣并不是天生就有的，而是在一定的社会生活环境中通过参加实践活动逐渐形成的，是在需要的基础上，由于人们获得某些职业知识或参加职业活动后自己体验到心理上的满足而产生的。职业兴趣总是以社会的职业需要为基础，并在一定的学习与教育条件下形成和发展起来，是可以培养的。职业兴趣的培养受父母的言传身教、家庭的潜移默化以及教育的整体引导的影响，通过实践活动在积极的感知认识活动中得以发展。虽然某种职业兴趣一经形成便具有一定的稳定性，但根据实际需要，还是可以通过多种途径，加上自己的努力去改变、发展和培养的。

拓展练习

兴趣与专业、职业

想一想，你的兴趣可以和哪些职业相联系？这些兴趣有可能与你的专业相结合吗？

如果你自己做这个练习感到有困难，可以就这个问题请教一下你的同学、老师、父母、有相同爱好的朋友，以及与你同专业的前辈交流……集思广益，或许会对你有所启发。

深度链接

培养职业兴趣的途径主要有以下几种：

①培养广泛的兴趣。具有广泛职业兴趣的人，不仅对自己职业领域的知识有浓厚的兴趣，而且对其他方面的知识有一定兴趣。这种人眼界比较开阔，解决问题时也可以从多方面得到启发，在职业生涯规划、变动上有较大的余地。如小提琴家傅聪对中国古典文学有浓厚的兴趣，便能从古诗意境中更好地把握音乐的演奏。国外一个电台主持人，利用闲暇时间搜集古玩和旧家具。当他失去主持人的工作后，他原来的"业余爱好"使他能靠鉴定古玩、修复旧物继续自己的职业生活。兴趣范围狭窄、涉足面小的人，对新事物的适应性就要差些，在职业生涯规划上所受的限制也多些。

②保持稳定的职业兴趣。人的兴趣应广泛，但不能浮泛，还要有一定的集中爱好。如果只具广泛性而无中心职业兴趣，人往往会知识肤浅，没有确定的职业方向，心猿意马，这样难以有所成就。所以，还应着重培养自己在某一方面的职业兴趣，促进自己的发展和成才。同时注重兴趣的持久稳定，不能朝三暮四、见异思迁，这样才能投入更多的热情和精力，深入钻研相关

内容,在事业上有所发展和成就。

③培养切实的职业兴趣。兴趣的培养不能为追求清高而不考虑外界为其展开和深入所提供的客观现实条件。否则,只能是画地为牢,作茧自缚。

④重视培养间接兴趣。例如,广泛阅读名人传记,以了解在平凡工作岗位上做出突出贡献的人物事迹,也有助于培养自己的职业兴趣。

⑤积极参加社会实践活动。培养职业兴趣的实践活动内容十分丰富,包括生产实习、社会调查、参观访问以及组织兴趣小组等。这些活动能帮助你了解职业、了解社会、增长知识、开阔视野、激发兴趣。每一个人都可以通过参加各种活动调节和培养兴趣,根据社会和自我需要,有意识地去培养和发展兴趣,为事业的成功创造条件。

3. 霍兰德的兴趣类型理论

约翰·霍兰德是美国约翰·霍普金斯大学心理学教授,美国著名的职业指导专家。他于1959年提出了具有广泛社会影响的职业兴趣理论,认为人的人格类型、兴趣与职业密切相关,兴趣是人们活动的巨大动力,凡是具有职业兴趣的职业,都可以提高人们的积极性,促使人们积极地、愉快地从事该职业,且职业兴趣与人格之间存在很高的相关性。1959年后,霍兰德在长期职业指导和咨询实践的基础上,首次提出了自己的职业兴趣理论,他认为,职业兴趣是人格的体现,从事同一职业工作的人有着共同的人格,人格能被划分为不同的类型。

深度链接

霍兰德于1973年提出了关于人格类型的假设。

在我们的文化里,大多数的人可以被归纳为六种类型:现实型(Realistic Type,简称R)、研究型(Investigative Type,简称I)、艺术型(Artistic Type,简称A)、社会型(Social Type,简称S)、企业型(Enterprising Type,简称E)和传统型(Conventional Type,简称C)。这六种类型按照一个固定的顺序可排成一个六角形(RIASEC)。如下图所示。

霍兰德职业六角型模式

霍兰德以职业兴趣代表人格特质,并将人分为现实、研究、艺术、社会、企业、传统六种类型。六个类型之间存在程度不同的相互关系,可在二度空间上,依其相似程度构成一个正六角形。

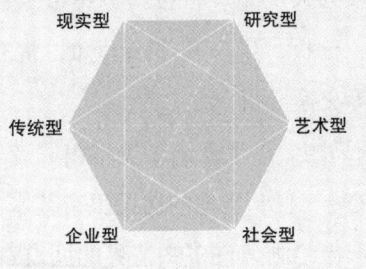

在我们的社会环境中，有六类职业：现实型、研究型、艺术型、社会型、企业型和传统型。同样，这六大职业类型也按照一个固定的顺序排成一个六角形（RIASEC）。

人总是寻找适合个人人格类型的环境，锻炼相应的技巧与能力，从而表现出各自的态度及价值观，面对相似的问题，扮演相应的角色。

一个人的行为表现，是由他的人格与他所处的环境交互作用决定的。

霍兰德兴趣岛如下图所示。

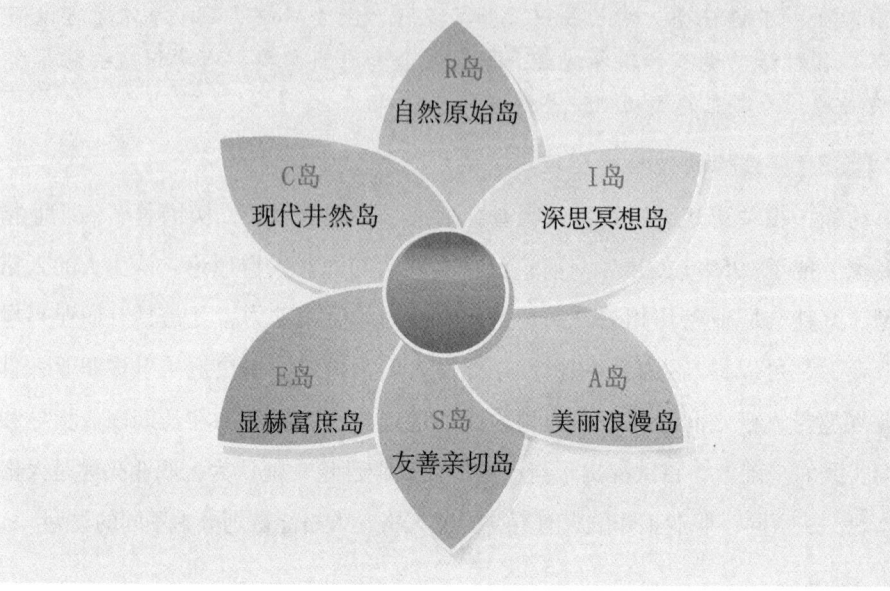

课堂活动：我的岛屿计划

恭喜你！你获得了一次免费度假游的机会，有机会去下列六个岛屿中的一个。唯一的要求是你必须在这个岛上待满至少半年的时间。请不要考虑其他因素，仅凭自己的兴趣按一、二、三的顺序挑出你最想前往的三个岛屿。

岛屿R：自然原始的岛屿。岛上保留有原始森林，自然生态保持得很好，有各种各样的野生动物。岛上居民生活状态还相当原始，他们以手工见长，自己种植花果蔬菜、修缮房屋、打造器物、制作工具，喜欢户外运动。

岛屿I：深思冥想的岛屿。岛上人迹较少，建筑物多僻处一隅，平畴绿野，适合夜观星象。岛上有多处天文馆、科技博览馆以及科学图书馆等。岛上居民喜好观察、学习、探究、分析，崇尚和追求真知，常有机会和来自各地的哲学家、科学家、心理学家等交换心得。

岛屿A：美丽浪漫的岛屿。岛上充满了美术馆、音乐厅、街头雕塑和街边艺人，弥漫着浓厚的艺术文化气息。当地的居民很有艺术、创新和直觉能力，他们保留了传统的舞蹈、音乐与绘画，许多文艺界的朋友都喜欢来这里找寻灵感。

岛屿S：友善亲切的岛屿。岛上居民个性温和、十分友善、乐于助人，社区均自成一个个密切互动的服务网络，人们重视互助合作，重视教育，关怀他人，充满人文气息。

岛屿E：显赫富庶的岛屿。岛上的居民善于企业经营和贸易，能言善道，以口才见长。岛上的经济高度发展，处处是高级饭店、俱乐部、高尔夫球场。来往者多是企业家、经理人、政治家、律师等，这里曾数次召开财富论坛和其他行业巅峰会议。

岛屿C：现代井然的岛屿。岛上建筑十分现代化，是进步的都市形态，以完善的户政管理、地政管理、金融管理见长。岛上居民个性冷静保守，处事有条不紊，善于组织规划，细心高效。

如果是在团体内做这个活动，可以将房间分为六个区域，分别代表上述六个岛屿。按自己第一选择的岛屿就座。如果同一小组的人数太多，可分为两组。

同一岛屿的人交流一下自己为什么选择这个岛屿，看看大家有什么共同的兴趣爱好，归纳为关键词。根据大家的交流给自己的小组命名并选取一个标志物（logo），在大白纸上制作一张本小组的宣传图。每个小组请一位代表用2分钟时间展示自己小组的图，并在全班分享一下自己小组成员的共同特点。

想一想：
我最想前往的三个岛屿：
_____

我们的岛屿名称：
_____

岛屿标志物及其含义：
_____

岛屿关键词：
_____

<u>写完后再看下面的解析。</u>

说明：这六个岛屿实际上代表着霍兰德提出的六种类型。做完这个活动后，你应当能得出自己最感兴趣的前三种类型，即你的霍兰德代码，并对六种类型的基本特征有所了解。需要注意的是，这只是对你兴趣类型的一个初步判断。因为霍兰德理论比较复杂，初学者对霍兰德类型的掌握不深入，再加上社会期望和缺乏自我认识等原因，个人不易准确地判断自己的职业兴趣类型，因

此最好通过职业兴趣测试来加以确认。

对自己兴趣了解的途径很多，最简单的办法就是察觉日常生活中自己对哪些事、人投入的精力较多，并从中体验到内心的喜悦。霍兰德认为：

（1）职业选择是人格的一种表现，某一类型的职业通常会吸引具有相同人格特质的人，这种人格特质反映在职业上就是职业兴趣。

（2）大多数人的职业兴趣可以归纳为六种类型，即现实型（简称R）、研究型（简称I）、艺术型（简称A）、社会型（简称S）、企业型（简称E）和传统型（简称C）。

（3）个人的职业兴趣往往是多方面的，很少只集中在某一种类型上。大家可能或多或少地具备所有六种兴趣，只是偏好程度不同。

因此，为了比较全面地描绘个人的职业兴趣，通常用最强的三种兴趣的字母代码来表示一个人的兴趣，这个代码称为霍兰德代码。这三个字母间的顺序表示了兴趣强弱程度的不同。比如，SAI和AIS的人具有相似的兴趣，但他们对同一类型事务的兴趣强弱程度是不同的。

霍兰德职业兴趣类型解析：

类型	喜欢的活动	重视	职业环境要求	典型职业
现实型R	用手、工具、机器制造或修理东西。愿意从事实物性的工作、体力活动，喜欢户外活动或操作机器，而不喜欢在办公室工作	具体实际的事物，诚实，有常识	使用手工或机械技能对物体、工具、机器、动物等进行操作，对"事物"工作的能力比与"人"打交道的能力更为重要	园艺师、木匠、汽车修理工、工程师、军官、兽医、足球教练员
研究型I	喜欢探索和理解事物，喜欢学习研究那些需要分析、思考的抽象问题，喜欢阅读和讨论有关科学性的论题，喜欢独立工作，对未知问题的挑战充满兴趣	知识，学习，成就，独立	分析研究问题、运用复杂和抽象的思考创造性地解决问题的能力，谨慎缜密，能运用智慧独立地工作，一定的写作能力	实验室工作人员、生物学家、化学家、心理学家、工程设计师、大学教授
艺术型A	喜欢自我表达，喜欢文学、音乐、艺术和表演等具有创造性、变化性的工作，重视作品的原创性和创意	有创意的想法，自我表达，自由，美	创造力，对情感的表现能力，以非传统的方式来表现自己；相当自由、开放	作家、编辑、音乐家、摄影师、厨师、漫画家、导演、室内装潢设计师

续表

类型	喜欢的活动	重视	职业环境要求	典型职业
社会型S	喜欢与人合作，热情关心他人的幸福，愿意帮助别人成长或解决困难、为他人提供服务	服务社会与他人，公正，理解，平等，理想	人际交往能力，教导、医治、帮助他人等方面的技能，对他人表现出精神上的关爱，愿意担负社会责任	教师、社会工作者、牧师、心理咨询师、护士
企业型E	喜欢领导和支配别人，通过领导、劝说他人或推销自己的观念、产品而达到个人或组织的目标，希望成就一番事业	经济和社会地位上的成功，忠诚，冒险精神，责任	说服他人或支配他人的能力，敢于承担风险，目标导向	律师、政治运动领袖、营销商、市场部经理、电视制片人、保险代理
传统型C	喜欢固定的、有秩序的工作或活动，希望确切地知道工作的要求和标准，愿意在一个大的机构中处于从属地位，对文字、数据和事物进行细致有序的系统处理以达到特定的标准	准确、有条理、节俭、盈利	文书技巧，组织能力，听取并遵从指示的能力，能够按时完成工作并达到严格的标准，有组织、有计划	文字编辑、会计师、银行家、簿记员、办事员、税务员和计算机操作员

自20世纪50年代起，霍兰德的研究使职业生涯领域发展出最为广泛使用的工具和资料；他编制的兴趣量表"职业自我探索量表"在过去30年中有数千万人使用。

请注意，"现实""传统"等只是霍兰德用来概括某一人格特征的词，在此有其特定的含义，与我们日常用语中的含义不完全等同。因此，不要受我们日常用语的褒贬含义误导。另外，在阅读每一种类型的描述时，要知道这些特质的描述是一种理想的、典型的形式，不可能恰好符合个人的情况。

找出你的霍兰德代码：

请阅读霍兰德职业兴趣类型表，在符合自己情况的语句下面画线，并思考自己日常生活中有哪些与之相符的事例使自己做出这样的判断。按一、二、三的顺序选出你认为最符合自己情况的三种类型。这有可能就是你的霍兰德代码（可以通过后面"自我兴趣探索"部分的练习加以确认）。

课堂练习：自我兴趣探索

下面是一些帮助你进行自我兴趣探索的练习和活动。请仔细阅读每个练习的指导语，按要求进行。完成练习以后，将结果记录在书末的附录五《我的生涯规划档案》的相关部分。它们是你以后选择职业时的重要考虑因素和评价标准。

1. 兴趣探索练习

请具体、详细地回答下列问题。回答时特别注意问题的第二部分，即"为什么"感兴趣的部分。如有可能，请与一位同伴相互讲述自己对问题的思考和回答。同伴可以提问，帮助讲述的人发掘细节和原因。这个练习的目的是帮助你回忆并梳理日常生活中有关个人兴趣的一些代表性事件、增进自我觉察，因此仔细思考和讲述的过程非常重要。

（1）我的白日梦：请列举出三种你非常感兴趣的职业（摒除所有现实的考虑）。这些工作中的哪些特征吸引着你？

_____

_____

（2）请回忆三个从事某件事情时令你感到快乐（满足）的经历。请详细地描述这三个画面，是什么令你感到如此快乐（满足）？

_____

_____

（3）从小到大你担任过哪些职务？你喜欢的是哪些职务？不喜欢的是哪些职务？请具体说明为什么。

_____

_____

（4）你最崇拜（敬佩）的人是谁？他（她）对你产生了什么影响？你最像他（她）的是什么地方？最不像他（她）的是什么地方？

_____

_____

（5）你最喜欢看哪种杂志？这些杂志中的哪些部分吸引着你？或者，如果你到书店看书，你通常会停留在哪类书架前（不是仅仅因为学习需要的情况下）？

_____

_____

（6）除了单纯的娱乐放松以外，你最喜欢看哪几类电视节目？节目中什么吸引着你？

_____

_____

（7）你喜欢浏览哪类网站？你喜欢看网站的哪部分内容？它们属于哪个专业？

_____

_____

（8）休闲的时候，如果只是出于兴趣的考虑，你最想做什么或学什么？这里面又是什么吸引着你？

_____

_____

（9）你最喜欢的科目是什么？为什么喜欢它（们）？

_____

_____

（10）我们生活中都有过某些时刻，因为全神贯注做某件事情而忘了时间。什么样的事会让你如此专注？

_____

_____

（11）你的答案里面有什么共同点吗？可以归纳为什么主题或者关键词？这些主题或关键词可能和霍兰德的哪些类型相对应？你如何能够让这样的主题在你今后的生活中得到更充分的彰显？

_____

_____

说明：对最后一个问题的回答将有助于你总结和归纳前面所有的问题，并将你在日常生活中的一些表现与本单元所讲的职业兴趣类型挂钩。所归纳出的主题或关键词是你今后在做职业决策时需要尽可能纳入的一些关键因素。

➡ 2. 基于霍兰德理论的职业兴趣测评

霍兰德的理论提出以后，对职业生涯辅导产生了广泛的影响。有许多被广泛使用的测量工具以霍兰德的类型论为依据，如霍兰德本人编制的"自我探索量表""斯特朗兴趣量表"等。这些测评工具可以作为个人进行自我探索的有用工具。经过测评，通常会得出一个由三个字母组成的霍兰德代码，以及与这一代码相匹配的一些职业。

国内目前已有多种引进及自主研发的霍兰德兴趣测试版本。在选择测评工具时，须注意它必须合乎心理测量的一些基本标准（如具有良好的信度和效度、提供参照常模，如果是自助式测评还需要有较为详细清晰的测评报告等）。一些网上的免费测评往往是不可靠的。

在具体使用的时候，还须注意这些测评工具的施测要求，看清指导语。此外，对测评结果的解释非常重要。除了自助式的测评以外，国外通常要求由生涯辅导专业人员实施测评并对测评结果进行专门的解释说明，帮助被测试的人正确理解测评的含义。国内心理测评工具被大量过度使用，又缺少合格的生涯咨询师，在解释说明方面比较混乱。作为个人，要特别注意不要滥用、迷信测评，被测评结果误导。

严格地讲，兴趣测评的结果不能被解释为"哪种职业适合我"，只能说是根据测评的常模样本，拥有某类型兴趣特征的人通常会更多选择某些类型的职业，并且在这样的职业中感觉比较愉快、满足。由于同一种职业在不同的机构内其性质和工作内容可能有很大的不同，所以要具体情况具体分析。做兴趣测试的目的是帮助测试者增进对自我及工作世界的认识，拓宽在职业前景上的思路，为未来发展提供方向性的指导，而不是限定自己。因此，不要局限于测试结果所建议的职业，也不要简单地用某些类型给自己贴标签、限制自己。

兴趣测评简单、易用，但它的局限性也很明显。有些人因为受自己价值观、能力的影响，选择的答案并不符合自己的实际兴趣。比如，有人的测评报告中企业型兴趣很高，但她（他）实际上并不喜欢竞争的环境，而仅仅是因为羡慕外企白领的社会地位，在兴趣测评中对相关的选项都选择了"喜欢"。还有的人完全不清楚自己的喜好，因此就很难按照兴趣测评的要求对各种职业或科目等进行喜欢与否的判断，几次测评得出的结果都不一致。出现这种状况，可能是因为这些人的天性与喜好在成长的过程中未能得到尊重，长期受压抑的结果导致了自我认知（包括兴趣）方面的极度混乱。这些人可能需要生涯咨询师帮助其进行具体分析，进行一对一的生涯辅导，甚至需要先进行心理咨询来处理他们心理层面的问题。另有一种情况是个人兴趣的偏好不明显，六种类型的分值相差无几。这可能是由于个人受到环境的局限没有机会发展自己的兴趣，因此显示兴趣未分化的状况。这样的人需要参与各种不同性质的实践活动以便对自己的兴趣进行充分的探索。当然，也要考虑个体在接受测试时是否正处于抑郁状态，因为这会导致各类型分值普遍偏低的状况出现。

另外，在霍兰德类型论中，兴趣被视为人格在职业上的体现，指的是个人与生俱来的偏好。但是，克朗伯兹等理论家对此提出了不同的观点。他们认为，兴趣是个人后天学习（此处的"学习"是广义的学习，指的是个人在成长经历中学会的东西）的结果。因此，他们建议不要将兴趣测评的结果作为结论，而应当将其作为对以往学习经验的总结和对未来发展的指导，以此为依据帮助个人进行更多的探索和学习。这一点，对于我国的大学生尤其具有指导意义。我国的大学生在中小学阶段普遍侧重对学业知识的学习而较少进行社会实践和探索，因此他们对职业、学科等的兴趣有可能因为之前缺乏实际经验而停留在片面的印象上。如果以职业兴趣类型来标定他们，可能会限制他们进一步的探索和发展。大学生仍然处在生涯发展的"探索期"，重要的不是得出某个确定的职业结果，而是以兴趣类型作为自己探索和定位的参考依据。

根据职业兴趣测试得出的自己的霍兰德代码：

___

职业兴趣测评所推荐的与该兴趣类型相关的职业：

___

对照书末附录一《霍兰德职业索引——职业兴趣代码与其相应的职业对照表》找出与自己的兴趣类型相符合的其他职业：

___

思考与解答：

➡ 1. 我好像没有什么兴趣，不知道自己到底喜欢什么，怎么办？

答：每个人都会有自己的喜好。也许你只是压抑得太久了，太习惯于听从别人的意见，遵循社会通行的"对"和"好"的标准，而忽略了自己内心的感受。你需要学习尊重自己的独特性，学会聆听自己的心声，而不必太在意别人的看法。慢慢地你会发现原来是有自己的观点和感受的。

另外，也有可能是由于沉重的课业负担，你还没来得及发展和培养自己的兴趣。你需要在实践中探索。切记：大学不再只是知识的学习，更重要的是它提供了一个良好的环境使你成长、成熟。多参加学校的社团活动和社会实践活动，这些都会有助于你了解自己、更清楚地认识自己的喜好和特长。

➡ 2. 我的兴趣太多，该怎么选择？

答：首先需要澄清你是真的对这些事物都有持久的热情还是只有三分钟热度。如果是前者，那也许你是一个多才多艺的人。要祝贺你，因为这样的人有着非比寻常的才能与创造力。如达·芬奇，他既是著名的画家，又是数学家、发明家。你所要考虑的只是如何管理好你的时间，以尽可能多地发挥你的才能。

如果你不断地对新事物发生兴趣随后又感到厌倦，有可能是因为你还没有找到能真正激发你热情的东西，你需要更多的尝试。或者，也可能有心理方面的原因，使你难以对任何事物产生持久的兴趣。那这时候你可以找一位心理咨询师谈谈。

➡ 3. 我现在所学的专业不是我的兴趣所在，除了考研换专业还有别的出路吗？

答：当然有！其实现在许多职业对于专业的限制都没有那么死。同一种专业可以从事多种不同的职业，而从事同一种职业的人也可能来自许多不同的专业。相对于专业知识技能，很多用人单位在招人时更看重个人的综合素质。而专业知识技能，也不见得非要通过大学本科学习才可以获得。社会上各种各样的培训班、学历班、认证等都可以帮助我们获得工作所需的专业技能。许多大型公司还会为新员工专门提供专业知识技能培训。因此，跨专业找工作并非不可能。

同时，复合型人才越来越吃香。我们前面讲到，几乎每一种兴趣都可以与某种职业联系起来。你可以考虑一下你的专业和个人兴趣是否有可能结合起来，甚至形成你个人独一无二的优势。比如，一位喜欢文学写作却学了计算机专业的同学可以考虑从事电脑杂志编辑的工作，喜欢戏剧表演却学了会计专业的同学也许可以在某个剧院担任会计，等等。

➡ 4. 做不符合自己兴趣的事情就不能成功吗？

答：虽然任何事情都不是绝对的，但一个人做自己不感兴趣的事情，必然会感到勉强、厌烦，心理上有抵触感，至少会觉得比较费劲。带着这样的态度去做事情，是很难成功的。想想看，我们一生当中和一天当中最好的时间往往是花在我们的工作上，而这段时间里我们感到不愉快，这岂不是极大的浪费？许多调查研究表明，兴趣与个人的职业满意度、职业稳定性和职业成就感有直接的联系。因此，我们主张在选择职业时既要考虑现实可能性，也要考虑满足自己的职业兴趣，把它们适度地结合起来。

第二节　价值观探索

所谓价值，就是人们赋予事物的重要性、优点或者实用性。价值观的形成是一个长期复杂的过程。由于个人的身心条件、年龄阅历、教育状况、家庭影响、兴趣爱好等方面的不同，人们对各种职业有着不同的主观认识。认识自身的价值观，对个体的生涯发展具有非常重要的意义。明确自己的价值观，是认识自我不可缺少的一部分，也是进行职业规划和职业决策前必须首先澄清的问题。

一、价值观的含义与形成

1. 价值观的含义

从理论上讲，价值观是指一个人对周围的客观事物（包括人、事、物）的意义、重要性的总体评价和看法，是我们内心进行选择和评估的尺度。

价值观就是人生中各事物重要程度的排列。在这个世界上，资源有限，但人的需求无限，必然要求人们做出选择，在选择的时候，内心都有一些自己独特的准则，什么最重要，什么次重要，什么不重要，这就是价值观。价值观不是目标。目标是价值观的体现，是资源和价值观的交集。

生活中，你所崇拜的人物具有什么样的特质？你希望将来能够实现怎样的生活状态？你希望工作能够带给你什么？对这些问题的回答，都反映了你的价值观。事实上，我们的语言、态度和行为经常在不经意中透露着我们的价值观，在很多场合我们也在主动表达着自己的价值观。价值观与需要紧密相连，很多时候，我们看重某种东西是因为我们需要它。但是，价值观并不等同于需要。从理论上讲，需要是因为缺少而产生的，一旦拥有了，需要得到满足，它的吸引力就可能减退甚至消失了。

价值观是内在的，比较稳定的，是长期影响我们行为的因素。当我们探索自身价值观时，要注意区分哪些是我们的短期需求，哪些是我们稳定的价值取向。然而，你是否能够清楚地认识到自己所具备的价值观呢？一个充分了解自我的人，应该清晰地认识自己的价值体系，并且能够分析它们如何外显地或者是潜移默化地不断影响自己的无数次的决策。如果你想了解自己，想知道自己为什么会像现在这样处事，那你就不能忽视自己的价值体系。

2. 价值观的形成

价值观的形成是一个长期复杂的过程，受制于人生观和世界观。由于个人的身心条件、年龄阅历、教育状况、家庭影响、兴趣爱好等方面的不同，人们对各种职业有着不同的主观认识。从社会来讲，由于社会分工的发展和生产力水平的相对落后，各种职业在劳动性质和内容上、在劳动难度和强度上、在劳动条件和待遇上、在所有制形式和稳定性等诸多问题上都存在差别。再加上传统的思想观念等的影响，各类职业在人们心目中的声望地位便有了好坏高低之分，这些评价形成了人的职业价值观，并影响着人们对就业方向和具体职业岗位的选择。童年早期，在家庭的影响下，我们的价值体系就开始形成。父母、兄弟姐妹、亲属等日常接触到的人们，他们的语言和行为中表露出的价值倾向，直接影响着我们早期价值观的建立。比如，很多警察的孩子，从小就表现出很强的是非观念。进入学校以后，我们可以从更加广阔的领域中吸取各种价值观，学校、同学、伙伴、老师、父母、邻居，甚至社区都是我们的资料源。此外，我们还从书籍杂志、电视电影中学到跨越历史和地域的知识、观点，从中吸取各种价值观。

二、价值观与职业价值观

1. 价值观对于职业的意义

认识自身的价值观，对个体的生涯发展具有非常重要的意义。首先，人们在生涯发展中不断追寻的目标，就是由他的价值观决定的。有的人一生在不断地追求金钱；有的人在追求事业，通过事业的成功来体现自身价值；有的人追求社会地位；有的人追求家庭幸福……不同的人生涯发展的方向，最终取决于他的价值观。其次，当人们处在人生的交叉路口，面对选择和决策时，最应该选择符合其价值观的那条道路。我们一生中可能从事过不同的职业，那么每次职业的更改、变迁，价值观在其中起到了关键性的作用。所以，明确自己的价值观，是认识自我不可缺少的一部分，也是进行职业规划和职业决策前必须首先澄清的问题。

人生价值取向与职业类型价值观是一种内心尺度。它贯穿整个人生，支配着人的行为、态度、观察、信念、理解等，支配着人认识世界、明白事物对自己的意义和自我了解、自我定向、自我设计等，也为人们的行为提供充分的理由。我们这里考察的职业价值观，不是看人们如何看待"职业价值"的本质，而是注重探讨人们在职业生涯规划和职业生活中，在众多的价值取向里，优先考虑哪种价值。在大多数人眼里，中意的职业应该是这样的：①薪水高，福利好；②工作环境（物质方面）舒适；③人际关系良好；④工作稳定有保障；⑤能提供较好的受教育机会；⑥有较高的社会地位；⑦工作不太紧张，外部压力少；⑧能充分发挥自己的能力特长；⑨社会需要，对社会贡献大。

2. 米尔顿·洛克奇的人类价值观分类

美国社会心理学家米尔顿·洛克奇（Milton Rokeach）于1973年在《人类价值观的本质》中提出，价值观是个人或社会偏好某种行为方式或生存目标的持久性信念。他总结了13种价值观偏好：

（1）成就感：提升社会地位，得到社会认同；希望工作能得到他人的认可，对工作的完成和挑战成功感到满足。

（2）美感的追求：能有机会多方面地欣赏周遭的人、事、物，或任何自己觉得重要且有意义的事物。

（3）挑战：能有机会运用聪明才智来解决困难；舍弃传统的方法，而选择创新的方法处理事物。

（4）健康，包括身体和心理健康：工作能够免于焦虑、紧张和恐惧；希望能够心平气和地处理事物。

（5）收入与财富：工作能够明显、有效地改变自己的财务状况；希望能够得到金钱所能买到的东西。

（6）独立性：在工作中能有弹性，可以充分掌握自己的时间和行动，自由度高。

（7）爱、家庭、人际关系：关心他人，与别人分享，协助别人解决问题；体贴、关爱，对周遭的人慷慨。

（8）道德感：与组织的目标、价值观、宗教观和工作使命能够不冲突，紧密结合。

（9）欢乐：享受生命，结交新朋友，与别人共处，一同享受美好时光。

（10）权力：能够影响或控制他人，使他人照着自己的意思去行动。

（11）安全感：能够满足基本的需求，有安全感，远离突如其来的变动。

（12）自我成长：能够追求知性上的刺激，寻求更圆融的人生，在指挥、知识与人生的体会上有所提升。

（13）协助他人：体认到自己的付出对团体是有帮助的，别人因为你的行为而收获颇多。

洛克奇还认为，人所拥有的价值观可分为终极性价值观和工具性价值观。终极性价值观，指的是一种期望存在的终极状况，它是一个人希望通过一生而实现的目标，偏重于人对生命意义及生活目标的信念，也就是关于成为什么样的人、过什么样的生活之类的想法；工具性价值观，指的是偏爱的行为方式或实现终极价值观的手段，偏重于人对生活手段及行为方法的信念，也就是关于何种特质或条件较佳、如何实现生活目标之类的想法。

洛克奇编制的"价值调查表"用来测量工具性价值观和终极性价值观中诸因素的相对强度,每一类型各有18项具体内容,如表2-1所示。

终极性价值观和工具性价值观常常被人们混淆,许多人把工具性价值观当成一生的追求。

表2-1 终极性价值观与工具性价值观对照

终极性价值观	工具性价值观
舒适的生活(富足的生活)	雄心勃勃(辛勤工作、奋发向上)
振奋的生活(刺激的、积极的生活)	心胸开阔(开放)
成就感(持续的贡献)	能干(有能力、有效率)
和平的世界(没有冲突和战争)	欢乐(轻松愉快)
美丽的世界(艺术和自然的美)	清洁(卫生、整洁)
平等(兄弟情谊、机会均等)	勇敢(坚持自己的信仰)
家庭安全(照顾自己所爱的人)	宽容(谅解他人)
自由(独立、自主的选择)	助人为乐(为他人的福利工作)
幸福(满足)	正直(真挚、诚实)
内在和谐(没有内心冲突)	富于想象(大胆、有创造性)
成熟的爱(性和精神上的亲密)	独立(自力更生、自给自足)
国家的安全(免遭攻击)	智慧(有知识,善思考)
快乐(快乐的、休闲的生活)	符合逻辑(理性的)
救世(救世的、永恒的生活)	博爱(温情的、温柔的)
自尊(自重)	顺从(有责任感、尊重的)
社会承认(尊重、赞赏)	礼貌(有礼的、性情好)
真挚的友谊(亲密关系)	负责(可靠的)
睿智(对生活有成熟的理解)	自我控制(自律的、约束的)

▶ 3. 舒伯的工作价值观量表

工作价值观量表用来测量和工作满意状况有关的价值观。其实在一般价值观中已经包含工作价值观,只是不够具体细化。工作价值观是人生目标和人生态度在职业选择方面的具体体现。它对一个人的职业目标和择业动机起着决定性的作用。对工作价值的研究是职业生涯规划的基础。

工作价值观量表（WVI）是美国心理学家舒伯（Donald Super）于1970年编制的，用来衡量个体在工作中和工作以外的价值观，以及激励人们完成工作目标。量表将职业价值分为3个维度：一是内在价值观，即与职业本身性质有关的因素；二是外在价值观，即与职业性质有关的外部因素；三是外在报酬。共计15个因素：

（1）智力刺激——能让你独立思考、了解事物是怎样运行和作用的工作。

（2）利他主义——让你能为了他人的福利做出贡献的职业，社会服务方面的兴趣。

（3）审美——使你能够制作美丽的物品并将美带给世界的职业。

（4）创造力——能使你发明新事物，设计新产品或产生新思想的工作。

（5）成就——能让你有一种做好工作的成就感。重视成就的人喜欢能给人现实可见的结果的工作。

（6）独立——能让你以自己的方式去做事，或快或慢随你所愿的工作。

（7）声望——让你在别人眼里有地位、受尊重、能引发敬意的工作。

（8）管理——允许你计划并给别人安排任务的工作。

（9）经济回报——报酬高、使你能够拥有想要的事物的工作。

（10）保障——不太可能失业，即使在经济困难的时候也有工作。

（11）环境——在怡人的环境里工作，环境或工作的物质环境对某些工作者来说是很重要的，他们对相应的工作条件比工作本身更感兴趣。

（12）上下级关系——在一个公平并且能与之相处融洽的管理者手下工作，和老板相处融洽。

（13）同事关系——能与你喜欢的人接触并共事。对某些人来说，工作中的社交生活比工作本身重要得多。

（14）生活方式——工作能让你按照自己所选择的生活方式生活并成为自己所希望成为的人。

（15）多样性——在同一份工作中有机会尝试不同种类的职能。

该量表由15个项目构成。要求被测试者采用五级评分对每个项目进行评定。分值越高，表明对此项目越看重。中国心理学者黄希庭等对此量表进行修订，用于测查中国青年的职业价值观。

拓展练习

说明：下面有52个对职业的期望，请为每题选择一个代表你真实想法的分数。5=非常重要，4=比较重要，3=一般，2=较不重要，1=很不重要。

1. 你的工作必须经常解决新的问题。
2. 你的工作能为社会福利带来看得见的效果。
3. 你的工作奖金很高。
4. 你的工作内容经常变换。
5. 你能在你的工作范围内自由发挥。
6. 工作能使你的同学、朋友非常羡慕你。
7. 工作带有艺术性。
8. 你的工作能使人感觉到你是团体中的一分子。
9. 不论你怎么干，你总能和大多数人一样晋级和涨工资。
10. 你的工作使你有可能经常变换工作地点、场所或方式。
11. 在工作中你能接触到各种不同的人。
12. 你的工作上下班时间比较随便、自由。
13. 你的工作使你不断获得成功的感觉。
14. 你的工作赋予你高于别人的权力。
15. 在工作中，你能试行一些自己的新想法。
16. 在工作中，你不会因为身体或能力等因素被人瞧不起。
17. 你能从工作的成果中知道自己做得不错。
18. 你的工作经常要外出，参加各种集会和活动。
19. 只要你干上这份工作，就不再被调到其他意想不到的单位和工种上。
20. 你的工作能使世界更美丽。
21. 在你的工作中，不会有人常来打扰你。
22. 只要努力，你的工资会高于其他同年龄段的人。
23. 你的工作是一项对智力的挑战。
24. 你的工作要求你把一些事务管理得井井有条。
25. 你的工作单位有舒适的休息室、更衣室、浴室及其他设备。
26. 你的工作有可能结识各行各业的知名人物。
27. 你的工作能让你和同事建立良好的关系。
28. 在别人眼中，你的工作是很重要的。
29. 在工作中，你经常接触到新鲜的事物。
30. 你的工作使你能常常帮助别人。
31. 你在工作单位中，有可能经常变换工作内容。
32. 你的作风使你被别人尊重。
33. 同事和领导人品较好，相处比较随便。
34. 你的工作会使许多人认识你。

35. 你的工作场所很好，明亮、安静、清洁，甚至恒温、恒湿。

36. 在工作中，你为他人服务，使他人感到很满意，你自己也很高兴。

37. 你的工作需要计划和组织别人的工作。

38. 你的工作需要敏锐的思考能力。

39. 你的工作可以使你获得较多的额外收入，比如，常发实物、常购买打折扣的商品、常发商品的提货券、有机会购买进口货等。

40. 在工作中你是不受别人差遣的。

41. 你的工作结果应该是一种艺术而不是一般的产品。

42. 在工作中不必担心会因为所做的事情领导不满意，而受到训斥或经济惩罚。

43. 你的工作能让你和领导有融洽的关系。

44. 你可以看见你努力工作的成果。

45. 在工作中常常要你提出许多新的想法。

46. 由于你的工作，经常有许多人来感谢你。

47. 你的工作成果常常能得到上级、同事或社会的肯定。

48. 在工作中，你可能做一个负责人，虽然可能只领导很少几个人，你信奉"宁做鸡头，不做凤尾"的俗语。

49. 你从事的工作，经常在报刊、电视中被提到，因而在人们的心目中很有地位。

50. 你的工作有数量可观的夜班费、加班费、保健费或营养费等。

51. 你的工作比较轻松，精神上也不紧张。

52. 你的工作需要和影视、戏剧、音乐、美术、文学等艺术打交道。

测试说明

上面52道题代表了13项工作价值观。请计算每一项价值观对应的题号总分。

价值观	题号	总分	说明
利他主义	2，30，36，46		工作的目的和价值，在于直接为大众的幸福和利益尽一份力
美感	7，20，41，52		工作的目的和价值，在于能不断地追求美的东西，得到美感的享受
智力刺激	1，23，38，45		工作的目的和价值，在于不断进行智力的操作，动脑思考、学习以及探索新事物，解决新问题
成就感	13，17，44，47		工作的目的和价值，在于不断创新，不断取得成就，不断得到领导与同事的赞扬，或不断实现自己想要做的事
独立性	5，15，21，40		工作的目的和价值，在于能充分发挥自己的独立性和主动性，按自己的方式、步调或想法去做，不受他人的干扰
社会地位	6，28，32，49		工作的目的和价值，在于所从事的工作在人们的心目中有较高的社会地位，从而使自己得到别人的重视与尊敬

续表

价值观	题号	总分	说明
管理	14，24，37，48		工作的目的和价值，在于获得对他人或某事物的管理支配权，能指挥和调遣一定范围内的人或事物
经济报酬	3，22，39，50		工作的目的和价值，在于获得优厚的报酬，使自己有足够的财力去获得自己想要的东西，使生活过得较为富足
社会交际	11，18，26，34		工作的目的和价值，在于能和各种人交往，建立比较广泛的社会联系和关系，甚至能和知名人物结识
安全感	9，16，19，42		不管自己能力怎样，希望在工作中有一个安稳局面，不会因为奖金、涨工资、调动工作或领导训斥等经常提心吊胆、心烦意乱
舒适	12，25，35，51		希望能将工作作为一种消遣、休息或享受的形式，追求比较舒适、轻松、自由、优越的工作条件和环境
人际关系	8，27，33，43		希望一起工作的大多数同事和领导人品较好，在一起相处感到愉快、自然，认为这就是很有价值的事，是一种极大的满足
变异性	4，10，29，31		希望工作的内容经常变换，使工作和生活显得丰富多彩，不单调枯燥

得分最高的三项代表你最看重的三项职业价值观，在选择专业和职位时要考虑能否满足这三项价值观的要求。

1. _____
2. _____
3. _____

三、价值观澄清

对价值观进行澄清和排序，才能知道如何取舍。在价值观探索活动中，可能有人会发现对价值观的取舍和排序是一个艰难的过程，甚至做完了这个活动，仍然不清楚自己想要的到底是什么。比如在"价值观市场"活动中，可能会有人发现留下来的最后一条价值观也不见得是对自己真正重要的。出现这样的情况是正常的，因为大学生还处在建立和形成个人价值观的生涯探索期，有一些混乱是必然的。重要的是对自己的职业和生活进行不断的思考和探索。价值观的澄清本身也不是一劳永逸的过程。因此，有必要进行进一步的探索，并在今后的生活中不断反思。

拉舍等学者指出，真实的"价值"需要具备以下一些基本要素：

（1）选择

它是你自由选择的，没有来自任何人或任何方面的压力吗？

它是从众多的价值观中挑选出来的吗？

它是在你思考了所做选择的结果后被挑选出来的吗？

（2）珍视

你是否珍爱你的价值观，或者为你的选择感到自豪？

你愿意公开向其他人承认你的价值观吗？

（3）行动

你的行动是否与你选择的价值观一致？

你是否始终如一地根据你的价值观来行动？

对于某件事情，如果你能对上述所有问题都给出肯定的答复，那么，这说明你确实认为它有价值。如果对其中一些问题的回答是否定的，那么你需要思考一下自己看重的、想要得到的到底是什么。例如，有很多人常说"健康"很重要，但在实际生活中所采取的行动往往与"健康"的生活方式背道而驰，常常为了学习晚睡晚起、不注意饮食和休息等。如果进一步分析，我们会发现，对于这样的人，学习所代表的"成就感"，或是学习成绩好所带来的"被认可"的感觉是更为重要的。

小练习：真实价值观澄清

为了澄清真实的价值观，请回想一下过去一两个月内你做的10个相对重要的决定。比如，你是如何运用自己的时间、精力和金钱的？你希望如何运用它们，而实际上又把它们花在了什么方面（如有必要，你也可以从现在开始每天对此进行记录，在一个月之后再进行回顾，以便得出更准确的结果）？你和什么样的人相处？你做了一些什么样的事情？在一些举棋不定的事情上，你最终做了什么样的选择？

当你回顾这些决定时，其中是否浮现出来什么模式？这样的生活状态是你想要的吗？比较一下你在自我探索活动和价值观测评中所得出的价值观，与你在实际做决定时所选择的，是否有什么不同。如果这两者之间有差异，思考一下：你是要调整自己的选择，以求更符合自己所宣称的价值观呢？还是说那些反映在你行动中的价值取向其实才是你真正相信的？

回答这些问题的过程，就是价值澄清。价值澄清需要投入时间和精力，但这样的投入是值得的，因为它会有助于个人从整体出发，更好地为自己的全面发展做出考虑和选择。当你依照符合自己健康发展要求的真实价值观行动时，会感觉到很大的满足。

四、职业价值观的作用

1. 职业价值观决定职业选择

每种职业都有各自的特性，不同的人对职业意义的认识、对职业好坏的分辨有不同的评价，这就是职业价值观。它决定人们的职业期望，影响人们对职业方向和职业目标的选择，决定人们就业后的工作态度和劳动绩效水平，从而决定人们的职业发展情况。

2. 职业价值观影响职业满意度

职业满意度是职业价值观形成的前提和要素。据调查，如果一个人选择了自己喜欢的工作，就可以充分调动自己的潜能，获得职业发展的原动力；职业价值观则对职业兴趣的满足与发展有着一定的影响，不同的职业可以满足不同的价值需求。一份职业越能满足个人的价值需求，个人对职业的满意度就会越高，职业稳定性也会越高。

3. 职业价值观规划职业行为

每个人都有自己的价值观。人为何而工作？有的人是为了社会和国家日益富强，有的人单纯地为了追求个人的物质享受。这就说明每个人价值观的不同。所以，权衡思考的是哪些方面的价值观呢？对于大学生来说，人生还有很长的路要探索，会遇到很多选择，只有从中甄别出心底最珍重的事物，才能确定最终的行动方向。

五、价值观与现实的冲突

价值观对于职业的选择有非常重要的影响。从本质上讲，价值观用于解决"为什么活着"这样的终极命题，涉及人的理想和追求。可在现实中，并不是所有的理想都能够实现。因为在现实生活中，除了要遵从价值观，还需要承担起各种责任，如对家人与社会的责任。这时候个人只能暂时放下自己的理想，将它延后实现。

第三节 能力探索

"能力"是顺利完成某一实践活动所必需的条件,包括心理条件、理论条件、实践条件等,是直接影响活动的效率,并使活动顺利完成的个性心理特征。在职业领域中,能力是影响人们职业活动效果的基本因素。人的能力是可以主观改进的,能力的大小与受教育程度和个人主观努力的状况有直接的关系。职业能力和职业实践互为因果,从事一定的职业活动需要有一定的能力前提,但在实践过程中不断涌现出来的新问题、新要求则会促使相应能力水平的持续提高。

一、能力的概述

(一)能力的概念

能力是指顺利完成某一活动所必需的心理条件,是直接影响活动效率,并使活动顺利完成的个性心理特征。

能力总是和人完成一定的活动联系在一起,人的能力是在活动中形成、发展和表现出来的。例如,在音乐活动中,一个学生的曲调感、节奏感和听觉表现等都很强,歌声优雅动听,我们说他具有音乐能力。又如在绘画活动中,一个学生在色彩鉴别、空间比例关系的估计等方面都很强,画得特别逼真,我们说他具有绘画能力。倘若一个人不参加某种活动,就难以确定他具有什么能力。离开了具体活动既不能表现人的能力,也不能发展人的能力。同时,能力是从事某种活动必需的前提。

能力影响活动的效果,能力的大小只有在活动中才能比较。比如在其他条件(知识、技能、花费的时间)相同的情况下,数学运算时,甲比乙更快地了解题意、采用简捷的方法、准确地进行计算,于是,我们说甲的数学能力强于乙。但是影响活动效率的因素是多种多样的,在活动中表现出来的心理特征并不都是能力。比如在解决数学难题时,如果一个人过于紧张,他的解题效率就会受到影响,但这种心理特征对解决问题的影响不是直接的,而是间接的,故不能称为能力。而观察的精确性、记忆的准确性、思维的敏捷性等是完成许多任务所不可缺少的,这些心理品质就应该称为能力。

能力和兴趣是两个截然不同、相互独立的概念,兴趣表明你喜欢某事,表达了你的偏好,而能力表明能做某事,指出了你胜任与否的资格。你或许很喜欢打篮球,但这不意味着你能和姚明一样表现出色,成为篮球巨星。

(二) 能力的个体差异

人与人之间在能力上存在明显的个体差异。这种差异主要表现在三个方面:

(1) 能力水平上的差异,就是我们通常讲的人的能力有大小。有的人聪明,有的人愚笨,而大多数人属于中常。

(2) 能力表现早晚上的差异,指人的能力充分发展有早有晚。有些人在少年时期就表现出优异的能力、聪慧超群,这叫"人才早熟";有些人的能力表现较晚,甚至到了晚年,能力才充分发挥出来,这叫"大器晚成"。

(3) 能力结构类型上的差异,是指能力中的各种成分构成方式上的不同。例如,在智力中,有的人观察能力和记忆能力强,而思维能力和想象能力弱;有的人模仿能力强,但缺乏创造能力;而有的人既富于模仿能力又富于创造能力。更具体地说,在观察能力、记忆能力和思维能力等方面,也有结构上的差异。比如在记忆方面,有的人主要是形象记忆,有的人主要是语词的抽象逻辑记忆,有的人则居中;形象记忆为主的人对人物、图画、颜色、声音等材料的记忆效果较好,语词逻辑记忆为主的人则对概念、数字一类材料的记忆效果较好。

(三) 影响能力发展的因素

能力的形成受多方面因素的影响,基本上包括以下四个方面:

▶ 1. 遗传因素

研究表明,遗传因素的作用是重要的:同卵双生子之间的智商相关是最高的,无血缘关系者之间的智商相关联最低。遗传因素是能力发展的自然基础,决定着能力发展的可能性。每个人都有一定的遗传优势和不足,你可以发现你的优势并好好地利用它,同时发现自己的不足,通过努力去克服或者通过别的方式补偿改变。

▶ 2. 环境因素

环境是指客观现实,包括自然环境和社会环境。心理学认为,虽然每个人从遗传基因中得到的潜在能力不同,但这种潜能开发到何种程度取决于环境。越来越多的心理学研究证明,早期环境对能力的形成和发展具有重要影响。胎儿的产前环境（在母体内的环境）对胎儿的生产发育和出生后的智力发展有着重要的影响。父母在儿童1~3岁时期采用的教养方式，会决定孩子一生的主要性格特征，从而影响孩子能力的发展。学校教育对能力形成和发展所起的作用是系统性的。学生通过系统地接受教育，能力不断得到发展。

3. 实践活动

人的各种能力是在社会实践活动中最终形成和发展起来的。虽然掌握知识对于能力发展是重要的，但越来越多的科学家认识到，个人直接经验的积累在人的能力发展中有着不可替代的重要作用。

4. 个性品质

在实践活动中优良的个性品质对能力的形成和发展具有重要的意义。如勤奋、谦虚和坚强的毅力等有助于能力的形成和发展。有些人虽然天资聪慧，但由于缺乏勤奋，最终事业无成；有些人虽然天生智力并不优越，但通过勤学苦练，也会取得事业的成功。

（四）能力结构

能力是由多种心理品质构成的系统，具有复杂的结构。分析能力的结构，对于深入理解能力的本质，合理地设计出能力的测量手段，科学地拟订出能力培养计划，具有重要的意义。

能力分先天和后天两种。

1. 天赋

先天的能力称为天赋（talent），即流体智力，也称为智能，是一个人与生俱来就能进行智力活动的能力，即学习和解决问题的能力。天赋随着神经系统的成熟而提高，不受教育与文化的影响。如知觉速度、机械记忆、识别图形关系、乐感、运动等。

心理学家对人类能力的结构提出了许多假设，大体上可分为三种理论模型：因素说、结构说和信息加工理论。其中影响比较大的是美国著名心理学家、教育家，哈佛大学教授霍华德·加德纳提出的多元智能理论。多元智能理论否定了线性的、单一的智能观，揭示了一个更为宽广的智能体系，明确了多元智能的存在，加德纳提出每个人都至少拥有八项智能，它们分别是：

①语言智能：是指阅读、写作以及日常会话的能力。主持人、记者、律师、教师、文学擅长者、推销员等都具有突出的语言智能。

②数理逻辑智能：是指数学运算与逻辑思考的能力。科学家、工程师、统

计人员、财会人员、电脑软件研发人员等都具有很强的逻辑智能。

③音乐智能：是指对声音、韵律的辨别与表达能力。比如作曲家、歌唱家、指挥家、调琴师、音乐欣赏水平较高的听众等。

④空间智能：是指用三维空间的方式进行思维，并能以图画的形式表达出来的能力。比如航海家、飞行员辨别方向的能力比较强，画家、摄影师、建筑设计人员空间表达能力比较强。

⑤身体运动智能：是指能巧妙地操作物体和调整身体的能力。运动员、影视演员、舞蹈演员、外科医生、机械师、手艺人等都是这方面的例证。

⑥人际交往智能：是指理解别人和与人交往的能力。外交家、领导者、心理咨询师、公关人员、推销员等具有较强的人际智能。

⑦自省智能：是指善于自我反思、自我认识，并据此做出适当行为的能力。心理学家和哲学家、作家就有高度的自省智能。

⑧自然观察智能：是指善于观察自然界中的各种形态，对物体进行辨别和分类的能力。如天文学家、生物学家、地质学家、考古学家、环境设计师、农艺师等。

每个人都具备八项智能，但智能的组成是独特的，即每项智能在个体身上表现的强弱不同，有的人多项智能都具有较高的水平，而多数人在一两项智能上有出色的表现，所以说"人无全才，人人是才"。

2. 技能

后天的能力称为技能（skill），是指个体运用已有的知识经验，通过练习而形成的智力活动和肢体的动作方式的复杂系统。

职业能力是在职业活动中需要具备的能力。职业能力直接影响职业活动效率/活动能否顺利完成，通常称为技能。辛迪·梵和理查德·鲍尔斯将技能分为三种类型：专业知识技能、自我管理技能、可迁移技能（或称通用技能）。

专业知识技能是指一般需要通过教育或者培训获得的具有一定专业性和系统性的知识或能力。大学生所进行的专业学习涉及广泛的学习科目，一旦被学生吸收和掌握，就属于学生的专业知识技能。一般用名词来表示。专业知识技能是否能够进行迁移，是建立在特殊的专业知识基础上的，一般需要经过有意识的、专门的培训，在一些课外培训、专业会议、讲座或研讨会、自学、就职单位上岗培训等场合也可以学到专业知识。

自我管理技能经常被看作个性品质，因为它们被用来描述或说明人具有的某些特征。这些特征是能够通过主观努力培养和训练的，能够帮助个人更好地适应周围的环境。通常有积极主动、吃苦耐劳、坚持不懈、足智多谋等。它们常以形容词或副词的形式出现。这些技能是企业非常看重的，甚至超过专业知识技能等可再生的能力素质，因为它们有助于人们协调处理复杂的工作事件。事实上，人们被解雇或离职，更多的时候是因为缺乏自我管理技能而不是因为缺乏专业能力。

可迁移技能就是能够触类旁通的技能，也称为通用技能。它的特征是人们可以从生活中的方方面面，特别是工作之外得到发展，却可以迁移应用于不同的工作之中。通常包括人际沟通能力、团队协作能力、情绪管理能力、时间管理能力、问题解决能力等软性的素质技能。可迁移技能通常用行为动词来表达。在职业规划中，当需要勾画出个人最核心技能时，可迁移技能是需要被最先和最详细叙述的，因为它是个体最能持续运用和最能够依靠的技能。事实上，专业知识技能的运用都是在可迁移技能基础之上，我们往往夸大了专业知识技能的重要性。

二、自我效能感

你有相应的能力，并不代表你一定能很好地完成一项任务，比如有两位同学甲和乙，他们的学习能力水平差不多，但是甲总能取得好成绩，而乙不行。原因就是自我效能感。当有了相应的能力时，自我效能感就成了行为的决定因素。自我效能感高的人，能积极采取行动，取得预想的结果。而自我效能感低的人，则会产生消极的情绪，采取回避或消极的行为，最终与好的结果无缘。那什么是自我效能感呢？它真的有这么大的作用吗？

（一）自我效能感的概念

自我效能感（self efficacy）是指人们对自己控制环境、达到个人目标的胜任能力的相信程度。一个人在进行某一活动前，对自己能否有效地做出某一行为会有所判断。当人们确信自己有能力进行某一活动时，就会产生高度的"自我效能感"，并会进行该活动。自我效能感可以通过直接经验、我们对他人经验的理解、别人告诉我们能够去做和我们对自身情绪动机状态的评价等方面获取。如果自我效能感程度高，我们将更可能取得所期望的结果。例如，学生不仅知道注意听讲可以带来理想的成绩，而且感到自己有能力听懂教师所讲的内容时，才会认真听课。它是预测个人行为的重要指标。一个相信自己能处理好各种事情的人，在生活中会更积极、更主动。这种"能做什么"的认知反映了个体对环境的控制感。人的自我效能感在外在表现上，常常等同于自信感，也就是一个人自信心的高低。自我效能感强的人，自信心会高，也更有信心处理生活中的各种压力。

（二）自我效能感的重要作用

1. 自我效能感对人们认识过程的调节

自我效能水平影响着我们自知之明的程度。一个人对自己实现目标的能力所具有的信心影响到对自我目标的设定。自我效能感越强的人，为自己设定的目标挑战性越强，对目标的承诺也越坚定。大多数行为过程首先是在思想中进行组织的，在进入现实以前，人们会在心里构想预期中的脚本，并常常有意无意地在心里进行演练。自我效能感高的人更倾向于构造成功者的剧情，并将其在心里形象化，其注意的焦点是怎样更好地解决问题，从而为随后的行动提供积极的指导和支持，使得一个成功导致另一个成功。自我效能感低的人更容易在心里勾画一幅失败的景象，其注意的焦点是那些可能出错的事情，他不得不分出相当的精力与自我怀疑作斗争，在这种情况下要取得很好的成绩是很难的。

在面对有压力的环境、失败和挫折时，一个人需要具有很强的自我效能感，以保证其将注意力集中于所要完成的任务上。在这种情况下自我怀疑的人，其思维的有效性会受到影响，难以把握自己的思路，于是他们会降低自己的抱负水平和行动质量。

2. 自我效能感对人们行为动机的调节

大部分行为动机是在认知的基础上产生的，人们通过对未来的预见和期待来激励和指导自己的行动。他们形成有关自己能干什么的信念，预见自己行为的结果，按照对未来的设想设置有价值的目标，并策划行动方案。现实中有无数可选择的目标，但每个人只会选择那些自认为有能力实现的目标，而放弃自以为没有能力去实现的目标。

自我效能感不但决定着个人的目标设置，还影响着一个人为目标所付出的努力程度、面对困难的持久力以及失败后的恢复能力。面对困难或失败时，那些怀疑自己能力的人会松懈，甚或许很快放弃；而自我效能感强的人会投入更大的努力去实现目标。

3. 自我效能感对人们情绪的调节

在受到威胁或遇到困难的情况下，一个人能承受多大的压力，关键取决于其对自己应对能力的信念。自我效能感对焦虑感有很大的影响，那些相信自己能够应付可能出现的威胁的人，很少把精力用来想象各种消极的可能性；而那些觉得自己在高焦虑唤醒时难以应付的人，会过低地估计自己的自控能力，并在头脑中充满了各种想象的危险，夸大事实的严重性，不断被那些极少可能发生的事烦扰。这一方面会使其备受折磨，另一方面损害了其心理功能的正常发挥。所以，自我效能感调节着人的回避行为和焦虑唤醒。

4. 自我效能感对人们选择过程的影响

人在一定程度上是环境的产物，但人并非完全被动于环境。事实上，每个人都在不同程度地选择着自己的环境。比如那些不满意目前处境的人们，有的会继续待下去，另一些则重新做出选择。不过无论选择了什么环境，一旦选定之后，该环境就会对人产生影响。所以，人们通过选择环境，反过来影响自己。

研究表明，人们会选择那些自认为能应付得了的环境，回避自以为力所不能及的环境。进而，由于这种不同的选择，人们培养了不同的胜任能力、兴趣和社会关系网，这些又进一步影响了其生活过程。能够影响个人选择的任何因素都会深刻地影响一个人的发展，这是因为在自我效能感产生其最初效果之后，一个人所选择的特定环境所产生的特定社会影响会进一步提高其在该环境中的胜任力、价值感和兴趣。

（三）影响自我效能感的因素

1. 行为或业绩经验

成功或失败的经验是影响自我效能感最有力的信息源。在某件工作、行为或技能上的成功会增强一个人在该工作、行为或技能方面的自我效能感；而失败，尤其是连续多次的失败，会降低其在相应方面的自我效能感。这就是"成功是成功之父"的原因。另外，在一项行动刚刚开始时的失败，因其不能反映出努力的不足或不利的环境因素，容易使人归因于自己能力的不足。但不同的人受影响的程度并不一样，对于先前已经具备很强自我效能感的人而言，偶然的失败不会影响其对自己能力的判断。他更有可能寻找环境因素、努力不足或策略方面的原因。这样，失败反而能提高其信念，改进后的策略会带来将来的成功。

2. 替代性经验

人们通过观察别人所得到的替代性经验对自我效能感影响也很大。看到与自己相近的人成功能促进自我效能感的提高，增强了实现同样目标的信心；但看到与自己相近的人失败，尤其是付出很大努力后的失败，则会降低自我效能感，觉得自己成功的希望也不大。尤其是，当一个人对自己某方面的能力缺乏现实的判断依据或知识时，这种间接经验的影响力最大。不过，相较于直接的成败经历，替代性经验对自我效能感的影响要相对弱一些。

3. 想象性经验

社会认知理论认为，人类具有符号认知能力，这使其有可能在头脑中，把未来可能出现的情境和事件、他们相应的行为和情感反应以及他们行为的可能后果想象出来，加之视觉化。通过这种对其在未来情境中实现特定行为能力的想象，一个人建立起相应的自我效能感。这种想象来源于过去参与过的，与目前相近情境下的直接或替代性经验，也可能来自他人的劝导。心理治疗专家让患者进行想象训练，如系统脱敏之类可作为这方面的例证。不过，想象的作用比直接经验要弱。

4. 语言劝导

影响自我效能感的信息源还包括他人的评价劝说及自我规劝。缺乏事实基础的言语劝告对形成自我效能感效果不大。在直接经验或替代性经验的基础上进行劝说、鼓励，效果最大。另外，其效果还受到信息来源的专业性、权威性和吸引力的影响。

拓展练习

自我效能感的测量

自我效能感量表（GSES）中文版由王才康等（2001）翻译修订。

请仔细阅读下面的一些描述，每个描述后有四个选项，请根据真实情况，在最符合您情况的一项上打√。

描述	完全不正确	尚算正确	多数正确	完全正确
1. 如果我尽力去做的话，我总是能够解决问题的。				
2. 即使别人反对我，我仍有办法得到我想要的。				
3. 对我来说，坚持理想和达成目标是轻而易举的。				
4. 我自信能有效地应付任何突如其来的事情。				
5. 以我的才智，我定能应付意料之外的情况。				
6. 如果我付出必要的努力，我一定能解决大多数的问题。				
7. 我能冷静地面对困难，因为我信赖自己处理问题的能力。				
8. 面对一个难题时，我通常能找到几种解决方法。				
9. 有麻烦的时候，我通常能想到一些应付的方法。				
10. 无论什么事发生在我身上，我都能够应付自如。				

评分标准：

完全不正确1分，尚算正确2分，多数正确3分，完全正确4分，分数越高说明自我效能感越强，表现出来就是自信心越高。

1~10分：你的自信心很低，甚至有点自卑，建议经常鼓励自己，相信自己是行的，正确地对待自己的优点和缺点，学会欣赏自己。

10~20分：你的自信心偏低，有时候会感到信心不足，找出自己的优点，承认它们，欣赏自己。

20~30分：你的自信心较高。

30~40分：你的自信心非常高，但要注意正确看待自己的缺点。

（四）自我效能感的培养

1. 创造成功机会

自我效能感不足的人，常常过分夸大生活和学习中的困难，过低估计自己的能力，这就需要个体为自己创造更多的成功机会。比如，在实践活动中通过成功地完成任务、解决困难，可以体验到成功，认识自己的能力，因此就增强了自我效能感。从这个意义上来说，成功是成功之"母"。我们可以经常为自己设立"适当"的行为目标，但是要注意，目标的确立要具体，尤其是近期目标，要尽可能地细致。

2. 自我鼓励，自我心理暗示

通过积极的心理暗示可以明显增进人的自我效能感，暗示的惊人魅力就在于，它使暗示的信息以"下意识状态"零阻力地、完全地被暗示者接受。要善于发现并捕捉自己在生活中的创新之处，及时地予以鼓励。当然，言语鼓励的效能价值取决于语言的真实性，那些不切实际、缺乏说服力的言语鼓励很难在活动中奏效，而且会挫败自身的自我效能。不断对自己进行正面心理强化，避免对自己进行负面强化。一旦自己有所进步，无论大小，都对自己说"我能行！""我很棒！""我能做得更好！"等，这将不断提升自我效能感。这里推荐一种自我激励方法——"60秒PR法"。PR是英语"自豪"的缩写。这种方法的含义是每天花60秒钟，以讲演的形式简洁地描述自己的天赋和能力，以及自己所要达到的目标。这种方法非常有助于形成及强化个人的自我效能感。"60秒PR法"的操作步骤：首先，找出自己的优点或强项及所要完成的任务；其次，阐述自己将如何完成这些目标；再次，把这些内容用朗朗上口的语言形成60秒读完的材料；最后，每天起床后、睡觉前都反复地大声朗读。其内容可根据实际实施更新，制成卡片放在口袋、书包内，贴在床头，还可以制成录音、光盘，随时吟诵，以不断强化自我效能感，激励斗志。

3. 寻找榜样，与自信的人多接触

"近朱者赤，近墨者黑"这一点对增强自信同样有效。这种方法是最容易获得的，老师、家长、同学、朋友以及身边其他所有的人都可能在我们的生活中成为我们良好的榜样。观察周围人良好的示范行为，模仿他们的思维与行为方式，让自己从替代性经验中获得自我效能感。阅读名人传记，因为很多知名人士成名前的自身资质、外部环境并不好，实际上在许多方面他们和我们一样或差不多，只是由于他们有较强的自信和肯于努力才会脱颖而出，取得了成功，实现了心愿。其实，如果我们也能像他们那样去想、去思考、去行动，我们也会成为自己所希望成为的人。

4. 加强交流与合作

活动的组织形式是合作性的还是竞争性的，也影响个体对自己能力的判断，以及对自己和同伴的尊重，尤其是才能不强的个体，在成功合作的系统中比竞争情况下的结果要好许多。研究表明，合作学习与经验交流可大大提升自我效能感。和周围的人多交流，可以丰富自己的知识和经验，学习到不同的解决问题的方法，提高自我效能感。

三、职业能力

（一）能力对职业的影响

在职业领域中，能力是影响人们职业活动效果的基本因素。一方面，人们只有具备职业相关的能力素质，才有可能从事某项工作，能力水平越高，工作表现越好；另一方面，我们只有对自己的职业能力有充分的认识和判断，才能"量体裁衣"地找到适合自己的工作，合适的工作有利于促进个人职业能力的进一步发展，两者相互促进，带来职业上长足的发展。与性格、兴趣不同，人的能力是可以主观改进的，能力的大小与受教育程度和个人主观努力的状况有直接的关系。能力受阅历和知识结构左右，尤其与所接受的专业和工种教育有关。大学生所进行的专业学习，构建了专业领域的系统的知识结构，在此基础上，他们可以发展出相应的专业技能，这种专业能力就成为毕业生求职择业的重要砝码。因此，一个人了解了自己的能力情况后，就可以取长补短、扬长避短。在职业选择时，必须了解自己的优势所在，并在此

基础上做出最佳选择。

在具体的职业领域，我们还常常提到技能的概念，也称为职业素养。技能是经过学习和练习而培养形成的能力。

根据"美国全国大学与雇主协会"2002年的调查，美国雇主们最为重视的技能和个人品质按顺序排列如下：①沟通能力；②积极主动性；③团队合作精神；④领导能力；⑤学习成绩；⑥人际交往能力；⑦灵活性/适应能力；⑧专业技术；⑨诚实正直；⑩工作道德；⑪分析和解决问题的能力。

为了更好地应对职场竞争、实现自身的职业发展目标，大学生要努力培养职业发展所需的各种能力和技能，只有充分做好了准备，才有可能达到企业用人的要求，才可能实现个人可持续的职业发展。一方面，大学生需要构建全面合理的知识结构，具备专业性的能力和素质。大学生的知识结构应该包括以下四个层面的内容。第一层面是基础理论知识，即自然科学、社会科学、人文科学等方面的基本知识，只有在宽厚而坚实的知识素养的基础上，才能建设根深叶茂的知识结构。第二层面是稳固而精深的专业知识和技能。当今社会分工日益精密，专业化发展日趋成熟，大学生接受教育的目的是成为服务社会的知识型人才，专业知识和技能是大学生今后走向社会、服务社会的一技之长。第三层面是广博的知识面。当今社会，知识结构广泛融合渗透，知识面广、兼容性强的人才比单一知识结构的专才更容易适应时代的要求。第四层面是实用知识和技能。比如，在就业过程中，外语和计算机应用能力经常是用人单位考查学生的重要方面，大学阶段应该加强这两项技能的学习和应用水平。另一方面，大学生要在认识自我的基础上，加强自我管理和提升，通过各种渠道主动培养软性的职业素质技能，形成积极、健康、优秀的人格品质。在保证专业课程学习的基础上，关注国家和社会的动态，培养社会责任感和道德情操；积极投身校园文化和科技竞赛活动，发展广泛的兴趣爱好；主动参与组织学生活动，提高解决问题的能力；通过班级、社团、学生会等渠道加强人际交往，学会团队协作；积极参加社会考察、企业实习等社会实践，树立正确的职业观念；学习自我情绪管理和心理调适的方法，保持良好的精神状态；学习时间管理和高效工作的技术，提升学习和工作效率；借助校内外资源，虚心向师长、学长、在职人士请教，主动探寻职业发展道路……通过全方位的锻炼和发展，不断管理自我、锻炼自我、充实自我，最终迈出自我的小天地，在学习、生活和职场中发挥出出色的个人能力和人格魅力。

（二）职业能力类型

加拿大《职业分类词典》把职业能力分为11个方面，包括智力和10个基本的特殊能力，从前九种职业能力的划分可以看出很明显地受到美国GATB的影响，其中每种特殊能力都有与之相适应的职业或职业类型。在职业指导中，对人的职业能力倾向的划分有多种不同的方法，有的划分较粗，有的划分较细。以下介绍两种划分方法。

1. 五种职业能力类型划分法

（1）一般学习能力（Q）

一般学习能力又称为智力，是指人认识、理解客观事物并运用知识、经验等解决问题的能力。它包括记忆能力、观察能力、注意能力、思维能力。一般学习能力是人在学习、工作、日常生活中必须具备、广泛使用的能力。职业或专业的水平越高，对人的一般学习能力的要求越高。

（2）语言表达能力（V）

语言表达能力是指对词及其词义的理解和使用能力，对词、句子、段落、篇章的理解能力，以及善于清楚而正确地表达自己的观点和向别人介绍信息的能力。简单来说，它包括语言文字的理解能力和口头表达能力。不同的职业对人的语言能力要求不同。例如，教师、营业员、服务员、护士等职业，必须具备较强的语言表达能力。

（3）算术能力（N）

算术能力是指迅速而准确的运算能力。大部分职业要求工作者有一定的算术能力，但不同的职业对人的算术能力要求的程度不同。例如，对于会计、出纳、统计、建筑师、工业药剂师等职业来说，工作者必须具有很强的计算能力；对于法官、律师、历史学研究者、护士、X光技师等职业来说，要求工作者具备中等水平的计算能力；对于演员、话务员、招待员、厨师、理发员、导游、矿工等职业来说，对算术能力要求则较低。

（4）空间判断能力（S）

空间判断能力是指能看懂几何图形、识别物体在空间的运动中的联系、解决几何问题的能力。如果一个人爱好平面几何及立体几何并且学得好，这个人的空间判断能力就比较强。与图纸、工程、建筑等打交道的工作，以及牙科医生、内科医生等职业，对空间判断能力要求很高。对于裁缝、电工、木工、无线电修理工、机床工来说，也要具备一定的空间判断能力。

（5）形态知觉能力（P）

形态知觉能力是指对物体或图像的有关细节的知觉能力。如对于图形的明暗、线的宽度和长度做出视觉的区别和比较，能看出其细微的差异。对于生物学家、建筑师、测量员、制图员、农业技术员、动植物技术员、医生、兽医、药剂师、画家、无线电修理工来说，需要较强的形态知觉能力；而对于历史学家、政治学家、社会服务工作人员、招待员、售货员、办公室职员来说，形态知觉能力就显得不很重要。

2. 三种职业能力类型划分法

（1）认识能力

认识能力是指对指令和基本原理的理解力，以及判断和推理能力。这种能力是人们完成各种活动不可缺少的最基本的心理条件。认识能力不仅是学习活动所必需的，而且是任何职业活动都不可缺少的基本能力。

（2）操作能力

操作能力是指在各项劳动和体育等活动中人们手脑并用，去完成实际工作的能力，如操纵、制作、运动等肢体运动与感觉器官协调能力等。操作能力是将精神力量转化为物质力量，将科学知识转化为现实生产力的转换站，是人类自身生存和发展所必需的基本能力。即使将来生产自动化程度很高，这种操作能力也是必需的。在高度自动化的生产过程中，虽然对劳动强度和体力消耗的操作能力要求越来越低，但是在精度、速度和灵敏度方面相应的能力要求会更高。特别是对手指灵巧度、眼手运动协调、运动反应速度等操作能力要求将会特别高。无论过去、现在还是将来，操作能力是一个人的基本劳动本领的体现。

（3）社会交往能力

社会交往是指在社会生活中人与人之间在学习、劳动、生活和思想上相互联系，达到心理接触、信息交流的过程。而社会交往能力是指建立人与人之间密切的交往联系，学会人类联络和社会结合所需的共同处事的本领。随着社会的发展，职业活动不是个体独立地进行的活动，而是由多个人彼此合作、共同劳动才能完成的，社会交往是人们顺利完成职业活动的杠杆之一。据统计，在一般职业活动中，人们有15%的时间用于处理人际交往问题，协调各种关系。每个劳动者仅仅是整体中的一员，能否有所作为，取决于其能否与他人建立和谐的交往关系，各自从双方和整体中获得帮助，共同完成任务。

以上各种能力相辅相成，缺一不可，和谐结合是顺利进行职业活动的基础和前提条件。能力水平越高，结合越和谐，职业适合性的范围就越广，选择职业的余地就越大。苏联著名的教育家苏霍姆林斯基指出："每个孩子既有他自己的爱好和长处，也有他自己的先天素质和倾向。必须把学生安排在这样的条件下发展这些东西，使他的长处能充分发挥出来。"每个人的能力存在个体差异，正如五个手指伸出来有长有短一样。一个人的能力总是在某一领域、某一方面发展得较好，而在另一领域、另一方面相形见绌。人们常常发现有些同学心细，观察敏锐，想象力丰富，记忆力强；而另一些同学手巧，动手制作能力强；还有些同学活动能力强，具有说服影响他人的本领和较强的组织管理能力。不同的职业需要人的能力倾向是不同的，每个人都应了解职业所需要的能力和自身所具备的能力特长，选择适合自己的职业岗位。

深度链接

在职业生涯规划时，我们要认清自己的能力特征，可以通过一些特定的心理测验加以界定，知道自己的适合性倾向。另外，也要发挥自己的主观能动性，针对自己的缺陷，去培养自己的能力。因为能力的形成和自身意识的培养也是有关系的，这些能力包括以下几个方面：

1. 观察能力

观察能力是指对事物进行全面细致的分析的能力。人们通过观察，了解世界，获得知识。一切科学实验、科学发现和发明，都是建立在周密、精确、系统观察的基础上。巴甫洛夫的"观察、观察、再观察"对我们来说是一个很好的指导。在培养观察力时，既要避免"只见树木，不见森林"的单纯分析型，也要克服"只见森林，不见树木"的单纯综合型。前者只重视对事物细节的观察，忽视整体；而后者忽视对细节的观察。我们最好能够既注意对事物整体的观察，又善于把握事物的细节。

2. 思维能力

思维能力是对事物进行分析、综合、抽象、概括的能力。在学习中需要积极思考，在职业活动中更是不可缺少。任何一种职业，都需要从业者能揭示其内在本质联系，发现其运行规律，只有这样，才能取得职业成功。不愿思考问题或人云亦云，往往会限制自身的发展。

3. 表达能力

表达能力是通过语言或文字来阐明自己的思路、意念的能力。它通常包括语言表达能力和文字表达能力两种。从求职之初的自荐书，到实际工作中常常要提交的工作计划总结、实验设计报告，都需要清晰准确的文字表达；而作为职业生涯的重要内容之一的人际交往（特别是对于经营管理或销售人员来说），就要求有较强的语言表达能力。所以，应该多说多写，提高自己的表达能力。

4. 实际操作能力

实际操作能力是指在各项劳动和体育等活动中人们手脑并用，运用专业知识或经验，掌握特定技术或工艺，并形成相应的职业技能与技巧去完成实际工作的能力。例如，在校学生由于和书本接触时间多，一般会表现出理论知识强，而应用实践能力差的特点。这也引起组织的不满和学生自己的窘境。"只说不做""纸上谈兵"是不会带来任何收益的，要学以致用。因此，在校学生应该利用假期社会调查或平时教学实习的机会，培养自己的调查能力、整理资料和文书写作能力，以及实验操作等能力。刚进单位的青年也应利用好基层锻炼的时间，"实践出真知"，把自己掌握的理论与实践结合起来，提高自己发现问题和解决问题的能力。另外，随着社会的进一步发展和开放，公共关系走俏，公关能力也成为一种特别重要的职业能力，有时甚至关系到一个组织的胜败兴衰。因此，许多单位在招聘人员时，希望求职者有一定的公关、社交能力。具有较强的公关意识及掌握一定的公关技巧，对个人求职或职业发展来说具有一定的帮助。公关能力是一种比较综合性的能力，它要求具有比较全面的知识，如管理学、社会心理学、广告学、法学、伦理学等，同时要有敏捷的思维、卓越的胆识、机智而幽默的谈吐等。

（三）职业选择时应遵循的原则

（1）注意能力类型与职业相吻合

从能力差异的角度来看，人的能力类型是有差异的，即人的能力发展方向存在差异。研究表明，职业可以根据工作的性质、内容和环境而划分为不同的类型，并且对人的能力也有不同的要求，因而应注意能力类型与职业类型的吻合。能力水平要与职业层次一致或基本一致。对一种职业或职业类型来说，由于所承担的责任不同，又可分为不同层次，不同的层次对人的能力有不同的要求。因此，在根据能力类型确定了职业类型后，还应根据自己所达到或可能达到的能力水平确定相吻合的职业层次。只有这样，才能使能力与职业的吻合具体化，充分发挥优势能力的作用。每个人都具有一个多种能力组成的能力系统，每个人在这个能力系统中，各方面能力的发展是不平衡的，常常是某方面的能力占优势，而另一些能力不太突出，对职业选择和职业指导而言，应主要考虑其最佳能力，选择最能运用其优势能力的职业。同样，在人事安排中，如能注重一个人的优势能力并分配相应的工作，会更好地发挥一个人的作用。

（2）注意一般能力与职业相吻合

一般能力包括注意力、观察力、记忆力、思维能力和想象力等。不同的职业对人的一般能力的要求不同，有些职业对从业者的智力水平有绝对的要求，如律师、工程师、科研人员、大学教师等都要求有很高的智商；智力在相当大的程度上决定着其所从事的职业类型。

(3) 注意特殊能力与职业相吻合

特殊能力是指从事某项专业活动的能力，也可称为特长，如计算能力、音乐能力、动作协调能力、语言表达能力、事务处理能力、空间判断能力、形态知觉能力、手指灵活度与灵巧度等。要顺利完成某项工作，除要具有一般能力，还要具有该项工作所要求的特殊能力，如从事教育工作需要有阅读能力和表达能力，从事数学研究需要具有计算能力、空间想象能力和逻辑思维能力。又如法官应具有较强的逻辑推理能力，却不一定要有较强的动手能力；而建筑工应有一定的空间判断能力，却不需要良好的语言表达能力。

拓展练习

下列六组测试题，可以帮助你确定自己具有的能力倾向以及相应的职业类型，请你仔细阅读题目，对完全符合自己情况的，在题目前的〔 〕记3分；对比较符合自己情况的，在题目前的〔 〕记1分；对不符合自己情况的，在题目前的〔 〕记0分，最后计算出自己在每组中的总分。如果你在某一组的得分明显高于其他五组，则可定为某类职业能力。如果某两组的能力得分相近（两者差异小于3分），且又明显高于其他几组，那么你可以直接思考一下自己的能力倾向，判断它与哪一组相同或相近，然后确定自己的职业类型。

一般来说，总分最高的能力类型及相应职业类型就是你的工作范围。但分数只能大致说明有关你的能力方面的情况，你在应聘就职时还必须根据自己的气质、性格、经历、兴趣各方面的情况综合考虑。

A组

〔 〕1. 喜欢装配修理家用电器
〔 〕2. 喜欢上工艺制作课
〔 〕3. 喜欢驾驶汽车和摩托车
〔 〕4. 喜欢组装儿童玩具
〔 〕5. 擅长看机械、建筑设计图纸
〔 〕6. 喜欢制作简单家具
〔 〕7. 喜欢给自行车上油
〔 〕8. 喜欢使用万能电表
〔 〕9. 喜欢使用锯子、钳子、车床等工具
〔 〕10. 喜欢修理煤气开关
〔 〕11. 维修和重新布置电线
〔 〕12. 家中小修小补基本自理

总分：

如果你在这组测试中获得最高分，那么你是操作能力型的，相应的职业类型有电工、木工、机械师、测绘技术员、机床工、钳工、话务员、建筑施工、牙科技师、家具制作、美容师、理发师、园林师、室内装修、驾驶员、水手、裁缝、邮递员、纺纱工、电影放映员、公园服务员、电梯操作工、厨师、电器修理、眼镜制作等。

B组

[　　] 1. 喜欢阅读科技书刊
[　　] 2. 喜欢做化学实验
[　　] 3. 喜欢解数学难题或棋艺难题
[　　] 4. 喜欢上数理化课
[　　] 5. 喜欢使用电脑
[　　] 6. 喜欢参加科技竞赛或科研成果展示会
[　　] 7. 喜欢观看抗美援朝题材电视片
[　　] 8. 知道一种放射性元素的"半衰期"
[　　] 9. 了解真空管的工作原理
[　　] 10. 知道白细胞的功能
[　　] 11. 理解人造卫星不会落地的道理
[　　] 12. 知道三种以上蛋白质含量高的食物

总分：

如果你在这组测试中获得最高分，那么你是研究能力型的，相应的职业类型有科普工作者、药剂师、社会调查、经济分析、新产品开发、科学研究、实验室、计算机程序、各类医师、侦探、工程师、法官、城市规划研究、气象员、行政官员、化验员。

C组

[　　] 1. 喜欢素描、写生或绘画
[　　] 2. 喜欢表演小品、相声或戏剧
[　　] 3. 喜欢设计家具或服装
[　　] 4. 喜欢阅读流行小说
[　　] 5. 喜欢听音乐会
[　　] 6. 喜欢从事摄影创作
[　　] 7. 喜欢阅读电影、电视剧本
[　　] 8. 喜欢读诗或写诗
[　　] 9. 喜欢上美术课、书法课
[　　] 10. 擅长演奏一种乐器
[　　] 11. 擅长设计海报或广告
[　　] 12. 通过美术、音乐、文学作品等形式表达自己的情感

总分：

如果你在这组测试中获得最高分，那么你是艺术能力型的，职业类型有音乐教师、舞台指挥、导演、音乐指挥、演奏家、画家、剧作家、摄影师、雕刻家、建筑设计、绣花工、花匠、产品设计师、演员、文学工作者、节目主持人、歌手、记者、诗人、文艺评论家等。

D组

[　　] 1. 喜欢加入某一社团或俱乐部
[　　] 2. 喜欢参加宴会、茶话会或晚会
[　　] 3. 喜欢参加讨论会或辩论会
[　　] 4. 喜欢观看运动或体育比赛
[　　] 5. 善于向别人解释问题
[　　] 6. 善于应酬，与他人和睦相处
[　　] 7. 善于与人合作和默契配合
[　　] 8. 善察人心或善于判断人的性格
[　　] 9. 善于与年长者相处
[　　] 10. 积极参加救济和慰问活动
[　　] 11. 理解他人的感情和想法
[　　] 12. 善于组织安排学校、单位的集体活动

总分：

如果你在这组测试中获得最高分，那么你是社交能力型的，职业类型有社会活动家、旅馆经理、职校教师、娱乐场所经理、咨询工作、餐馆经理、售票员、房管员、传达员、警察、护理人员、理发员、海关检查、校长、学生工作者、图书管理员、资料员、大学教师、中小学教师、幼儿园教师等。

E组

[　　] 1. 喜欢演讲或开会发言
[　　] 2. 喜欢讨论政治问题
[　　] 3. 喜欢在社团担任职务
[　　] 4. 喜欢检查和评价别人工作
[　　] 5. 喜欢带领一群人去完成某项任务
[　　] 6. 善于督促管理他人工作
[　　] 7. 富有感召力，使别人服从你
[　　] 8. 做事具有超常的精力和热情
[　　] 9. 曾在学校担任班干部并且干得不错
[　　] 10. 有很好的口才
[　　] 11. 曾向有关部门提出建议和反映意见
[　　] 12. 善于团结大家一起工作

总分：

如果你在这组测试中获得最高分,那么你是管理能力型的,相应的职业类型有商店经理、厂长、银行管理、审计员、信用管理、地产管理、保险商、海关管理、采购员、推销员、会计、护士长、物业管理、仓储管理、邮政管理、专利代理人、警官、法官、律师、舞台管理、行政管理、财政管理、工程管理、办公室主任、广告商、导游等。

F组
[　] 1. 喜欢做事有条理,计划性强
[　] 2. 擅长分类、整理和保管大量的图书资料或信息
[　] 3. 喜欢保持桌子和房间整洁
[　] 4. 喜欢记流水账和备忘录
[　] 5. 喜欢将文件、报告、记录分类管理
[　] 6. 喜欢为领导写公务函和报告
[　] 7. 喜欢检查个人收入情况
[　] 8. 善于将书信、文件迅速归档
[　] 9. 核对数据和文章既快又准确
[　] 10. 能迅速誊清贷方和借方的账目
[　] 11. 平日里办事对程序、特征较为注意
[　] 12. 善于短时间内处理大量文件

总分：

如果你在这组测试中获得最高分,那么你是常规能力型的,相应的职业类型有会计师、簿记员、银行出纳、法庭书记员、校对员、打字员、办公室文秘、技师检查员、邮件分类、图书管理、档案管理、统计员、描图员、缝纫工、收款员、记账员、售票员、旅游服务员、办公室办事员等。

四、能力的培养

在飞蛾的世界里,有一种双翼长达几十厘米的飞蛾,叫"帝王蛾"。这种飞蛾的幼虫期在一个洞口极其狭小的茧中度过。当它要变成蛾时,弱小的身躯必须拼尽全力从那个狭小的洞口破茧而出,而这个狭小的洞口是帮助幼虫两翼成长的关键所在。原来,幼虫在穿越洞口的时候,身体受到挤压,血液被送到蛾翼,只有两翼充血,它才能振翅飞翔。

在破茧过程中,穿越狭小的洞口是十分痛苦的,如果无法承受痛苦,退缩则只能死在茧里,或者依靠其他成年蛾的帮助破茧,由于双翼没有接受考验则只能终身爬行。幼虫只有依靠自己的努力奋勇破茧才能飞翔,"帝王蛾"之所

以被称为"帝王蛾",源自它们在幼虫时就有一颗勇敢的心,勇者才能展翅高飞!

人们都知道,能力是可以通过锻炼而获得并提高的。但是,能力是如何锻炼而获得的呢?也许人们没有意识到,能力是在克服种种困难、遭遇种种磨难、跨越种种挫折的过程中练就的。"帝王蛾"的破茧能力是在破茧过程中练就的,展翅高飞的能力也是在破茧过程中练就的,从而"破茧重生",正所谓"吃得苦中苦,方为人上人"!我们在对能力的探索中做到了知己知彼,接下来的问题就是如何发挥或者进一步锻炼我们的能力,为丰富自己的大学生活和适应未来的社会生活做好充分的准备。

(一)大学不同阶段的准备

从试探期到分化期,四个年级侧重各有不同。

一年级——试探期:要初步了解职业,特别是自己未来所想从事的职业或自己所学专业对口的职业,提高人际沟通能力。具体活动可包括多和师哥师姐们进行交流,尤其是大四的毕业生,询问就业情况,大一学习任务不重,多参加学校活动,增加交流技巧,学习计算机知识,争取可以通过计算机和网络辅助自己的学习,为可能的转系、获得双学位、留学计划做好资料收集及课程准备,多利用学生手册,了解相关规定。

二年级——定向期:应考虑清楚未来是否深造或就业,了解相关的应有活动,并以提高自身的基本素质为主,通过参加学生会或社团等组织,锻炼自己的各种能力,同时检验自己的知识技能;可以开始尝试兼职、社会实践活动,并具有坚持性,最好能在课余时间长时间从事与自己未来职业或本专业有关的工作,提高自己的责任感、主动性和受挫能力,增强英语口语能力、计算机应用能力,通过英语和计算机的相关证书考试,并开始有选择地辅修其他专业的知识充实自己。

三年级——冲刺期:因为临近毕业,所以目标应锁定在提高求职技能、搜集公司信息并确定自己是否要考研上。在撰写专业学术文章时,可大胆提出自己的见解,锻炼自己的独立解决问题的能力和创造性;参加和专业有关的暑期工作,和同学交流求职工作心得体会,学习写简历、求职信,了解搜集工作信息的渠道,并积极尝试,加入校友网络,和已经毕业的校友、师哥师姐谈话了解往年的求职情况;希望出国留学的学生,可多接触留学顾问,参与留学系列活动,准备TOEFL、GRE,注意留学考试资讯,向相关教育部门索取简章参考。

这一方面提高了信息收集能力，另一方面进一步加强了自身的人际交往能力。

四年级——分化期：找工作的找工作、考研的考研、出国的出国，不能再犹豫不决，大部分学生的目标应该锁定在工作申请及成功就业上。这时，可先对前三年的准备做一个总结：首先检验自己已确立的职业目标是否明确，前三年的准备是否已充分。其次，开始毕业后工作的申请，积极参加招聘活动，在实践中检验自己的积累和能力。最后，预习或模拟面试。积极利用学校提供的条件，了解就业指导中心提供的用人公司资料信息、强化求职技巧、进行模拟面试等训练，尽可能地在做出较为充分准备的情况下进行施展演练。

（二）不同的渠道获得各种能力

1. 勤工俭学

在校生可利用平时课余时间以及双休日，走出校门，走向社会，勤工俭学，既锻炼自己、积累工作经验，又增加收入、增强独立自主的能力。一般来说，每所高校都会为学生提供勤工俭学的机会，尤其是针对一些家境贫困的学生提供合适的岗位。勤工俭学的内容多种多样，比如家教，可以锻炼一个人的耐心以及表达能力；超市的收银员，可以培养一个人的细心以及与人交往的能力；网络维护，可以很好地运用计算机方面的一技之长，获得实战经验。又如有些学校设定的"助管"岗位，帮助学校、系领导做一些办公室的管理工作，如文件管理，这些工作大多数与你所学专业没有关系或与你所学的专业知识关系不大，但是你能通过这些工作学习到一些工作的基本能力，在积累工作经验的同时体会到自食其力、自力更生的愉悦；而那些和专业知识关系密切的工作，比如计算机专业的学生制作网页、系统维护，能让其在实践中进一步强化所学的知识，真正地"学以致用"。

勤工俭学可以在学校内进行，学生在学校安排的各个岗位上寻求自我的锻炼和发展。在学校内部进行勤工俭学的好处：一是方便，能很好地配合自己的上课学习时间；二是安全，学校内的各个岗位都具有相当的可靠性，能确保学生作为劳动者的各项权益。相较之下，学校外面的勤工俭学机会就利弊兼容了。社会上的各种兼职机会往往更具有专业性，也更具有挑战性。比如电话销售、财务助理、程序开发、市场调查等，这些职位都需要一定的专业知识作背景，同时对个人的能力提出更高的要求，个人可以根据自己的专业和特长选择适合自己的类型。在社会兼职的过程中，需要付出更多的精力和成本，比如上下班路上的时间成本、紧张的工作带来的压力、激烈的竞争要求等，相应地，所得到的回报,无论是金钱上的报酬还是能力和阅历上的积累都会有所增加。然而,重要的是,学生在勤工俭学的过程中,不要本末倒置,为了兼职完全忽视了专业知识的积累,否则就与我们"理论联系实际"的本意背道而驰了。同时,注意不要上当受骗,要保护好自身的利益。

2. 社团活动

社团是校园里的学生为了某一个共同的兴趣、某一个共同的目的所组织起来的业余团体。它可以分为学术类社团,如马克思主义理论研究会、世界经济研究会等;体育类社团,如篮球协会、轮滑协会等;文艺类社团,如书法协会、戏剧社、记者团等。这些社团有的历史悠久,自成特色,有的虽成立不久,但发展迅速,不管怎样,每一个社团都会围绕社团自身的主体,定期组织社团活动。学生们可以根据自己的喜好和特长选择适合的社团活动参加,或是丰富自己的课余生活,或是培养自己的兴趣特长,或是加深和拓宽专业知识的掌握。总之,广大学生要根据自身的特点和兴趣,充分利用学校有利条件,不要浪费自己宝贵的青春,为自己内涵的积淀、能力的培养而努力。如果你对该社团兴趣浓厚又表现出色的话,你可以成为社团的骨干,不仅参与各种活动,还策划组织各种活动,这就更进一步锻炼了人际交往能力和组织管理能力。值得指出的是,现在用人单位在选择毕业生时对社团的骨干分子也是比较青睐的。

3. 社会实践

社会实践,顾名思义,是指身体力行,学生利用寒暑假或双休日走出校园,在社会生活中树立理想,拓宽视野,增长才干,服务社会。在各所高校中,为了帮助学生走向社会、学以致用,实现学生的实践意愿,学校会为学生提供包括寒暑假期和双休日的实践机会,并在组织、宣传、资金等方面给予一定的指导和帮助。当前大学生的社会实践引起了社会的关注,有些地区和单位专门组织和设定社会实践的岗位和课题,欢迎学生积极参与并给予一定的资助,对一些好的、有发展前景的课题,主办者可以帮助孵化甚至进一步发展。每个学生要切实把握住这样的机会,从中锻炼自己各方面的能力。

社会实践与前面两类活动相比,与专业知识的关系更密切。它要求学生将平时所学和社会问题、社会现象相结合,有创意地提出问题,通过实践分析问题、研究问题,最终解决问题。学校通常会资助社会实践,所以,申报社会实践的学生必须精心准备和策划,构思出实践方案,通过学校组织的评审和公开答辩,才能获得被资助的资格。在项目实施的过程中,必须接受学校有关组织的监督，并将实践的最终成果上报和展示，整个社会实践的过程需要花费一定的时间和精力，并需要一定的专业知识作支持。因此，时间充裕的暑期通常是社会实践开展的高峰。一个好的社会实践将会使你受益无穷，甚至影响你的生涯发展。前期准备时，你必须有专业知识功底，参阅大量的资料，才能有一个好的理论框架；与赞助单位和实践单位联系，寻求帮助，你必须懂得人情世故，具备和人交往的技巧；带领团队出去，你必须有很强的组织、协调、自理的能力；最后结项整理时，你必须有表达能力、文字功底和研究能力……

4. 各类竞赛

大学校园是一个供青年才俊一展身手的大舞台，在这里你可以找到许多志同道合的朋友，一展你心中的抱负、发挥你过人的才能。校园里时常举办的各类竞赛便成了展现自我风采、培养个人能力的绝好契机。

比如"挑战杯"全国大学生创业计划大赛等此类的赛事，受到了高校学生的普遍关注。这些赛事激励大学生将所学专业知识与日新月异的社会实践相结合，要求参赛者组成优势互补的创业团队，提出一个具有市场前景的技术、产品、服务，并围绕这一技术、产品或服务完成一份包括执行总结，产业背景和公司情况、市场调查和分析、公司战略的总体进度安排，风险问题和假定，团队、企业经济状况，财务预测假定等几个方面的完整、具体、深入的创业计划，以描述公司的创业机会，以及把握这一机会的过程。这些必然激发和培养青年学生的创业意识和创业能力。

此外，一些企业为了吸引更多的优秀人才，提前做好人才储备工作，会以企业名义在校园中举办各类竞赛，如"欧莱雅"商业策划大赛、"联合利华"商业夏令营等。这些比赛往往能使参赛者体验更真实的企业环境，帮助他们提前进入工作角色，发掘他们各方面的潜能。相对于社会实践来说，这样的比赛更具有竞争性，也更以职业为导向，许多比赛中的佼佼者往往有很大的机会进入该企业工作，成为企业的后备人才。

5. 课程实习

实习是每位学生在跨出校门，走向社会之前必须经历的阶段，是学生了解社会、了解工作的窗口。因此，几乎所有的高校都会在本科阶段三年级时安排实习，并把它作为课程和学分的一部分来要求学生。首先要明确实习的价值和意义：实习不等于拿一份实习报告，不等于拿几个学分的成绩，不要为了这些表象自欺欺人。要混个实习成绩并不难，但对于一个有事业追求，想要真正从中学习和积累的人而言，实习是一个非常好的接触社会、了解行业、了解职业的机会，因此请不要马虎对待，否则你就是在浪费时间。

对于不同生涯规划的学生来说，实习有着不同的特殊意义。对于以后想工作的学生，实习常常能帮助你认清自己的能力、特点，了解行业和职位的具体情况，有助于今后的选择。有时候，一份好的实习还可能会直接带给你一份工作。对于继续深造、致力研究的学生，实习往往能让你认清现实与书本上的不同，对你以后的研究更有启发，也许通过实习能让你真正发现自己感兴趣和想学的领域，改变你的人生道路。总之，实习会使你的人际交往能力、专业知识的积累、组织协调能力、表达能力等有一个综合的提高。

寻找实习的途径有很多，如学校内的BBS，就业指导中心发布的信息，各大求职网站上的信息，师长学长亲友推荐，同学互荐，或自己与公司主动联系等。总之，在实习的过程中注意调整自己的心态，不要害怕困难和受挫，多虚心向他人求教，并注意保护自己的合法权益。通过实习，积累自己的经验，增加自己的阅历，提高自己的能力，为自己今后生涯的发展添加筹码。

6. 担任学生干部

在大学生活中，锻炼的机会其实随处可见，关键就在于你是否是个"有心人"，你可以通过毛遂自荐的方式担任学生干部，从学生会干部到团学联干事，从班长到寝室长，任何一个职位都可以是你发挥自身才干、为同学服务的机会。

不要认为担任学生干部是浪费时间，正所谓"一分耕耘，一分收获"，你付出了多少，相应地就能得到多少回报。首先，当学生干部能锻炼你的组织管理能力、决策能力。无论是召开班会，传达通知，还是统计信息，这都需要你能协调各方，组织人员参与，并对行为做出决断和选择。这些能力的养成在今后的工作中有着重要的影响，往往成为企业选拔人才的标准之一。其次，当学生干部要与方方面面，众多的同学、老师打交道，能很好地培养你待人接物的技巧，并为你打下良好的人际关系基础、扩大社交圈子，使你获得众多的朋友。这其实是一笔宝贵的资源和财富。最后，当学生干部能培养良好的品德。为人民服务的奉献精神，为他人着想的合作态度，勤恳踏实的工作作风，迎难而上的顽强斗志……这些都能够在学生工作中得到培养和锻炼。需要指出的是，担任学生干部不能仅看重干部头衔的光环，要更加注意对自我的锻炼。即使你没有机会担任干部，只要有一颗为同学服务的爱心，只要善于观察、取他人之长补自己之短，仍然可以使这些能力得到提高。

第四节　性格探索

人的性格千差万别，职业心理学的研究表明，不同的职业有不同的性格要求。虽然每个人的性格都不能百分之百地适合某项职业，但可以根据自己的职业倾向来培养、发展相应的职业性格。不同性格特征的人员，对企业而言，决定了每个员工的工作岗位和工作业绩；对个人而言，决定着自己的事业能否成功。

一、性格的含义、特征及类型

（一）性格的含义

性格是具有核心意义的个性心理特征，我们通常讲的个性，主要指性格。性格是人的态度和行为方面的较稳定的心理特征，是指一个人在生活中形成的对现实的稳定的态度，以及习惯化的行为方式。人们在日常生活中常使用这个词。比如，人们常说的"勇敢"与"懦弱"、"轻信"与"多疑"、"谦逊"与"傲慢"等，都是在描述人的性格。恩格斯说："人物的性格不仅表现在他做什么，而且表现在他怎么做。"这句话简明而完整地阐述了性格的含义。

人的性格主要表现在两个方面：一方面是人对现实的态度，表明一个人追求什么、拒绝什么；另一方面是人的行为方式，表明一个人如何去追求他所要得到的东西，如何去拒绝他所要避免的东西。性格的特点决定了它不是先天赋予的，而是在先天素质的基础上通过家庭、教育和社会环境的影响，以及人的自身积极活动逐渐形成的。性格不是一朝一夕形成的，但是一旦形成就比较稳定，而且会贯穿在个体的全部行动之中。有人说："性格决定命运。"的确，性格直接影响了个体处外部信息和采取行为的方式。不同性格的人面对同样的情境，可能会采取截然不同的做法，从而产生截然不同的结果。性格不仅有类别之不同，还有优劣之区别。面对不同的事件，个体可能产生积极的态度和行为，也可能产生消极的态度和行为。个体的性格就有积极和消极的区别。所以，培养学生优良的性格是现代教育的重要职责。

（二）性格的特征

每个人都生活在性格迥异的人群中，可见性格是十分复杂的心理现象，包含着心理活动的各个侧面，具有各种不同的性格特征，这些特征在不同人身上，都以一定的独特方式结合而成为有机的整体。要想认识自己的性格，就必须把握自己性格的基本特征，这些特征一般可以从以下四个方面来考察：

1. 性格的态度特征

性格的特征首先表现在你对社会、对别人以及对自己的态度上。例如，对社会、对事业、对生活充满信心，目标明确；对集体、对他人关心；对劳动、对劳动产品热爱；对自己严格要求等。上述这些态度是相互联系、相互影响的。

2. 性格的意志特征

性格的意志特征是从你自觉地调节自己活动的方面来分析性格。按照调节行为的依据、水平和客观表现，性格的意志特征可分为下列四点：首先是意志的自觉性，主要表现在你对自己的行为目的具有明确而深刻的认识，特别是能意识到自己行为的社会意义；其次是你的意志的自制性，主要表现在善于主动地自行控制自己的言行；再次是你的意志的果断性，果断性能促使你在紧急情况下及时采取坚决的决定；最后是你的意志的坚毅性，就是指在行动中坚持决定，百折不挠，顽强奋斗。

3. 性格的情绪特征

你的情绪特征影响着你的全部活动。当情绪对你的活动的影响或你对情绪的控制有某种稳定的、经常表现的特点就构成性格的情绪特征。性格的情绪特征可以分为情绪的强度、稳定性、持久性和主导心境四个方面。

4. 性格的理智特征

性格在认识方面的个体差异叫作性格的理智特征。这些差异表现在知觉的特点上，可以分为被动知觉型和主动观察型，或分为详细罗列型和概括总结型，或分为粗略型和精细型。在记忆方面可表现为直观形象性或抽象性。在思维方面则可表现为思想深刻或肤浅，思维的稳定或不稳定，善于独立思考或回避问题。在想象方面则可表现为有现实感或脱离实际，内容广阔或狭窄等。

（三）性格的类型

1. 以心理机能优势分类

英国的培因和法国的李波特根据理智、情绪、意志三种心理机能在人的性格中所占优势不同，将人的性格分为理智型、情绪型、意志型。理智型的人通常以理智来评价周围发生的一切，并以理智支配和控制自己的行动，处事冷静，他们总是按照最优化的原则去做事情，在情感因素面前，更加注重实效。情绪型的人通常用情绪来评估一切，重视人际关系，他们感情丰富，言谈举止易受情绪左右，容易感情用事，不能三思而后行。意志型的人通常行动目标明确、主动、积极、果敢、坚定，有较强的自制力，能够战胜困难和挫折，坚定地实现目标。除了这三种典型的类型，在生活中大多数人是混合型。比如理智—意志型的人更容易达到目标，取得成功。

2. MBTI（迈尔斯—布里格斯类型指标）

MBTI是目前国际上最普遍使用的人格类型测试。MBTI人格类型理论始于著名心理学家荣格，基于荣格关于人格中知觉、判断和态度的观点，日常生活中，我们在获取能量的时候有些人靠与外部的互动，而有些人靠自己的内心世界。在注意的基础上，我们通过感觉和直觉来获取外界的信息，并利用这些信息结合自己的价值观对事情做出选择和决断，最后组织自己的行为，实施行动。我们认识和处理任何事物，一般经历上述的四个过程：能量获得的途径、注意力指向、加工和决策、计划和行动。

MBTI认为在这四个维度上，每个维度人群中都可能有两种相对的表现。

能量获得的途径维度分为外向（E）和内向（I）。外向：能量获取主要依靠与外界的互动，喜欢与人打交道。内向：能量获取途径主要集中于内心主观世界，喜欢独处、内省、孤僻、安静。

注意力指向，获取信息的维度分为感觉（S）和直觉（N）。感觉：倾向于通过自己的五官获取环境的现实和信息，获取信息的方式是具体的、精确的、实际的，着眼于现在。直觉：倾向于通过抽象、想象等超越感官知识的方式获取信息，偏好抽象的、意义的、未来的处理方式，注重事物价值和含义。

加工和决策的维度分为思考（T）和情感（F）。思考：倾向于遵循逻辑和推理来做决定，理性的、公平公正的，有一套既定的行为准则。情感：倾向于通过自己的价值判断来做决定，主观的、感情化的，因时、因地制宜地做决定。

计划和行动的维度分为判断（J）和知觉（P）。判断：倾向于通过思维和情感去组织、计划和调控自己的生活，偏好所接触的事情都能条理分明、秩序井然，希望凡事都在掌握之中。知觉：倾向于用感觉和知觉的方式做决定，态度总是灵活机动的、开放的，希望事情能保持弹性开放，任其自然发生，不受制于既定的轨道。

四个维度上八种态度的不同表现，组合出16种人格特质，每种人格类型有自己的优点和缺陷，体现了我们对人、职业和生活的态度和取向，代表一种行为和态度的偏好。每种类型都对应了可能的职业兴趣和工作环境的偏好，而且它能够从人格分析的角度解释为什么我们喜欢这样的工作。因此，MBTI可以很好地帮助我们认识自己，从而更好地把握自己的职业倾向。

深度链接

> MBTI测定自己性格的方法：人格共有四个维度，每个维度由两级组成，共计八个极，即外向（E）和内向（I）、感觉（S）和直觉（N）、思考（T）和情感（F）、判断（J）和知觉（P）。每个人在一个维度上选择一个极，从而构成自己的性格类型。如下图所示。

SJ 教条型，护卫者		NF 友善型，理想主义者	
ISTJ Inspector 稽查员/检查者	ISFJ Protector 保护者	INFJ Counselor 咨询师/劝告者	INFP Healer/Tutor 治疗师/导师/化解者
ESTJ Supervisor 督导/监督者	ESFJ Provider/Seller 供给者/销售员	ENFJ Teacher 教师/教导者	ENFP Champion/Advocate/Motivator 倡导者/激发者
ISTP Operator/Instrumentor 操作者/演奏者	ISFP Composer/Artist 作曲家/艺术家	INTJ Mastermind/Scientist 智多星/科学家/策划	INTP Architect/Designer 建筑师/设计师
ESTP Promotor 发起者/创业者	ESFP Performer/Demonstrator 表演者/示范者	ENTJ Field Marshall/Mobilizer 统帅/调度者	ENTP Inventor 发明家
SP 探索型，艺术创造者		NT 坚定型，理性者	

四个维度在每个人身上会有不同的比重，不同的比重会导致不同的表现，关键在于各个维度上的人均指数和相对指数的大小。

3. 特质论

特质论的心理学家们认为性格是由很多特质组成的，人们在各个特质上的差异形成了不同的性格。美国心理学家奥尔波特最早提出人格特质学说。他认为，性格包括两种特质：一是个人特质，为个体所独有，代表个人的行为倾向；二是共同特质，是同一文化形态下人们所具有的一般共同特征。另一位心理学家卡特尔根据奥尔波特的观点，采用因素分析法，将性格的众多因素分为表面特质和根源特质。表面特质反映一个人外在的行为表现，是直接与环境接触、常随环境变化而变化的，不是特质的本质。他总结出35种表面特质。根源特质是一个人整体人格的根本特征，每一种表面特质都来源于一种或多种根源特质，而一种根源特质也能影响多种表面特质。他通过多年的研究，找出16种根源特质，分别是乐群性、聪慧性、稳定性、支配性、怀疑性、兴奋性、有恒性、敢为性、敏感性、幻想性、世故性、忧虑性、实验性、独立性、自律性、紧张性。根据这16种根源特质，卡特尔设计了卡特尔16种人格因素问卷，成为应用十分广泛的人格测试问卷。我们可以通过问卷，了解自身在16种根源特质上的分布状况，从而加深对自我性格特点的认识。

二、性格与职业

（一）性格与职业的适应度

人的性格千差万别，或热情外向，或羞怯内向，或沉着冷静，或火暴急躁。职业心理学的研究表明，不同的职业有不同的性格要求。虽然每个人的性格都不能百分之百地适合某项职业，但可以根据自己的职业倾向来培养、发展相应的职业性格。不同性格特征的人员，对企业而言决定了每个员工的工作岗位和工作业绩，对个人而言则决定着自己的事业能否成功。

不同性格类型的人适合不同的职业。外向的人适合做社交性和活动性的工作，而内向的人更适合做文字性和安稳性的工作。不同的职业对人也有不同的性格要求，要适应这一职业，就得具备或培养这一职业要求的性格特征。比如作为医生，要有精益求精、一丝不苟的工作态度，有救死扶伤的人道主义品质，有高度的责任感并具有同情心；教师要热爱教育事业，富有爱心，为人师表，严于律己；企业技术员要有刻苦创新的精神和持之以恒的品质；管理干部要善于交往沟通思维，关心下属等。可以说，从事每一种职业都有一定的"职业性格"，好的职业性格有助于个体在相应职业中更好地完成工作。在职业实践中，职业活动的要求也会让从业者巩固或改变职业性格。性格与职业是相互对应、相互作用的。

假如你并不知道自己适合干些什么，再美好的职业生涯规划也终会成为南柯一梦。脚步匆匆的你可以无暇深思生命的意义，但你无法回避这样一个问题：你适合干什么？常常听到有些人这样说："我秉性暴烈，跟人打交道的职业干不了""我性格深沉，适合搞科研""我性格温和，最适合当培养幼苗的园丁"。开朗、活泼、热情、温和的性格，一般较适合从事演艺娱乐、新闻媒体、服务业以及其他同社会与人群交往较多的行业；多疑、好问、深沉、严谨的性格，比较适合于科研、教学方面的职业；做事马马虎虎的人，显然不适合做需要特别细心的医生；当一名职业军人，勇敢、沉着、果断与坚定则是必不可少的性格。你的性格与你是否能适应某种职业生涯有着很大的关系。如果你从事的工作与你的性格相适应，你工作起来就会得心应手，心情舒畅，也就容易在工作中取得成就。如果你的性格特点与你所从事的工作不相适应，这种性格就会阻碍你工作任务的完成，使你感到被动，缺乏兴趣并难以胜任，即便能够完成工作任务，也常常会力不从心，精神紧张。

有一句话说："播种行为，收获习惯；播种习惯，收获性格；播种性格，收获命运。"性格特征可以决定你的职业生涯路，所以从事与性格匹配的职业更为重要。

关于职业性格特征的心理测验，往往和人格测验相关联。招聘公司最常用的做法是，先进行职位分析，分析出岗位所需要的人员的性格特征，然后用人格测验来挑选符合岗位特质的人，是典型的由职位到人的做法。而大学生也可以反其道而行之，从人到职位，先做测验了解自己的性格特点，然后去找适合自己的岗位。

拓展练习

签名

请同学们拿出一张空白纸，在纸上签下自己的名字。
请换一只手，再次在纸上签下自己的名字。
两次签名有什么不同的感受？请用几个词来形容一下。

当我们用自己常用的那只手签名时，通常会感到"得心应手"，很自如，几乎不假思索，也不用费什么力气，对自己能够做好这件事也很有自信。而当我们用另一只手签名时，就会感到不习惯、别扭、费劲，而且签的名字歪歪扭扭。不过，我们发现自己也还是可以用这只手签名的。

我们在其他事情上也是如此，天生有自己擅长的一面，也有自己不擅长的一面（就如我们的右手、左手）。它们没有好坏或者对错之分。如果能够找到一个适合的环境，使我们在其中发挥自己的长处和优势，那么我们会很自信，并且往往会取得佳绩。相反，如果要求我们做不擅长的事情，那么多半会感到不舒服、不自在，而且可能干不好工作。

如果我们知晓自己性格上的"左右手"，并了解与之相适应的环境和职业，就能帮助我们做出合乎自己情况的职业选择。这样的最佳匹配，会使我们容易成为有效的工作者。

（二）性格与职业的关系

性格和职业的最佳匹配使我们成为更有焦点、更有效的工作者，因此我们可以每天都去工作并且喜欢我们所做的事情。

观察我们周围的人也可以发现，同一职业类型或团体中往往聚集着人格相似的工作，比如销售行业的人多数是性格外向型，会计行业的人比较细心，教师善于关心爱护他人，从政的人手腕比较强硬、执行力强。如果一个人所从事的职业与其人格类型是匹配的，则他工作起来就轻松愉快、得心应手、富有成就；反之则会不适应、困难重重，对个人的发展和组织造成影响。在职业指导中，就是帮助人了解自己属于哪一种类型，然后在对应的职业环境中寻找合适的职业，这样不仅缩小了人们职业选择的搜索范围，使职业选择的方向性更强，而且选中的职业与自己个性最为匹配，有利于个人才能发挥和价值的实现。

（三）了解你的职业性格倾向

从表2-2维度中选择你的倾向，组成你的MBTI代码。

深度链接

表2-2　MBTI人格类型的四个维度及其特点

我们与世界的相互作用是怎样的？外向（E）—内向（I）	
外向：	内向：
● 从人际交往中获得能量	● 从时间中获得能量
● 喜欢外出	● 喜静、多思、冥想（离群、与外界相互误解）
● 表情丰富，外露	● 谨慎，不露表情
● 喜欢交互作用，合群	● 社会行为的反射性（会失去机会）
● 喜行动，多样性（不能长期坚持）	● 独立、负责、细致、周到、不蛮干
● 不怕打扰，喜自由沟通	● 不怕长时间做事，勤奋；怕打扰，先想后讲
● 先讲后想；易冲动，易后悔，易受他人影响	
我们自然留意的信息类型？感觉（S）—直觉（N）	
● 通过五官感受世界，注重真实的存在，实际	● 通过第六感洞察世界，注重应该如何，比较笼统
● 用已经有的技能解决问题	● 喜学新技能
● 喜具体明确	● 不重准确，喜抽象和理论
● 重细节（少全面性）	● 重可能性，讨厌细节
● 脚踏实地	● 好高骛远，喜欢新问题
● 做事有可能出现的结果，能忍耐、小心	● 凭爱好做事，对事情的态度易变
● 可做重复工作（不喜新），不喜展望	● 提新见解，仓促结论

如何做决定？思考（T）—情感（F）	
● 分析，用逻辑客观方式决策 ● 坚信自己的观点正确，不考虑他人意见 ● 清晰，正义，不喜欢调和主义 ● 批判和鉴别力 ● 规则 ● 工作中少表现出情感，也不喜欢他人感情用事	● 主观和综合，用个人化的、价值导向的方式决策；考虑决策对他人的影响 ● 和谐、宽容，喜欢调解 ● 不按照逻辑思考 ● 考虑环境 ● 喜欢工作场景中的情感，从赞美中得到享受，也希望他人的赞美
我们做事方式如何？判断（J）—知觉（P）	
● 封闭定向 ● 结构化和组织化 ● 时间导向 ● 决断，事情都有正误之分 ● 喜命令、控制，反应迅速，喜欢完成任务 ● 不善适应	● 开放定向 ● 弹性化和自发化 ● 探索和开放结局 ● 好奇，喜欢收集新信息而不是做结论 ● 喜欢观望，喜欢开始许多新的项目，但不完成 ● 优柔寡断，易分散注意力

表2-3 MBTI性格类型及其适合职业

1. ISTJ 内向+感觉+思考+判断	
（1）严肃、安静，借由集中心志与全力投入及可被信赖获得成功。 （2）行事务实、有序、注重逻辑，真实可信赖。 （3）十分留意且乐于做任何事（工作、居家、生活均有良好组织及有序）。 （4）负责任。 （5）照设定成效来做出决策且不畏阻挠与闲言，会坚定为之。 （6）重视传统与忠诚。 （7）传统性的思考者或经理	审计员、后勤经理、信息总监、预算分析员、工程师、计算机程序员、证券经纪人、地质学者、会计、医学研究人员、文字处理专业人员等
2. ISFJ 内向+感觉+情感+判断	
（1）安静、和善，负责任且有良心。 （2）行事尽责投入。 （3）安定性高，常居项目工作或团体之安定力量。 （4）愿投入、吃苦及力求精确。 （5）兴趣通常不在于科技方面，对细节事务有耐心。 （6）忠诚、考虑周到、知性，且会关切他人感受。 （7）致力于创构有序及和谐的工作与家庭环境	人事管理人员、电脑操作员、顾客服务代表、信贷顾问、零售业主、房地产代理或经纪人、艺术人员、室内装潢师、商品规划师、语言病理学者等

续表

3. INFJ 内向+直觉+情感+判断	
(1) 因为坚忍、创意及必须达成的意图而能成功。 (2) 会在工作中投注最大的努力。 (3) 默默地、诚挚地及用心地关切他人。 (4) 因坚守原则而受敬重。 (5) 提出造福大众利益的明确远景而为人所尊敬与追随。 (6) 追求创见、关系及物质财物的意义及关联。 (7) 想了解什么能激励别人及对他人具有洞察力。 (8) 光明正大且坚信其价值观。 (9) 有组织且果断地履行其愿景	人力资源经理、事业发展顾问、营销人员、企业组织发展顾问、职业分析人员、企业培训人员、媒体特约规划师、编辑、艺术指导、口译人员、社会科学工作者等
4. INTJ 内向+直觉+思考+判断	
(1) 具有强大的动力与自己的本身意愿,能够达成自己的目的与创意——固执顽固者。 (2) 有宏大的愿景且能快速在众多外界事件中找出有意义的模范。 (3) 对所承担的职务具有良好的策划能力并且将工作完成。 (4) 具有怀疑心、挑剔性、独立性、果决,对专业水准及绩效要求高	管理顾问、经济学者、国际银行业务职员、金融规划师、运作研究分析人员、信息系统开发商、综合网络专业人员
5. ISTP 内向+感觉+思考+知觉	
(1) 冷静旁观者——安静的、预留余地的、富有弹性的,以及无偏见的、存有好奇心的、不过早预期结果的、幽默的观察与分析。 (2) 有兴趣探索原因及效果、技术事件是为何及如何运作且使用逻辑的原理组构事实,重视效能。 (3) 擅长掌握问题核心及找出解决方式。 (4) 分析成事的缘由且能实时从大量资料中找出实际问题的核心。	证券分析员、银行职员、管理顾问、电子专业人员、技术培训人员、信息服务开发人员、软件开发商、海洋生物学者、后勤与供应经理、经济学者等
6. ISFP 内向+感觉+情感+知觉	
(1) 羞怯的、安宁和善的、敏感的、亲切的,且行事谦虚。 (2) 喜于避开争论,不对他人强加己见或价值观。 (3) 无意于领导却常是忠诚的追随者。 (4) 办事不急躁,安于现状,无意于以过度的急切或努力破坏现状,且非成果导向。 (5) 喜欢有自由的空间及依照自订的时程办事	行政人员、商品规划师、测量师、海洋生物学者、厨师、室内/风景设计师、旅游销售经理、职业病理专业人员等
7. INFP 内向+直觉+情感+知觉	
(1) 安静的观察者,具有理想性,对其价值观及重要之人具有忠诚心。 (2) 外在生活形态与内在价值观相吻合。 (3) 具有好奇心且很快能看出机会所在,常担负开发创意的触媒。 (4) 除非价值观受侵犯,行事会具有弹性,适应力高且承受力强。 (5) 具有想了解及发展他人潜能的企图,想做太多且做事全神贯注。 (6) 对所处境遇及拥有不太在意。 (7) 具有适应力、有弹性,除非价值观受到威胁	人力资源开发专业人士、社会科学工作者、团队建设顾问、编辑、艺术指导、记者、口译人员、娱乐业人士、建筑师、研究工作者、顾问、心理学专家等

续表

8. INTP 内向+直觉+思考+知觉		
(1) 安静、自持、弹性及具有适应力。 (2) 特别喜爱追求理论与科学事理。 (3) 习惯以逻辑及分析来解决问题——解决问题者。 (4) 最有兴趣于创意事务及特定工作，对聚会与闲聊无大兴趣。 (5) 追求可发挥个人强烈兴趣的生涯。 (6) 追求发展对有兴趣事务之逻辑解释		软件设计师、系统分析员、研究开发人员、战略规划师、金融规划师、信息服务开发商、变革管理顾问、企业金融律师等
9. ESTP 外向+感觉+思考+知觉		
(1) 擅长现场实时解决问题——解决问题者。 (2) 喜欢办事并乐于其中。 (3) 倾向于喜好技术事务及运动，交结同好友人。 (4) 具有适应性、容忍度、务实性；投注全部心力，卓有成效地完成工作。 (5) 不喜欢冗长概念的解释及理论。 (6) 最专精于可操作、处理、分解或组合的真实事务		企业家、业务运作顾问、个人理财专家、证券经纪人、银行职员、预算员、技术培训人员、综合网络专业人士、旅游代理、促销商、手工艺人、新闻记者、工业工程师等
10. ESFP 外向+感觉+情感+知觉		
(1) 外向、和善、接受性，乐于与他人分享喜乐。 (2) 喜欢与他人一起行动且促成事件发生，在学习时亦然。 (3) 知晓事件未来的发展并会热烈参与。 (4) 最擅长人际相处及具备完备常识，很有弹性，能立即适应他人与环境。 (5) 对生命、人、物质享受的热爱者		公关专业人员、劳工关系协调人、零售经理、商品规划师、团队培训人员、旅游项目经营者、表演人员、特别事件协调人、社会工作者、旅游销售经理、融资者、保险代理等
11. ENFP 外向+直觉+情感+知觉		
(1) 充满热忱、精力充沛、聪明的、富想象力的，视生命充满机会但期望能得到他人肯定与支持。 (2) 几乎能完成所有有兴趣的事。 (3) 对难题很快就有对策并能对有困难的人施与援手。 (4) 依赖能改善的能力而无须预做规划准备。 (5) 为达目的常能找出强制自己为之的理由。 (6) 即兴执行者		人力资源经理、变革管理顾问、营销经理、企业培训人员、广告客户经理、战略规划人员、宣传人员、事业发展顾问、环保律师、研究助理、广告撰稿员、播音员、开发总裁等
12. ENTP 外向+直觉+思考+知觉		
(1) 反应快、聪明，干多样事务。 (2) 具有激励伙伴、敏捷及直言专长。 (3) 会为了有趣对问题的两面加以争辩。 (4) 对解决新且具有挑战性的问题富有策略，但会轻忽或厌烦经常的任务与细节。 (5) 兴趣多元，易倾向于转移至新生的兴趣。 (6) 对所想要的会有技巧地找出逻辑的理由。 (7) 长于看清他人，有智能去解决新的或有挑战的问题		人事系统开发人员、投资经纪人、工业设计经理、后勤顾问、金融规划师、投资银行职员、营销策划人员、广告创意指导、国际营销商等

续表

13. ESTJ 外向+感觉+思考+判断	
（1）务实、真实、事实倾向，具有企业或技术天分。 （2）不喜欢抽象理论，最喜欢学习可立即运用事理。 （3）喜好组织与管理活动，且专注以最有效率方式行事以达成效。 （4）具有决断力，关注细节且很快做出决策——优秀行政者。 （5）会忽略他人感受。 （6）喜做领导者或企业主管	银行官员、项目经理、信息总监、后勤与供应经理、业务运作经理、证券经纪人、电脑分析员、保险代理、普通承包商、工厂主管等
14. ESFJ 外向+感觉+情感+判断	
（1）诚挚、爱说话、合作性高、受欢迎、光明正大——天生的合作者及活跃的组织成员。 （2）重和谐且长于创造和谐。 （3）常做对他人有益事务。 （4）给予鼓励及称许会有更佳工作成效。 （5）最有兴趣于会直接及有形影响人们生活的事务。 （6）喜欢与他人共事，能精确且准时地完成工作	公关客户经理、个人银行业务员、销售代表、人力资源顾问、零售业主、餐饮业主、房地产经纪人、营销经理、电信营销员、信贷顾问、簿记员等
15. ENFJ 外向+直觉+情感+判断	
（1）热忱、易感应及负责任的，具有能鼓励他人的领导风格。 （2）对别人所想或希求会表达真正关切且切实用心地去处理。 （3）能怡然且技巧性地带领团体讨论或演示文稿提案。 （4）爱交际、受欢迎及富有同情心。 （5）对称许及批评很在意。 （6）喜欢带引别人且能使别人或团体发挥潜能	人力资源培训人员、销售经理、小企业经理、程序设计员、生态旅游业专家、广告客户经理、公关专业人士、协调人、作家、记者、非营利机构负责人等
16. ENTJ 外向+直觉+思考+判断	
（1）坦诚、具有决策力的活动领导者。 （2）长于发展与实施广泛的系统以解决组织的问题。 （3）专精于具有内涵与智能的谈话，如对公众演讲。 （4）乐于经常吸收新知识且能广开信息渠道。 （5）易生过度自信，会强于表达自己创见。 （6）喜于长程策划及目标设定	人事/销售经理、技术培训人员、特许经营业主、程序设计员、环保工程师等

【思考练习】

1. 完成一个职业兴趣、价值观能力、性格测评。

2. 完成附录五《我的生涯规划档案》中前五项——自我探索的部分。

3. 结合课上所讲的相关理论和个人的实际情况，写一篇探索自我兴趣、价值观、能力、性格与职业发展的短文。

第三章 职业认知

学习目标

【知识目标】了解职业世界以及与职业相关的概念,掌握职业的功能与分类,熟悉职业的发展趋势,通过家庭职业树、企业参访、生涯人物访谈等多种角度学会职业访谈具体方法。

【技能目标】能够进行初步的职业探索,为自己的职业生涯设立目标,确定自己的发展方向,学会进行职业生涯人物访谈。

【思政目标】了解社会大环境和我国在国际市场中的角色和地位,把握社会需求,了解职业环境中的需求热点,在祖国需要的地方发光发热,奉献自己的青春和热情,为祖国做出贡献的同时,成就自己。

第一节 职业发展趋势

在现实生活中,职业活动是每个人社会生活中的重要组成部分,对于终将毕业、怀揣梦想的大学生来说,选择一份适合自己的职业是事业成功的第一步。人的社会生活和工作领域是非常广阔的,职业门类繁多,如何在其中选择一份适合自己的理想职业呢?对职业基本知识的了解毫无疑问成为我们的第一课。职业与工作是一回事吗?职业和职位是一样的吗?本节内容让大家了解职业及与职业相关的概念,以及职业的功能与分类,这些基本知识的学习可以为后续探索职业世界打好基础。

一、职业的概念

（一）职业的内涵

通俗地讲，职业就是人在社会中所从事的作为主要生活来源的劳动。职业包含的要素有三个方面：一是谋生；二是承担社会义务；三是促进个性的健康发展。

职业是具有一定特征的社会工作类别，它是一种或一组特定工作的统称。我们以往经常使用"工种""岗位"等概念，实质上就是将职业按不同需要或要求进行具体划分。一般情况下，一个职业包括一个或几个工种，一个工种又包括一个或几个岗位。职业与工种、岗位之间是一种包含和被包含的关系。

职业的内涵包括以下五点：

1. 参与社会分工

参与社会分工，是指人参与各种劳动的具体责任划分，具有独立化和专业化的特点。没有社会分工，劳动时间将大大增加，生产效率也会随之降低。你会很容易发现，一家强大的企业并非要领导者事必躬亲，而是将不同的工作交给相应的部门来解决，以达到更高的办事效率。

2. 需要专业的知识与技能

任何一个职业都需要你在岗位上有所作为，这也是你走向职场所必须具备的能力。拥有良好的专业知识与技能，才能让你在面对工作时表现得游刃有余，你拥有的专业知识与技能越高超，就越能在成功的路上先行一步。所以，当我们考虑影响工作的因素时，首先要注重提升自身内在素质，这样才能有机会获得一个称心如意的职业。

3. 运用技能创造财富

财富通常包括精神财富与物质财富，创造方式又可根据实际情况分为直接创造和间接创造，譬如房地产商开发的土地、纺织工人织的布，这些都是物质财富，而哲学家提出的某种思想、经济学家提出的某种理论是精神财富。直接与间接又体现在，人生产产品属于直接创造，服务人员从事第三产业属于间接创造。财富的创造形式是多种多样的，这便需要你拓宽思路，打开自己的眼界，不拘泥于单调的职业模式。

4. 获得合理的报酬

合理的报酬不仅是你通过劳动每月获得的薪水，还包括你在法律规定下，理应拿到的其他薪资报酬。通常，你所创造出的财富，一部分会上缴到国库，一部分要交给企业，剩下的才是你应得的薪水，这样的报酬才算合理。在职场中，永远都会存在诱惑，保持一颗正直的心，通过自己的努力获得合理的报酬是十分重要的。

▶ 5. 满足自己的需求

职业还有一个重要的内涵，就是满足自己的需求。其中包括对物质需求和精神需求两个方面的满足。通常来说，物质需求要通过资金得到满足，而精神需求的满足来自自身的认同感、喜悦感及自我满足感等。这些需求与一个人能否安心工作密切相关，也影响着他选择工作的标准。

（二）职业的产生

职业不是开始就有的，它是伴随着社会分工的出现而产生的。在原始社会初期，生产力水平低下，人们在生产劳动中形成了简单的自然分工。比如，成年男子外出作战、打猎、捕鱼并制作从事这些活动所必需的工具等；妇女采集果实，从事原始农业，管理家务，抚养孩子，准备食品和衣服等。但是，那时还没有出现职业，因为还没有固定从事某项专门工作的人群。

随着社会生产力的发展，人类社会开始出现了游牧业与农业的分离，之后是手工业与农业的分离，然后又出现了专门经营牧业、农业和手工业产品交换的商业，这就是人类社会发展史上三次重要的社会大分工。伴随着社会分工，出现了牧民、农民、工匠、商人等职业。随之而来的是私有制的产生，阶级的出现又带来了体力劳动和脑力劳动的分工。人类社会就这样产生了各种各样的职业。由于职业的产生是由社会分工引起的，因此，社会分工的发展必然决定和制约着职业的发展变化，在这种发展变化过程中，新的职业不断产生，旧的、过时的职业被迅速淘汰。

物质条件是人们生存的基础，人们要获得衣、食、住等生活资料，就必须参加劳动。劳动作为人们谋生的手段，是人类社会的普遍现象。以谋生为目的的劳动是职业劳动。例如，母亲照看自己的孩子是家务劳动；而保姆照看他人的孩子，并取得一定的报酬作为生活来源，这便是职业劳动。

职业劳动，不仅是为个人谋生，也是尽社会义务。一个人通常只能从事一种或几种具体的劳动，不可能生产出个人所需要的所有生活资料，人和人之间是相互依存的，需要用自己的劳动成果与别人的劳动成果相交换。通过交换，在满足自己需要的同时，满足了其他社会成员的需要，从而起到了为他人服务的作用，也对国家和社会做出了贡献。

在人的一生中，职业生活占有重要位置。职业活动对于人的个性发展，有着至关重要的影响。人们接受教育所获得的知识和能力，通过职业劳动发挥出来，产生社会作用。人们在职业劳动的实践中，使自己的体力、智力、知识和技能水平不断得到发展与完善。

深度链接

工作、职位、行业与产业

工作作为汉语词语具有动词和名词两种词性。作为动词，有操作、行动、运转、运作等意思；作为名词，有工程、制作、业务、任务、职业等意思。工作的概念是劳动生产，主要是指劳动。工作与职业既有区别也有联系。从最基本的来讲，工作是在我们称为"岗位"的范围内所执行的任务或者行为。这些任务与职业是有关的，而职业是一系列的工作。但是，与工作相比，职业还包括一系列与工作和生活相关的态度和行为。工作是用来谋生的；职业不仅可以解决谋生的问题，还可以解决未来发展的问题。

职位即岗位，在一个特定的企业组织中，在一个特定的时间内，由一个特定的人担负一个或数个任务，这些任务组成职位。简单地讲，职位是指企业的某个员工需要完成的一个或一组任务。在企业中，职位是指一个企业在有效时间内给予员工的特别任务及责任。在同一时间内，职位数量与员工数量相等，即只要是企业的员工就应有其特定的职位，职位通常也称岗位。

行业一般是指按生产同类产品或具有相同工艺过程或提供同类劳动服务划分的经济活动类别，如饮食行业、服装行业、机械行业、金融行业、移动互联网行业等。

产业在经济学中传统的定义：产业是国民经济中基于共同标准划分的部分的总和，又是具有相同性质的企业或组织群体的集合。产业在《辞海》中的定义：产业是指由利益相互联系的、具有不同分工的、由各个相关行业所组成的业态总称，尽管它们的经营方式、经营形态、企业模式和流通环节有所不同，但是，它们的经营对象和经营范围都是围绕着共同产品而展开的，并且可以在组成的业态里的各个行业内部完成各自的循环。这两个概念是在不同发展阶段对产业的定义。

产业、行业、职业三者之间既有相同点，联系密切，又存在区别。

产业、行业、职业都是社会分工的产物，是社会生产力不断发展的必然结果，这是它们在本质上的共同点。在社会发展中，随着新技术的出现，产生了新产品及相应职业的从业人员。随着新产品的生产及相应从业人员数量的不断增加，新的行业逐渐形成。当新行业发展到一定规模时，就会与其他相关行业进行整合，依据发挥作用的程度并入或形成新的产业。

产业、行业、职业的不同之处在于，在国民经济领域中，它们着眼点的层次是由高到低，概念涉及的范围是由大到小。产业的着眼点是生产力布局的宏观领域，体现的是以产业为单位的生产力布局上的社会分工，产业由行业组成。行业的着眼点是企业或组织生产产品的微观领域，体现的是以行业为单位的产品生产上的社会分工，行业由企业或组织组成。职业的着眼点是组织内工作人员的具体工种，体现的是以人为单位的劳动技能上的社会分工，职业由人的技能组成。

最后，通过一个例子来进行总结。例如，教师是职业，教师的工作就是教书育人，职位则可能是高中语文老师。大学职业规划老师隶属教育机构，行业属于教育行业，产业则属于第三产业。

（三）职业的功能

职业是人与社会联系的纽带。不同的职业把劳动者划分在不同的职业岗位上，从其功能（价值取向）而言，正如黄炎培先生所概括的，职业是为自己谋生，为群众服务，这是不可分割的两面。

1. 对社会的功能

职业一旦产生就成为社会中的独立存在，成为人们认识、选择、从事和发展的对象。职业具有重大的社会意义，其意义和作用在于：

（1）职业的存在及职业活动构成了人类社会的存在和社会基本框架；

（2）职业劳动创造出社会财富，从而为社会的存在和发展奠定物质基础；

（3）职业的分工是构成社会经济制度运行的主体；

（4）职业是维持社会稳定、实现社会控制的手段；

（5）职业的运动，如职业结构的变化、职业层次间的矛盾的解决，是推动社会进步的一种动力。

2. 职业对个人的作用

职业对于个人的发展也是十分重要的。人作为社会成员，其需要是多方面的。

（1）职业是谋生的手段，个人通过职业实现个人和家庭生存的需要。"民以食为天"，一份稳定的工作，是一个人安身立命之本，是人最根本的需要。

（2）职业使人获得对社会、行业、集体、单位的归属感，提供一个最经常的社交场所，满足人们对归属和爱的需要。个人的价值只有通过社会职业才能表现出来，择业的成功和职业上的成就，能够满足人们实现社会价值的需要，让人获得成就感，满足人受到社会尊重的愿望，成为在社会中有所作为的人。

（3）职业是促进个性发展的手段。世界上没有完全相同的人，这种个体差异体现在先天的生理和心理方面，更重要的是，个性是由后天环境、教育、机遇，特别是职业塑造而成，如军人、教师、艺术家各有特质。人们可以通过对职业的选择，发挥特长，满足兴趣，实现理想，满足自身展示个性的需要。同时根据社会发展和职业的需求，不断完善自我，促进人的全面发展。

二、职业的分类

世界上经济发达国家都非常重视职业分类问题的研究，这不仅是形成产业结构概念和进行产业结构、产业组织及产业政策研究的前提，也是对劳动者及其劳动进行分类管理、分级管理及系统管理的需要。

职业分类的意义：

（1）同一性质的工作，往往具有共同的特点和规律。把性质相同的职业归为一类，有助于国家对职工队伍进行分类管理，根据不同的职业特点和工作要求，采取相应的录用、调配、考核、培训、奖惩等管理方法，使管理更具针对性。

（2）职业分类给各个职业分别确定了工作责任、履行职责及完成工作所需要的职业素质，这就为岗位责任制提供了依据。

（3）职业分类有助于建立合理的职业结构和职工配置体系。

（4）职业分类是对职工进行考核和智力开发的重要依据。考核就是考查职工能否胜任所承担的职业工作，是否完成了应完成的工作任务。这就需要制定出考查标准，对各个职业岗位工作任务的质量、数量提出要求，而这些都是在职业分类的基础上才能加以规定的。职业分类中规定的各个职业岗位的责任和工作人员的从业条件，不仅是考核的基础，也是进行培训的重要依据。

深度链接

（一）美国的职业分类

美国是较早建立职业分类系统的国家之一，早在1850年，美国就模仿标准行业分类系统（Standard Industrial Classification，SIC），建立了包括322个职业的分类系统。到了20世纪中期，社会迅速发展，原有的分类系统已不能适应新世纪服务型职业和高科技职业的发展要求，由此美国成立了标准职业分类修订政策委员会（Standard Occupational Classification Revision Policy Committee，SOC）对原有的SOC80进行修订。于是SOC2000应运而生，而且SOC2000通过职业代码，与O*NET（Occupational Information Network）等职业数据库相联系，适应了时代发展的需要。

人类社会进入21世纪以来，由于经济和科学技术快速发展，许多新兴职业相继出现，于是美国从2005年起，再次对职业分类系统做出修订，最终产生了美国现行的职业分类系统，即SOC2010（见表3-1）。

表3-1 美国SOC2000和SOC2010职业分类体系对比

大类	SOC2000			SOC2010		
	中类	小类	细类	中类	小类	细类
1. 管理类职业	4	27	34	4	30*	34
2. 商业与金融运作职业	2	20	30	2	23*	32*
3. 计算机与数学类职业	2	14	16	2	11*	19*
4. 建筑和工程类行业	3	21	35	3	21	35
5. 生命、自然、社会科学职业	4	23	44	4	23	43*
6. 社区和社会服务行业	2	6	17	2	6	18*
7. 法律行业	2	4	9	2	4	9
8. 教育、培训、图书馆相关职业	2	26	61	5	26	63*
9. 艺术、设计、娱乐、体育和传媒	4	16	41	4	16	41
10. 保健专业技术类职业	3	23	53	3	27*	61*
11. 保健支持类职业	3	5	15	3	5	17*
12. 社会保护服务类职业	4	14	21	4	11*	18*
13. 食品加工和餐饮相关职业	4	11	18	4	11	18
14. 建筑物和地面清理与维护类职业	3	4	10	3	4	10
15. 个人护理和服务行业	7	20	34	8*	20	33*
16. 销售及相关职业	5	15	22	5	15	22
17. 办公及行政支持类职业	7	48	55	7	49	56*
18. 农业、渔业和林业职业	4	9	16	4	9	15*
19. 营建及钻探类职业	5	37	59	5	38*	60*
20. 安装、维护和维修职业	4	17	51	4	19*	52*
21. 生产类职业	9	51	110	9	50*	108*
22. 运输及物流类职业	7	35	50	7	37*	52
23. 军事类特定职业	3	3	20	3	3	20
合计	93	449	821	97	458	836

(二) 加拿大的职业分类

1981年，加拿大人力资源及技能发展部（HRSDC）出版了《加拿大职业分类词典》（CCDO），由此开始创建加拿大的职业分类体系。

CCDO主要参考了美国劳工部颁发的《职业分类词典》（Dictionary of Occupational Titles，DOT），DOT注重行业划分，忽视了同一行业中技能水平的差异造成的职业差异。于是，自1988年开始，加拿大移民就业局组织专家对其进行修订，形成了NOC（National Occupational Classification）职业分类系统，经过多次修订，现行的版本为NOC-S2006。

NOC中用自然数1~9表示九大行业：①金融、行政事务；②自然科学、应用科学；③医疗保健；④社会科学、教育、政府部门、宗教；⑤艺术、文化、体育；⑥产品销售与服务；⑦手工艺、交通设备操作及相关行业；⑧基础工业；⑨生产加工业与公用事业。同时用0和A、B、C、D表示技能水平：0表示管理层，不分技能水平的高低，A、B、C、D表示技术层的技能水平。在商业、金融和医疗保健行业，技术层的技能水平为A、B、C三级；在自然科学、应用科学、社会科学、教育、政府部门、宗教、艺术、文化、体育等行业，技术层的技能水平为B、C、D三级。

(三) 新加坡的职业分类

新加坡的职业分类（Singapore Standard Occupational Classification，SSOC）是由新加坡统计局推出的国家职业分类体系，至今已是第六版本。

SSOC依据的基本原则是所要完成工作的主要类型，主要工作任务相同的人从事同一类型工作，应被划入相同的职业群。用来定义众多工作种类的基本概念是技能，技能是指完成一项工作的任务和职责所需的能力。SSOC将技能定义为两个维度，即技能水平和技能的专业程度。

技能水平根据应受教育层次的不同，划分为四个等级：①第一级技能水平被定义为接受初等教育或未接受教育；②第二级技能水平被定义为接受中等或中等后教育；③第三级技能水平被定义为接受过比前面更高等级的教育，但不等同于大学教育；④第四级技能水平被定义为接受过比前面更高等级的教育，等同于本科或研究生教育。依据四级技能水平，SSOC对大类进行如下划分（见表3-2）。

表3-2 SSOC中大类的技能水平划分

	大类	技能水平
1	立法者、高级官员和管理人员	—
2	专业人员	四级技能水平
3	辅助专业人员和技术人员	三级技能水平
4	职员	二级技能水平

续表

	大类	技能水平
5	服务人员和商店与市场销售人员	—
6	农业和水产业工人	
7	手艺（工艺）人和相关行业的工人	
8	设备与机械操作和装配工	
9	清洁工、劳工和相关行业的工人	一级技能水平
X	未分类职业的从业者	—

（四）我国的职业分类

参照国际标准和方法，1986年，我国国家统计局和国家标准局首次颁布了中华人民共和国国家标准《职业分类与代码》（GB 6565—86），并启动了编制国家统一职业分类标准的宏大工程。这次颁布的《职业分类与代码》将全国职业分为8个大类、63个中类、303个小类。1992年，国家劳动部会同国务院各行业部委组织编制了《中华人民共和国工种分类目录》，该目录根据管理工作的需要，按照生产劳动的性质和工艺技术的特点，将当时我国近万个工种归并为分属46个大类的4700多个工种，初步建立起行业齐全、层次分明、内容比较完整、结构比较合理的工种分类体系，为进一步做好职业分类工作奠定了坚实基础。

20世纪90年代中期，随着社会主义市场经济体制的逐步建立和科学技术的迅猛发展，我国的社会经济领域发生了重大变革，这对人力资源管理提出了新的要求。为此，国家提出要制定各种职业的资格标准和录用标准，实行学历文凭和职业资格两种证书制度。《中华人民共和国劳动法》中明确规定："国家确定职业分类，对规定的职业制定职业技能标准，实行职业资格证书制度。"根据社会经济发展的需要，1995年2月，劳动和社会保障部、国家统计局和国家质量技术监督局联合中央各部委共同成立了国家职业分类大典和职业资格工作委员会，组织社会各界上千名专家，经过4年的艰苦努力，于1998年12月编制完成了《中华人民共和国职业分类大典》，并于1999年5月正式颁布实施。《中华人民共和国职业分类大典》把我国职业划分为由大到小、由粗到细的四个层次：大类（8个）、中类（66个）、小类（413个）、细类（1838个）。细类为最小类别，即职业。

《中华人民共和国职业分类大典（2015年版）》（以下简称《大典》）将我国职业归为8个大类、75个中类、434个小类、1481个细类（职业）。

1999年《中华人民共和国职业分类大典》分类情况如下。

第一大类：国家机关、党群组织、企业、事业单位负责人，其中包括5个中类、16个小类、25个细类。

第二大类：专业技术人员，其中包括14个中类、115个小类、379个细类。

第三大类：办事人员和有关人员，其中包括4个中类、12个小类、45个细类。

第四大类：商业、服务业人员，其中包括8个中类、43个小类、147个细类。

第五大类：农、林、牧、渔、水利业生产人员，其中包括6个中类、30个小类、121个细类。

第六大类：生产、运输设备操作人员及有关人员，其中包括27个中类、195个小类、1119个细类。

第七大类：军人，其中包括1个中类、1个小类、1个细类。

第八大类：不便分类的其他从业人员，其中包括1个中类、1个小类、1个细类。

另外，还有一些更加被大众接受的职业分类法。

例如，我们对职业分类做一个形象性的描述，如图3-1所示。

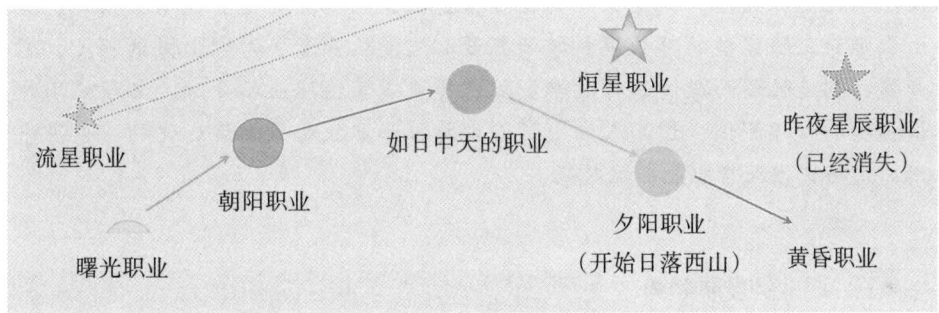

图3-1　职业分类示意图

（1）曙光职业。如心理咨询师、职业生涯辅导师等。

（2）朝阳职业。如人力资源经理、市场营销经理等。

（3）如日中天的职业。如IT界的编程人员等。

（4）夕阳职业。如公交车售票员等。

（5）黄昏职业。如送煤工、掏粪工等。

（6）流星职业。如传呼台的传呼小姐，曾经有很多人做这项工作，这个职业现在基本上不存在了。

（7）恒星职业。自人类有文明记载以来，已存在几千年，比如教师。

（8）昨日星辰职业。以前存在，现在已经没有了，比如排字印刷的工人、速记员等。

那么，我们选择职业的时候，最好选择什么样的职业呢？

大学生在选择职业时，尽量选择朝阳职业、如日中天的职业。如果你选择了一个曙光职业，则需要更大的勇气，因为你可能是这个职业的一个开拓者。尽量不要选择黄昏职业、夕阳职业。

(五)其他分类

(1)按脑力劳动和体力劳动的性质、层次进行分类,如美国的职业分类方法之一是把工作人员分为两大类:一类为白领工作人员,另一类为蓝领工作人员,即通常所讲的白领与蓝领阶层。白领工作人员包括:①从事专业性和科技性工作的人员,如会计、建筑师、计算机专业人员、工程师、医生、教师、科学家、作家等;②农场以外的经理和行政管理人员;③销售人员;④办公室工作人员。蓝领工作人员包括:①手工艺术及类似工人,如木匠、砖瓦匠、油漆工等;②农场以外的工人,如饲养人员、建筑工人、垃圾工、伐木工等;③服务性行业工人,如清扫服务工、农场工人、私人服务人员等。这种分类概括简要,但明显表现出职业的等级性。

(2)按心理的个别差异进行分类。如美国著名的职业指导专家约翰·L.霍兰德创立的人格—职业类型匹配理论把人格类型划分为六种:现实型、研究型、艺术型、社会型、企业型、传统型。对应这几种人格类型,该理论把职业划分为六大类型。这种分类,将个性心理特征与职业类型二者统一起来,便于实施职业指导,如企业型的适合去企业,艺术型的可去做乐队指挥、音乐教师等,研究型的可从事科学研究等。这使从业者在心理上得到满足,充分发挥创造性进而提高工作效率。但在择业或实施职业指导时,必须采用严格标准的心理测试,然而人的个性心理特征和职业都是发展变化的,也很难用固定格式把人与职业匹配起来。

三、职业的发展趋势

职业是人类社会发展到一定历史阶段的产物,是社会进步的标志。随着社会的不断进步,社会职业的发展呈现出不断加快的趋势,不适应社会发展的职业逐渐消失,新的职业不断产生,并在不同的社会发展阶段出现热门职业、冷门职业,从而导致人们的择业价值取向等发生深刻变化。

对于即将跨出校园去就业的大学生们来说,掌握职业的发展趋势,对于顺利就业,规划自己的职业生涯,在职业生涯中先人一步、快人一拍,是非常重要的。本部分内容探讨职业发展的内涵、影响职业发展的因素、职业的发展趋势、热门职业和冷门职业,以及职业资格证制度。

(一)职业发展

1. 职业发展的内涵

职业发展有两层内涵。第一层针对劳动者,即职业发展就是在自己选定的领域里，在自己能力所及的范围内，成为最好的专家。所谓专家，并不一定是研究开发人员或技术顾问。专家是在某一领域有深入和广泛的经验，对该领域有深刻而独到认知的人。至于行政管理能力、员工培养能力、团队建设能力、规划和沟通能力等，是个体在职业发展过程中必须培养的能力要素，它们是实现职业发展的重要工具，但不是职业发展的目标。

第二层针对职业本身。职业随着社会、经济、科技的发展而发展，不适应社会发展的职业逐渐消失，新的职业不断产生，并在不同的发展阶段出现热门职业、冷门职业。

本部分主要针对的是职业发展的第二层含义。

2. 影响职业发展的因素

首先，社会的发展带动职业的发展，职业是社会发展的结果。随着社会的发展，职业的数量、类型、结构、要求都发生着深刻变化。在不同的历史时期，由于人们的价值观念发生变化，职业的结构、要求也随之变化。职业是一种相对固定的，体现了社会分工的，并要求工作者具备一定技能的劳动形式。在现代社会，职业是一个人一生重要的工作经历，它不再是简单的个人谋生手段，而是一个人寻求自我发展、自我价值实现的现实途径。职业是个人维持生存、发展个性和承担社会义务的集中体现。

其次，经济的发展对职业发展影响巨大。经济领域是集中职业种类和数量最多的社会生活领域。无论在何种意识形态的社会，满足人们日益增长的物质文化生活需要，发展生产力都是根本目的。这就要求社会必须为人们提供更多的就业机会，让人们有机会为社会创造更多的财富。因此，经济发展，就业机会增多；经济萧条，失业率增加。经济的发展也会促使社会职业结构和种类发生变化。

最后，科技进步给职业发展带来巨大冲击。现代社会科技的迅猛发展，使许多新技术、新产品和新工艺不断出现。这些新技术、新产品和新工艺的研究、开发、应用必然导致部分职业的新旧更替和一些新职业的产生。比如，随着通信事业的发展，出现了许多通信手段的研究、通信设备的开发和维修等职业。再如，当代科技的发展给传统印刷业带来了巨大冲击，计算机汉字照排技术的运用，使印刷业告别了铅与火的时代，汉字录入、照排职业快速发展。此外，科学技术的进步不仅会导致职业数量、结构的变化，还会使职业的社会地位发生深刻变化。综上所述，随着社会经济和科学技术的发展，脑力劳动职业发展速度越来越快，体力劳动职业将越来越少；经济部门和服务性行业的职业越来越多，行政管理等行业的需求越来越少。

随着科学技术的不断进步，经济和社会的发展，社会职业的数量、种类、结构、要求都在不停地变化，其发展趋势主要表现在以下几个方面。

（1）职业种类日益增多。随着现代工业的发展，职业的数量、种类越来越多。有关资料介绍，全世界职业的种类近43000种。

（2）职业结构变化加快。随着工业化进程的推进，产业结构和行业结构变迁逐渐加快。在工业革命以来的200多年时间里，不但经常出现新行业，而且各行业的主次地位变化越来越快。工业革命时期，主要是纺织业。一直到进入20世纪，钢铁、化学、汽车、建筑业、信息产业先后超过纺织业。但是，电子从产生、发展到成为一个主行业，只用了几十年的时间。进入21世纪，知识经济时代的发展，将会给职业结构的变化带来又一次大的飞跃。

（3）脑力劳动职业增加。进入20世纪后，脑力劳动职位在社会职位总额中所占比重越来越大，趋势更明显。据有关资料，1960年美国的白领人员占就业总数的50%，1960年美国的脑力劳动者占就业总数的43.3%，1997年上升至50.1%；原联邦德国1960年占41.8%，1975年上升至51.4%，并继续出现增长之势。脑力劳动职位的比重不断增大，在我国表现得也比较明显。

（4）职业要求不断更新。职业要求主要包括四个方面，即职业本身的内容、合作共事者之间的关系、职业要求以及职业报酬。在不同的历史时期，职业的内容、要求、报酬等都不相同。一些职业，因工作设备和条件更新，对职业者提出了更高要求，如行政工作人员、医生、教师、律师等；另一些职业由于任务、职责有一定改变，对就业的要求也会发生一定的变化。

（二）紧缺职业与新职业

紧缺职业一般是指对于当前以及未来国家或地区发展急需，具有一定晋升空间、收入相对稳步上升、发展前景广阔的职业，以全国招聘求职100个短缺职业排行为准，具体紧缺职业还因地区不同而有差异。

新职业是指在经济社会发展中，拥有一定规模的从业人员且具备相对独立成熟的职业技能，却未被《大典》收录的职业。新职业包含两层含义：全新职业和更新职业。全新职业是指随着经济社会发展和技术进步而形成的新的社会群体性工作；更新职业则指原有职业内涵因技术更新发生较大变化，从而使从业方式与原有职业相比发生质的变化。

2019年以来我国发布新职业情况如表3-3所示。

表3-3 2019年以来我国发布新职业情况

发布日期	发布个数（个）	新职业名称
2019年4月	13个	人工智能工程技术人员、物联网工程技术人员、大数据工程技术人员、云计算工程技术人员、数字化管理师、建筑信息模型技术员、电子竞技运营师、电子竞技员、无人机驾驶员、农业经理人、物联网安装调试员、工业机器人系统操作员、工业机器人系统运维员
2020年7月	9个	区块链工程技术人员、城市管理网格员、互联网营销师、信息安全测试员、区块链应用操作员、在线学习服务师、社群健康助理员、老年人能力评估师、增材制造设备操作员
2021年3月	18个	集成电路工程技术人员、企业合规师、公司金融顾问、易货师、二手车经纪人、汽车救援员、调饮师、食品安全管理师、服务机器人应用技术员、电子数据取证分析师、职业培训师、密码技术应用员、建筑幕墙设计师、碳排放管理员、管廊运维员、酒体设计师、智能硬件装调员、工业视觉系统运维员

（三）新就业形态

新就业形态是随着以互联网为核心的新一轮科技和产业革命发展而出现的，它改变了劳动力市场的格局和资源配置方式，冲击了传统的就业观念和就业方式。

新就业形态的"新"体现在就业领域新、技术手段新和组织方式新，是互联网环境下对传统就业的拓展延伸。新就业形态有的是全新的领域，如数字威客、相互宝调查员；有的是为传统的职业提供了改进升级的新发展空间，如滴滴司机。新就业形态多依托互联网技术，将就业岗位与互联网技术相结合衍生出新型的灵活就业模式。

新就业形态与传统就业方式的关键区别在于就业和劳动关系是否标准化、规范化。而新就业形态与一般灵活就业也有所区别，其关键在于是否依赖互联网等信息科技手段。网络数字转型带来的就业市场结构重组升级是新就业形态出现的内因。

新就业形态类型如表3-4所示。

表3-4 新就业形态类型

形态	内容
共享经济平台	比如美团、滴滴、抖音、快手等
电商平台	比如淘宝、京东、拼多多、天猫等
在线劳动力市场	比如好就业App、Boss直聘、猎头等
其他类型	比如小红书、大众点评、视频号

深度链接

国家公务员就业形式：报考国家公务员也是高校毕业生就业的一种选择，近年来报考人数逐年上升。目前报考国家公务员的年龄范围仍是18~35周岁，学历要求大专及以上。对有意向参加国家公务员考试的求职青年来说，需要提前了解报考岗位的能力要求、报考内容，熟悉报考流程，制订备考计划并做好相关准备。

"三支一扶"计划："三支一扶"计划的主要依据是原国家人事部于2006年颁布的《关于组织开展高校毕业生到农村基层从事支教、支农、支医和扶贫工作的通知》，该通知鼓励大学生毕业后到农村基层从事支教、支农、支医和扶贫工作，服务期限一般为2~3年。一般来说，"三支一扶"计划是为经济欠发达地区招募有能力的高校毕业生，也是求职青年实现自我社会价值的一种方式。

结合国家人才发展战略规划：在求职过程中，还需要考虑与国家人才发展战略规划适当结合，如将西部大开发的人才战略、人才强国计划等与个人的职业生涯规划相融合，让职业发展实现价值最大化。

热门职业与冷门职业

热门职业一般是根据经济发展的情况形成的，21世纪是知识经济时代，以高新技术、电子通信为代表的领域将是经济的增长点。所以，一些与信息、生物等高科技领域迅速发展相关的职业将逐渐成为热门职业。从事热门职业和有热门职业专长的人，在激烈的市场竞争中有更多的生存机会和发展机会。有关专家估计，21世纪我国热门职业将朝以下方向发展：一是软件开发、硬件维护、网络集成等高层次计算机科技类职业；二是通信工程、无线电技术等电子工程类职业；三是农科类职业，随着科教兴农、建设新农村、提高农业科技含量等举措推进，农科类专业将成为热门专业；四是金融、房地产、信息咨询等第三产业；五是政法类职业，律师将成为热门职业；六是师范、医科类职业；七是环境类职业；八是院外医疗业；九是美容行业相关职业；十是国际商务策划师。在21世纪，商务策划将成为发展前景最好、收入最高、就业最稳定的热门职业之一。当前中国企业最缺乏的人才就是提供商务策划的策划师，商务策划师必须是具备丰富的商务经验且能言善辩的人，是善于独立思考且洞察力和创新意识较强、能产生新构想的人，是熟悉行业的运行机制且有行业发展的战略眼光、能帮助企业度过转型危机的人，这些人总是能够在各自领域不断提供新创意、新设想，能够发现更有战略价值的新领域、新课题、新产品，不断形成独有的优势，也因此成为最受欢迎的人。

由于全球经济受互联网的影响，职业变化速度加快，某些冷门职业将逐渐衰落。在西方，有人介绍了今后15年极有可能过时的职业和行业：

①传统秘书。自从个人电脑、电子邮递和传真机问世，秘书的时间就有45%以上是用来把文件归档、传递信息、邮寄信件和复印材料。办公自动化将使传统秘书行业逐渐衰落。

②银行出纳员。今后几年,几乎所有的银行都将大量使用自动柜员机,只留下为数不多的出纳员负责银行业务的前台交易。

③电话话务员。据测算,西方发达国家的电话电报公司可望在今后用自动化语音识别技术取代一半以上的长途电话话务员。这种技术和自动化电话网、语音信息系统将会使人们失去一些就业机会。

④接待员。美国某些通信公司现在可以提供能够处理打进和打出电话的极其先进的语音识别系统,许多公司也正在研制相似的系统,这使得许多大公司和政府机构将来可以取消接待员这种职业。

⑤公共图书馆管理员。电脑已取代图书馆的卡片目录,且不久后可能取代传统意义上的图书馆,那时人们将忘记传统的图书馆,直接通知图书馆通过互联网络把书送过来。

⑥矿业。由于房地产的发展,加上环境的整修,以及公路、桥梁、水坝等公共工程的兴建,建筑业将会持续成长。石油、天然气、煤、金属等矿产现阶段需求旺盛,但由于经济循环和社会发展阶段所限,未来矿业的成长将相当有限。

⑦制造业。包含机械的设定、调整、操作及维修等,或是手工利用小型器械来制造产品或组合零件。目前由于进口品多,且国外多采用生产线自动化生产,传统的人工制造业难逃日渐衰退的命运。唯一的例外是塑胶器具的制作,因为某些金属器械将被塑胶制品取代。

⑧运输业。含大众运输及货品的搬运。一般而言,运输业将会持续成长,当然也因行业相异而有不同的发展。就公车司机这个行业的发展来说,仍会快速成长,卡车货运则是持续成长。操纵搬运器械者则因机器的自动化而成长有限,水路和铁路运输也将因为新科技的发明而日益衰退。

⑨清洁工人等基层劳力。由于受到机械化、自动化的影响,这方面将成长缓慢;又因离职率高、容易受到经济循环的冲击等,前景不甚乐观。

职业资格证制度

就业准入制度是指根据《中华人民共和国劳动法》和《中华人民共和国职业教育法》的有关规定,对从事技术复杂、通用性广,涉及国家财产、人民生命安全和消费者利益的职业(工种)的劳动者,必须经过培训并取得相应的职业资格证书后,方可就业上岗的制度。

2000年3月,劳动和社会保障部制定并发布了《招用技术工种从业人员规定》,要求用人单位招用从事技术复杂以及涉及国家财产、人民生命安全和消费者利益工种(职业)的劳动者,必须从取得相应职业资格证书的人员中录用。技术工种范围由劳动和社会保障部确定并向社会发布。

实施就业准入制度,既是经济社会发展的需要,也是合理开发和配置我国劳动力资源的战略举措。其目的是促进劳动者改善素质结构、提高素质水平,进而提高劳动者就业和再就业能力。

实行就业准入控制，推行职业资格证书制度，一是可以规范劳动力市场建设，为劳动者就业创造平等竞争的就业环境；二是可以实现劳动力资源合理开发和配置，并使其纳入良性发展的轨道；三是可以促进劳动者主动提高自身的技术业务素质，使我国的就业从安置型就业转为依靠素质就业，达到使劳动者尽快就业和稳定就业的目的。

职业资格是对从事某一职业所必备的学识、技术和能力的基本要求。职业资格包括从业资格和执业资格。从业资格是指从事某一专业（职业）所需学识、技术和能力的起点标准。对于某些责任较大、社会通用性强、关系公共利益的专业（职业），实行执业资格准入控制，执业资格是依法独立开业或从事某一特定专业（职业）所需学识、技术和能力的必备标准。职业资格证书是表明劳动者具有从事某一职业所必备的学识和技能的证明。它是劳动者求职、任职、开业的资格凭证，是用人单位招聘、录用劳动者的主要依据，也是境外就业、对外劳务合作人员办理技能水平公证的有效证件。职业资格证制度是国际上通行的一种对技术技能人才的资格认证制度，是我国就业劳动制度的一项重要内容，也是一种特殊形式的国家考试制度。主要内容是指按照国家制定的职业技能标准或任职资格条件，通过政府认定的考核鉴定机构，对劳动者的技能水平或职业资格进行客观公正、科学规范的评价和鉴定，对合格者授予相应的国家职业资格证书的政策规定和实施办法。职业资格证书与学历证书的主要区别：学历文凭主要反映学生学习的经历，是文化理论知识水平的证明；职业资格与职业劳动的具体要求密切结合，更直接、更准确地反映了特定职业的实际工作标准和操作规范，以及劳动者从事该职业所达到的实际工作能力水平。

《中华人民共和国劳动法》（2009年版）第六十九条规定："由经过政府批准的考核鉴定机构负责对劳动者实施职业技能考核鉴定。"合格的即可获得职业资格证书。职业技能鉴定是一项基于职业技能水平的考核活动，属于标准参照考试，由考试考核机构对劳动者从事某种职业所应掌握的技术理论知识和实际操作能力做出客观的测量和评价，全国统一评定采取笔试方式。职业技能鉴定是国家职业资格证制度的重要组成部分。

第二节 职业认知分析

职业认知分析是指求职者通过不断收集、提取与意向岗位相关的信息，多维度进行自我职业探索、人岗匹配的分析过程，是探索解决"我能找到怎样的工作"这个问题的重要手段。

一、职业五维度

职业五维度具体为兴趣爱好、入职资历、生活方式、工作场所和行业现状。

1. 兴趣爱好

兴趣是最好的老师，它能使我们对自己的职业葆有持久的热忱，对职业发展起着积极的作用。有了兴趣的力量，职业生涯可以走得更长远。从兴趣爱好入手，重点思考自己的兴趣爱好是否与某些工作岗位的知识点或能力需求相关，从而进一步思考将兴趣爱好转化为职业方向的可能性。具体做法是：先梳理罗列与意向岗位相关的知识点和技能清单，然后与个人现有的兴趣爱好进行匹配，再对已有的一个或者几个意向岗位进行选择，如图3-2所示。

必须指出的是，与兴趣爱好进行匹配的是从意向岗位中分析、提炼、梳理出来的知识点和技能，而不是对意向岗位的工作内容做一一对比。梳理兴趣爱好不仅可以进一步加深对自我的了解，而且可以为我们之后的面试做好准备，成为在面试中拉近与面试官距离的谈资，帮助面试官了解我们与意向岗位的相关度，快速活跃面试气氛，从而有机会在面试中获取部分主导权。

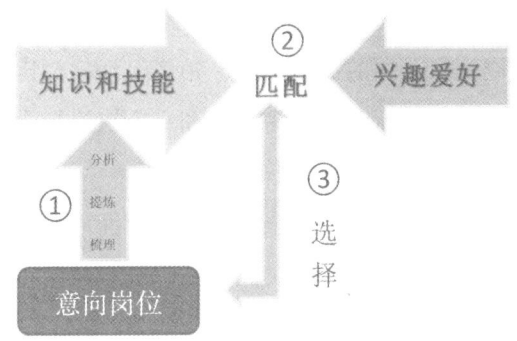

图3-2 兴趣爱好梳理示意图（①②③为先后顺序）

2. 入职资历

入职资历是我们进入具体行业、具体岗位的准入门槛。诚然，完美匹配的入职资历是第一时间拿到企业面试"入场券"的保证，但并不是说我们的入职资历必须与岗位招聘信息所列内容完全符合才能去应聘。入职资历是一个综合性的概念，并非单指学历，它还包括年龄、工作经验、工作年限、专业背景、行业经验、资质证明等多方面内容。

正确理解入职资历与求职就业之间的关系，要从入职资历的四个层次入手：

一是入职资历不是就业路上的"拦路虎"。有人认为只要我们的入职资历中有一条不符合，就没有应聘的机会，这种理解是有偏差的。事实上，入职资历是对求职者能力的多维度、如实的总结。例如，对刚离校的高校毕业生来说，恐怕很难用具体的工作年限和工作经验来反映岗位要求中的工作能力，但在校期间的学习成果展现、学习能力反映、参与研究项目的经验、实习实践经验等都可以作为企业方判断其是否胜任岗位的依据。因此，求职者可以尽可能提供与岗位招聘信息中相关的内容，但务必确保真实客观，切忌吹嘘与造假。

二是入职资历的展现并不是"流水账"，而是需要针对意向岗位"量体裁衣"，突出个人优点与竞争优势，最重要的是体现入职资历与意向岗位的相关度。

三是对入职资历的展现要建立在对意向岗位尽可能充分了解的基础上。例如，如果我们了解到一个意向岗位有完善的晋升体系，那么在入职资历中就要体现后续的个人晋升计划，如基于岗位正在学习相关专业知识、正在准备资质考试或有学历提升的计划等，体现入职资历在时间维度上的延续性。

四是入职资历不是一成不变的，会根据企业、管理维度和行业的不同而变化。入职资历的内容是需要从企业的岗位招聘信息中解读出来的，往往对于同一个名称的岗位，由于企业、管理维度和行业的不同，对入职资历的认定会千差万别。比如，同样是销售岗位，外资企业可能会比内资企业在招聘时更注重对英语的要求；而同一家公司的销售岗位，销售经理就会比销售助理多一个管理经验的要求；而一个医疗行业的销售岗位和一个快消行业的销售岗位，入职资历中对于行业专业知识的要求也会不同。

因此，对于入职资历，我们需要全方位、综合性地思考意向岗位需求与我们现有资历的相关度。

➡ 3. 生活方式

对生活方式的思考，是指要了解意向岗位会给我们未来生活带来哪些影响，包括上下班通勤时间、加班、外勤出差情况，上班着装风格、工作节奏和强度等，个人是否能接受并愿意努力去适应。这些内容往往与我们能感受到的幸福指数相关，在很大程度上影响就业的稳定性。

目前，我国大部分企业采用朝九晚六的工作时间，但也有部分行业或企业采取轮班制、夜班制、弹性制等形式的工作时间。有些工作岗位的工作强度还会因为淡旺季、季节性、节假日等因素而截然不同。因此，对意向岗位生活方式的深入了解，也是对未来职业规划的深入思考。需要特别指出的是，选择非常规工作时间的意向岗位需结合自己的实际情况，综合衡量意向岗位在未来对我们生活整体的影响，在此基础上做出理性的决定。

此外，工作环境的轻松与严肃、工作氛围的低压与强压、工作风格的保守与进取等也属于生活方式范畴，影响着我们的工作心情和工作效率。这些信息都需要我们在职业认知过程中尽可能多地收集、了解和分析，作为最终职业决策的重要依据。

4. 工作场所

工作场所会根据不同工作岗位的内容和性质而有所不同。对意向岗位的工作场所需要从整体上去考量。如程序专员、客服专员等岗位，可能需要长期整日坐在工位上工作；而业务员、销售员、项目制工作人员等岗位可能需要更多时间在公司以外的地方工作，如客户所在的场所、咖啡厅、其他特定场所等；人事或行政岗位的主要工作场所是在企业内部，但也会因为要处理员工社会保险或工商行政事务而偶尔外出。

对意向岗位工作场所的思考在一定程度上能勾勒出一个人的职业定位以及对未来职业发展的规划。确定意向岗位时，我们可以通过网络搜索岗位信息、实地考察企业或咨询亲朋好友等方式，尽可能多地获取企业工作场所的信息，以确认是否符合我们的预期，也可以在面试中询问面试官，为职业决策提供更多实证。

5. 行业现状

对意向岗位行业现状的了解是指研究意向岗位所在行业的竞争性、对专业背景的要求、工作强度、工作压力、技术更新、薪酬水平、发展周期以及发展周期内对岗位竞争度和人际关系的影响等。也就是说，我们对于意向岗位的选择要从整个行业层面上进行考虑。

从长远来看，我们在未来职业生涯中会遇到跳槽、晋升、同行业的职能变迁、同职能的跨行转变等多种可能性，而这些可能性实现的基础往往就来自我们求职时对行业现状的分析。换句话说，我们在思考意向岗位时，除了要考虑具体工作岗位这条横轴的情况，还要考虑岗位所在行业这条纵轴的情况，努力找到岗位和行业之间的关系，由此来做精准定位。从全局来看，选择适合自己的行业甚至比选择具体的岗位更为重要，个人目标能否实现在很大程度上与行业生态发展息息相关。行业现状分析与岗位选择示意图如图3-3所示。

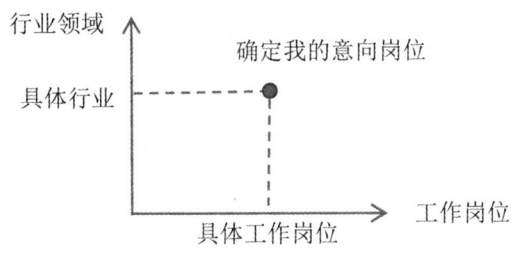

图3-3 行业现状分析与岗位选择示意图

例如，在21世纪崛起的互联网行业中，随着市场需求的不断增多，很多岗位竞争非常激烈，出现了面试周期长、几百人竞争一个岗位名额的情况。原因是这些行业的岗位能提供高薪资，而且工作条件相对优越，但面临的压力与难度也很大。那么，这样的行业发展现状是否符合个人的实际情况，我们需要进行理性思考。

求职时，我们需要尽可能多地搜集行业现状相关资料，动态掌握行业动向，从而尽早为自己谋划职业道路与未来发展空间。

深度链接

> 兴趣爱好、入职资历、生活方式、工作场所和行业现状五个维度是职业认知分析中的核心要素，但对职业认知分析的维度并不仅限于此。由于个人情况的差异性以及就业形势的复杂性，每个人对未来就业岗位的认知还会有其他维度的延伸或扩展，这需要我们在未来不断进行探索。

二、职业库清单

大学生在探索职业世界时，应了解和自己专业相关的职业有哪些，学习专业知识的目的是帮助大学生更好地发展自己，绝不是限制大学生的发展。只有在看到更多的可能性时，大学生才会有更多办法走上自己的理想道路，并将经历的过程看作锻炼和提升的机会。在探索职业世界时，我们如何避免只看到职业光鲜炫目的一面？难道需要我们把所有的职业都尝试一遍吗？世界上职业的数量超过4万种，每天还在以几十种的速度增加，要一一尝试显然不可能，不去尝试又总觉得不甘心。事实上，我们可以用很小的代价了解职业的真实信息。本部分即教给大家探索职业世界的方法。

（一）形成自己预期的职业库

很多大学生不知道如何进行工作世界的探索，其中一个很重要的原因就是工作世界的信息浩如烟海，根本搞不清应该从哪里入手，更谈不上如何进行。如果有一个探索范围，则会容易很多。职业库的形成有以下几个步骤：

（1）通过前面章节的自我探索初步确定探索的范围。自我探索中的兴趣、性格探索，每一部分最后都有相应适合的职业介绍。

（2）通过"头脑风暴"，列出心目中理想的职业。

（3）通过以上方法获得一份职业清单后，分析这些职业有什么共同点，这可能会启发你想到更多值得探索的职业。

（4）结合你的能力和价值观再次从职业清单中进行筛选，最终就得到你预期的职业库。

简单举例来说，大学生小A期待做商业方面的工作，但是具体选择什么工作，因其对社会还不太了解，就难以决定。性格探索的结果是他适合做人力资源管理者、咨询顾问、教师等，兴趣探索的结果是他应该做社工、教师、培训人员等，能力探索的结果是他可以做教育、销售、客户服务等工作，价值观探索的结果是他期待做服务、自由职业、护理等工作。在小A职业探索得出的各种选择中，我们可以看到，教师职业、教育工作出现的频率最高；社工、客户服务、护理等虽然名称不同，但都明显体现了帮助他人的特点。所以，最适合小A的职业首先具有与人打交道、帮助他人的特点，其次有沟通性、商业性等特点，由此他可以列出或搜索一些符合这些特点的职业，比如培训、咨询顾问、客户服务等，进行详细调查。

研究表明，在做决策时，太多的信息容易让人迷失，进而拿不定主意，而过少的信息又起不到让当事人了解客观事实的作用。所以，在形成预期职业库的时候，库的大小根据自己的情况要有适当的平衡，通常4~6个职业的调查是适中的。在信息探索过程中，抛开自己固有的想法，保持开放的心态，就容易获得客观的信息。

（二）探索职业世界的方法

职业世界信息探索的方法有很多，依据一定的规律可以提高效率，例如，从近至远的探索。所谓近和远，是指信息与探索者的距离。通常近的信息比较丰富，远的信息更为深入；近的信息较易获得，远的信息则需要更多的投入和与环境的互动才能了解。所以，从近至远的探索是一个范围逐渐缩小、了解逐渐加深的过程。图3-4列举了从近到远获取信息的一些方式。

非正式评估是探索者有意无意得到的对某个信息的最初评估。正式评估是指各种正式的职业测评，如兴趣测评等。通常学校的就业指导中心会提供给大家免费的相关测评，社会上的职业测评机构也提供收费的服务，大家在选择测评时应注意该测评的信效度。印刷或视听媒体的范围比较广泛，报纸、杂志、电视、书籍都有可能提供职业信息，比如《21世纪》、《中国教育报》、《中国大学生就业》、中央二台《劳动·就业》栏目以及一些传记文学等。电脑资讯如今已经成为越来越主要的获得大量信息的途径，与职业相关的网站很多，比如中国劳动力市场网、前程无忧、智联招聘、中华英才、搜狐招聘频道、新浪求职频道、中青在线人才频道、各高校职业指导网站等，也有一些网站专门提供某个专业的职业信息或留学信息等更有针对性的资讯。生涯影子是指跟着某个特定的工作角色观察其工作内容。积累合作经验、暑期打工和专业实习都是实践性很强的方式，获得的信息更为真实，但是所耗的时间、精力比较多，机会也有限。图3-5列举了一些职位调查方法。

平面资讯接触
非正式评估
正式评估
印刷或视听媒体
电脑资讯
光碟或影带示范
与家人或朋友讨论
生涯人物访谈
实地参观
父母角色示范
定期访视从业人员
生涯影子
积累合作经验
暑期打工
专业实习
实际接触

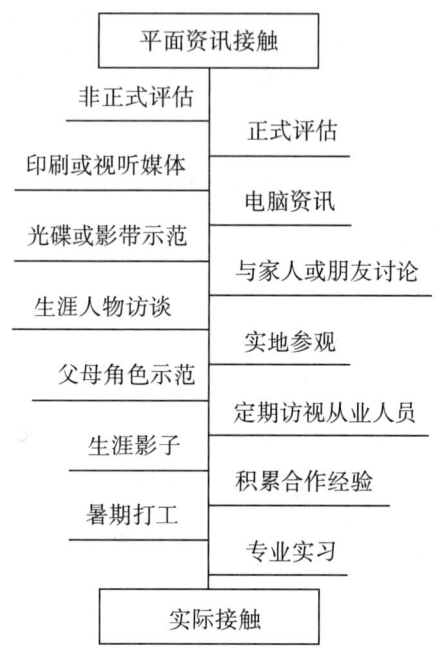

图3-4 生涯资讯来源与使用者接收距离之区分

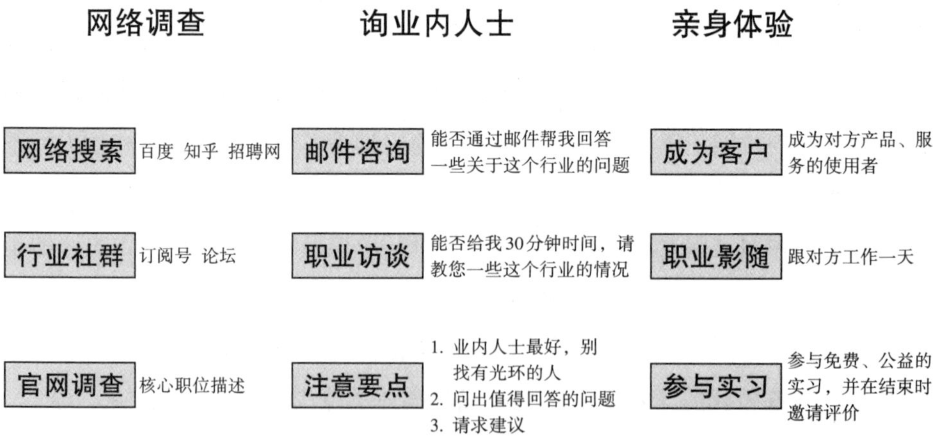

网络调查
询业内人士
亲身体验
网络搜索
百度 知乎 招聘网
邮件咨询
能否通过邮件帮我回答一些关于这个行业的问题
成为客户
成为对方产品、服务的使用者
行业社群
订阅号 论坛
职业访谈
能否给我30分钟时间，请教您一些这个行业的情况
职业影随
跟对方工作一天
官网调查
核心职位描述
注意要点
1. 业内人士最好，别找有光环的人
2. 问出值得回答的问题
3. 请求建议
参与实习
参与免费、公益的实习，并在结束时邀请评价

图3-5 职位调查的方法

第三节　职业访谈方法

如果说职业认知分析是一个多维度了解意向岗位的方法，那么做好职业访谈可以帮助我们了解当前的自己适合怎样的工作。

一、家庭职业访谈

作为高校毕业生，我们可以从家庭成员入手进行职业访谈。一般来说，家庭环境对一个人的人生观、价值观、世界观影响非常大，这样的家庭烙印也会影响到个人对职业的偏好。因此，在深入探索"我能找到怎样的工作"这个问题时，从家庭职业访谈入手是非常必要的。

家庭职业访谈是以系统的视野去了解家庭对我们职业发展或者职业选择的影响，我们可以选择直系亲属和旁系亲戚进行访谈，了解他们选择的职业对他们产生的影响，然后和我们想要从事的职业做比较，梳理出适合自己的职业。

当然，现在的职业访谈不仅限于家族内部，身边好友、同学等同样是我们的访谈对象，也可以作为我们选择职业的参考。要做好职业访谈，我们可以遵循以下四个步骤。

首先，罗列访谈对象。

罗列出与我们关系最近的直系亲属，包括父母、兄弟姐妹、祖父母、外祖父母等。同时可以选择三代以内旁系亲属，或好友、同学进行访谈。选择对象以企业 HR、职业目标清晰或深耕某行业的专业人士为宜，以帮助或启发我们厘清职业脉络。

其次，确定访谈问题。

为提升职业访谈的效率、聚焦访谈要点，我们需要提前确定访谈问题。职业访谈的目的是了解访谈对象对所从事职业的理解、感受以及对其产生的影响，从而让我们的职业选择有据可循。我们可以从访谈对象的职业快乐点、痛苦点、坚持点入手，多维度了解职业对人的影响，找到适合自己的职业期待。

为此设计职业访谈记录表，大家可以把每个访谈对象的具体内容填入其中，详见表3-5。

表3-5 职业访谈记录表

访谈对象	职业	快乐点	痛苦点	坚持点	对职业发展的期待
爸爸					
妈妈					
爷爷					
奶奶					
外公					
外婆					
叔叔					
阿姨					
……					

需要提醒的是，职业访谈在自我思考过程中并非必要的环节，若已有明确的求职方向可以跳过此环节。此外，若条件允许，职业访谈的对象当然越多越好。然而在实际运用过程中，由于条件所限，未必能对所有对象进行访谈，因此可以选择具备访谈条件或个人较感兴趣的访谈对象。

再次，绘制我的家庭职业树。

完成职业访谈记录表后，我们就要开始绘制我的家庭职业树了，具体样式如图3-6所示。

家庭职业树是一个能够有效呈现职业访谈记录的工具，它通过罗列家庭及周围亲朋好友的职业选择，帮助我们思考职业选择应该从哪些维度入手，便于我们做出更为合理的职业选择。

最后，职业访谈结果整理。

绘制完"我的家庭职业树"后，我们就要开始整理职业访谈结果了。我们可以通过问题清单进行梳理，并通过"职业访谈结果梳理表"记录我们的思考过程，详见表3-6，最终为职业选择提供依据。

表3-6 职业访谈结果梳理表

序号	问题清单	我的梳理结果
1	访谈人物中从事最多的职业是什么?	
2	你想从事该职业吗?为什么?	
3	访谈人物如何评价他们的职业?	
4	访谈人物还会提到哪些职业?他们如何评价?我的想法是什么?	
5	访谈人物对于家庭成员所从事的职业觉得最满意的是什么?原因是什么?对我有什么影响?	
6	家人最常提到的关于职业的事是什么?	
7	家人最常提到的关于职业的事对我影响如何?	
8	我绝不考虑哪些职业?	
9	我考虑过哪些职业?	

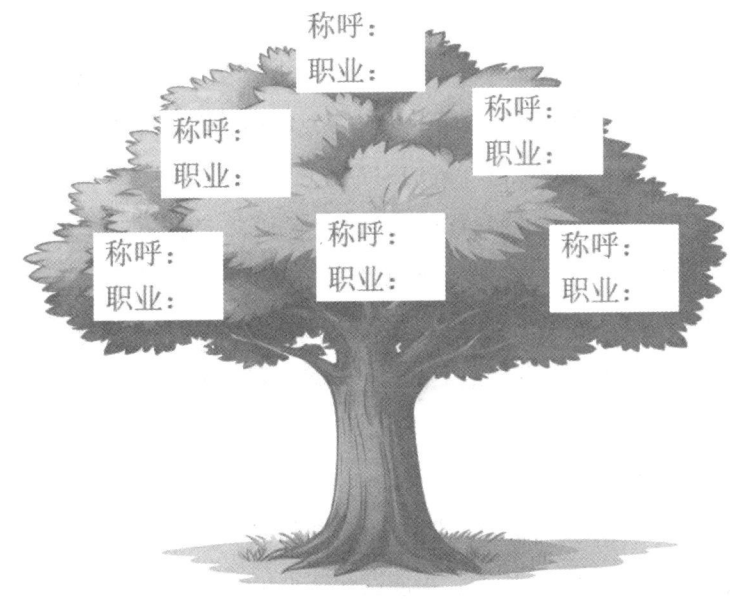

图3-6 我的家庭职业树

二、企业参访

在对意向岗位进行职业认知分析、完成家庭职业树后,如果条件允许,最好能走进企业,身临其境地感受意向岗位在企业中的作用,近距离观察企业运作的实际情况,并有机会与意向岗位的员工面对面交流,为日后进入相关工作岗位或行业做好准备。

（一）企业参访的意义

通过企业参访可以了解社会需求，结合亲身经历巩固所学知识。同时，企业参访是对我们专业知识与素养的一种检验，能够了解到校园里学到的知识在实际操作中如何运用，也可以学到校园里学不到的知识，为我们开启职场之旅打下坚实的基础，是近距离了解意向岗位的第一步。

（二）企业参访前的准备

一般来说，企业参访是由学校相关部门、专门的组织或机构根据参加者的参访意向，联系企业相关部门对接预约后进行的。因此，我们需要预先明确参访目的、参观重点内容、访谈对象等，制订计划，主动积极地参与企业参访的整个过程。

企业参访计划通常包含以下三个方面内容：

一是提前了解参访企业的基本情况。可通过网络搜索等各种渠道了解参观企业所在的行业、行业发展、主营业务、组织架构、发展历史等情况。

二是罗列企业参访时最想了解的内容。这些将是我们在参观企业时要重点观察倾听的内容，也很有可能是我们就业时最为关心的问题。

三是写下针对意向岗位最想了解的细节。这些细节应该是基于行业或具体岗位的专业性问题，也可以询问意向岗位的从业人员是否满意目前的工作或者工作收获之类的问题，更直观地了解自己与意向岗位的匹配度。

（三）企业参访的过程准备

通常企业参访的节奏是比较紧凑的，既要保证参访顺利进行，又要以不影响企业正常运营为前提。因此，提前做好企业参访计划在此时显得特别重要。

企业参访计划要提前交给企业方，将参访过程中所有涉及的人员和所需时间预留出来，提前做好相应的准备工作，确保整个参访过程有条不紊地进行。

而作为参访者，我们也可以针对想要了解的内容做集中性的提问，同步做好相应记录，用于后续的信息整理，帮助我们确认就业意向。因此，参访过程中的笔记和音频视频记录很重要。值得注意的是，拍照、摄影或录音是否可行，需提前征求企业方同意。

总之，整个企业参访过程要带着问题、积极投入地参与其中。

（四）企业参访的后续工作

企业参访结束后，我们需要复盘企业参访的整个过程，从中梳理出参访收获、职业期待以及对未来职业发展方向的思考，同步完善企业参访计划反馈表，再次确认我们的职业意向。企业参访计划反馈表详见表3-7。

表3-7　企业参访计划反馈表

企业名称		参访人员	
企业情况			
参访时要了解的内容	具体内容		实地情况
访谈对象职位		姓名/职位	
想询问的问题	具体问题		答复
确定的意向岗位			
原因分析			

三、生涯人物访谈

各渠道精准度与难度对比如图3-7所示。

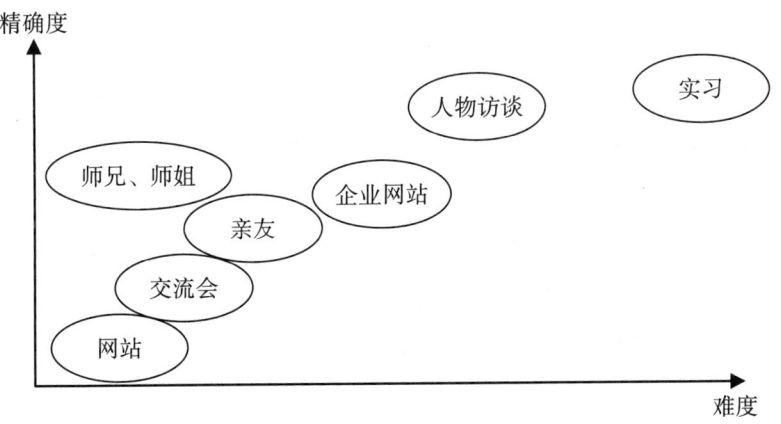

图3-7　各渠道精确度与难度对比

生涯人物访谈在效率和信息的真实性上有比较好的平衡。这种方式是指大家对身处自己感兴趣职位的人进行采访。接受访谈者应是我们称为"生涯人物"的人，他在这个职位上已经工作了3~5年甚至更长时间。为防止访谈中的主观影响，应至少访谈两人，如既与成绩卓著者交谈，也与默默无闻者交谈，效果会更好。访谈时，大家应明确访谈的目的是收集供职业生涯决策的信息，而不是利用生涯人物来找工作，以免造成双方的尴尬。建议大家在正式进行访谈前，至少做两件事：一是为自己准备一个"30秒广告"，因为在访谈过程中，对方可能会问到你的职业兴趣和目标；二是对需要提出的问题做一些准备，这样有助于访谈的深入进行，能够取得较高的效率。访谈中，大家可能提出的问题包括：

- 在这个工作岗位上，每天都做些什么？
- 你是如何找到这份工作的？
- 你是如何看待该领域工作将来的变化趋势的？
- 你的工作是如何为实现组织的总体目标或使命贡献力量的？
- 你所在领域有"职业生涯道路"吗？
- 本职业需要什么样的人？
- 到本领域工作所需的基本前提是什么？
- 就你的工作而言，你最喜欢什么？最不喜欢什么？
- 什么样的初级工作最有益于学到尽可能多的知识？
- 本领域初级职位和略高级别职位的薪水分别是多少？
- 工作中采取行动和解决问题的自由度如何？
- 本领域有发展机会吗？
- 本工作的哪部分让你最满意？哪部分最有挑战性？
- 什么样的个人品质或能力对本工作的成功是重要的？
- 你认为将来本工作领域潜在的不利因素是什么？
- 依你所见，你在本领域工作遇到了什么样的问题？
- 对于一个即将进入该工作领域的人，你愿意提出特别的建议吗？
- 本工作需要特别的知识、技能和经验吗？
- 这种工作需要什么样的教育或培训背景？
- 公司对刚进入该工作领域的员工提供哪些培训？
- 还有哪些方法能帮助我深入了解该工作领域？
- 你的熟人中有谁能做我下次的采访对象吗？当我打电话给他（她）的时

候，可以用你的名字吗？

● 根据你对我的教育背景、技能和工作经验的了解，你认为我在做出最终决定之前还应在哪个领域、什么样的工作上进行深入的调查研究呢？

当然，以上这些问题大家可以根据自己的需要再整理，但关于生涯人物对工作的主观感受还是应该问一下的。比如，可以问：就你的工作而言，你最喜欢什么？最不喜欢什么？它常常能让大家更立体地了解一种工作。另外，给生涯人物留出提供其他信息的机会，说不定会有意外的收获。最后，不要忘记感谢接受访谈的生涯人物，最好在访谈结束当天发送一份电子邮件或手机短信表示谢意。

可能很多人会有这样的困惑：如何找到生涯人物？即使身边有这样的人，他们愿意接受自己的访谈吗？生涯人物访谈的另一个好处是拓展自己的人际关系网，那么，想想看，在校大学生有那么多已经毕业的师哥师姐，还有专业老师，实际上他们不都是很好的访谈资源吗？根据在校大学生做职业咨询的经验，大多数有多年工作经验的人非常愿意帮助大家认识各种工作的特点，所以大胆地开口就好，毕竟这关系到你未来的发展。

我们身处一个资讯发达的时代，搜寻工作信息的方法有很多，例如，行业展览会、信息面试、角色扮演等都是不错的途径。对于工作世界的探索，只有方法是不够的，关键还要做到有心，随时留意周围的信息。一次谈话、一份身边的广告单，都可能帮助你逐渐建立起对工作世界的了解。另外，对于工作世界的探索只有太晚，没有太早。

附【实训任务：职业生涯人物访谈】

职业生涯人物访谈报告书

学院：_____ 班级：_____ 姓名：_____ 学号：_____

一、访谈对象基本信息

姓名： 年龄： 职业： 工作年限：

教育背景（学历、专业、相关培训）：

当前职位及所在公司：

第一份工作是什么：

如何进入该行业的：

职业发展过程中有哪些关键转折点：

是否经历过职业转型：

原因是什么：

二、职业现状与工作内容

当前工作职责：

主要工作内容是什么：

工作的一天是怎样的：

工作中最核心的技能或能力是什么：

工作中最大的挑战是什么：

如何应对：

行业与公司情况：

所在行业的发展趋势如何：

未来5~10年会有哪些变化：

当前公司的企业文化、晋升机制、薪资福利如何：

三、职业发展经验与建议

职业成长关键因素：

哪些经历或技能对职业发展帮助最大：

是否有过失败或挫折，如何克服的：

是否有导师或关键人物影响职业发展：

对于刚入行的新人，有哪些建议：

如何保持竞争力，需要持续学习哪些技能：

未来5年的职业目标是什么：

四、行业认知与未来展望

行业趋势与机会：

该行业未来的就业前景如何，哪些岗位需求较大：

人工智能、数字化等新技术对行业的影响：

是否有新兴职业或岗位值得关注：

个人职业价值观：

如何看待工作与生活的平衡：

职业发展中最看重的是什么：（薪资、成长、成就感等）

五、其他补充问题

是否有其他想分享的经验或建议：

如果有机会重新选择职业，会做出哪些不同选择：

【访谈注意事项：提前了解受访者背景，准备个性化问题。提出开放性问题，鼓励受访者分享真实经历。记录关键信息，便于后续整理分析。】

第四章 职业决策

学习目标

【知识目标】了解职业生涯发展阶段；掌握职业生涯适应方法；提高个人职业发展综合素质和能力。

【技能目标】能够确定自己职业发展的阶段，掌握职业素养提升的方法，通过小学期实践和企业实习锻炼自己的职场适应能力。

【思政目标】要将国家的建设规划与个人职业选择相联系，如科技创新、区域协调发展、构建消费大市场等因素。将自身理想、能力、专业优势与社会大环境相匹配，学会"以人为镜，可以明得失"，征求他人意见，并对意见进行科学的筛选，有助于更好地评价自己，制定出切合实际的目标。

第一节 职业信息收集

通过第二章的学习，我们从自我探索中找到了我想做、我适合做、我能做、我期待做的职业，通过第三章的学习，我们了解了职业世界现状。但是最后的职业选择，不仅仅看的是"我"，还要看该种职业的社会需求。因此，我们不但要了解职业的具体信息，还要了解宏观职业世界的现状。对宏观职业世界的了解可以帮助我们从容地面对激烈的竞争，提前做好心理、技能等方面的准备，以积极姿态应对所面临的各种情况，做好求职准备。职业世界信息的实时性很强，因此我们在应用这些信息时应当注意其时效性。

一、搜索解读信息

（一）搜索信息

经过第一章和第二章自我探索的学习、第三章职业世界的认识，我们对未来要从事什么职业已经有了相对明确的方向。要进一步明确最适合怎样的工作，我们需要通过网络搜索的方式查看意向岗位的招聘信息。

➡ 1. 网络搜索渠道有以下四种

（1）针对刚离校毕业生的求职渠道，如应届生求职网以及微信公众号平台"应届生求职网订阅号"等。

（2）面向所有求职者的求职渠道，如中国公共招聘网、58同城、前程无忧、智联招聘、Boss直聘以及全国各省、市、区人社部门开设的招聘网站等。目前，大部分招聘网站已实现微信公众号同步，我们可通过关注这些网站或微信公众号平台获得相关信息。

（3）公司网站、行业网站或微信公众号求职通道。如果已有心仪的公司或者行业，抑或我们所读的专业有对口的公司或者行业，那么我们可以直接登录公司或行业网站查找岗位招聘信息。通常这类公司有比较完善的招聘体系、专门的招聘通道。同样，相应的招聘信息也会同频发布在对应的微信公众号上。

（4）其他求职渠道。除网站、微信公众号外，可以通过手机App和微信小程序获取信息，如猎聘、领英等。此外，我们还可以通过公司内部员工推荐、企业参访、校园宣讲等方式获取招聘信息。

➡ 2. 岗位搜索看似简单，但实际操作并不那么容易，具体分两种情况

对于已明确意向岗位的，可直接在招聘渠道中输入岗位名称进行搜索查找；而对于有明确意向公司的，可以通过招聘网站或该公司网站查找适合自己的岗位。

对于没有明确意向岗位或意向公司的，可以采取以下方式：

（1）通过专业或专业所对应的行业进行搜索。可以将专业作为关键词进行查找。当然，也有可能在招聘渠道上没有查到与专业完全对应的岗位，此时可以扩大专业范围，比如，把对外汉语专业扩大到文科，把机械自动化专业扩大到理工科，把会计专业扩大到商科等。

而有些专业本身自带行业属性，比如，数控技术专业、模具设计与制造专业等，几乎可以直接对应到制造业以及智能制造业的相关工作。因此，对于这类自带行业属性的专业，可以直接通过相关行业进行岗位搜索。

（2）通过工作年限或相关工作经验进行搜索。可以将工作年限或相关工作经验作为关键词搜索意向岗位，如"工作年限三年以内"或"相关工作经验一年以内"等，然后从中筛选出符合意愿的岗位，再与自身其他条件进行匹配。

（3）通过交通线路进行搜索。我们选择职业往往也会考虑交通便利等因素，因此在不太明确意向岗位时，可以通过交通线路进行搜索。比如，离家单程公交车1小时以内、地铁沿线、交通工具换乘少等。

（4）通过行政区域进行搜索。除交通线路外，还可以通过行政区域进行岗位搜索。比如，可以选择在家邻近的行政区域或者偏爱的行政区域内进行搜索，再进一步确认搜索出来的岗位是否符合自己的意向。

（5）通过分析自身能力进行搜索。可分析自身职业能力，将其作为关键词进行岗位搜索。比如中文专业毕业生一般具有写作能力、理解能力、表达能力、策划能力，以这些能力为关键词进行搜索，会出现策划、编辑、市场营销、新媒体等岗位信息。我们可以由此梳理意向岗位。

深度链接

> 一般通过"招聘渠道+岗位搜索"的组合方式，我们大致可以确定意向岗位，此时可以梳理出3~5个"我最想从事的意向岗位"，以便为后面的职业目标和职业决策做好准备。

（二）解读信息

岗位招聘信息通常由岗位职责和任职要求两个基本部分构成。我们对招聘信息的解读也应从这两个方面入手。

▶ 1. 解读岗位职责

岗位职责，又称工作职责或工作内容等，是指胜任这个岗位所需要具备的能力，通常以描述岗位具体工作内容的形式呈现。

我们要在岗位职责信息中辨别出岗位的职位目的，分解出岗位的关键成果领域，确定岗位的职责目标，从而解析出岗位日常所需的具体知识和能力要求，与我们具备的知识和能力进行匹配，为简历制作以及面试模拟做好准备。

企业往往会在招聘信息中透露出它们对岗位的期待、岗位在企业中的作用以及企业未来发展战略，这些都是我们需要格外关注、尽可能捕捉到的内容。

2. 解读任职要求

任职要求，又称任职资格或岗位要求等，是指为保证岗位工作目标实现，对任职者必须具备的基本知识、技能和个性等方面的要求，常常以学历、专业、工作经验、工作技能等形式加以表达，是能进入该岗位的基本门槛，通常包含隐藏的能力要求。

任职要求一般由行为能力与素质要求两部分组成。行为能力包括所需要的知识、技能和经验等，素质要求则是指与岗位相符合的动机、个性、兴趣与偏好、价值观、人生观等。

3. 解读其他信息

岗位招聘信息中的其他信息同样值得关注，包括公司的背景、隐含在岗位要求中的工作量、工作节奏以及工作自由度等信息，需要解读出来。

（1）解读公司介绍信息。公司介绍信息往往透露着公司业务范围、其在行业中的地位、公司规模、发展历史、企业文化等，可以帮助我们了解自己与企业以及与岗位之间的契合度，也能为我们进入公司后做好职业规划提供依据。

（2）解读薪资福利。有些岗位对任职要求不高，甚至没有学历要求，但薪资福利往往会反映这个岗位在公司里所处的地位和对应聘者能力的要求。比如，一些销售类的岗位，看似没有入职门槛，但薪资福利由"底薪+提成"组成，若这个岗位本身所在的行业易受季节或天气影响，我们就可以根据这些信息判断工作报酬是否稳定，再冷静思考这个岗位是否适合作为意向岗位。

（3）解读招聘人数。一般企业招聘信息中会列出岗位要招聘的人数。有些岗位所在行业比较热门，招聘人数又比较少，就意味着岗位竞争比较激烈，我们需要进一步分析如何让自己在众多竞争者中被招聘方看到。而有时企业招聘人数多也有可能反映出行业竞争激烈、产品更新速度快，比如，互联网行业中常有"在互联网行业工作一年相当于在一般企业工作三年"的说法，这就意味着这个行业工作节奏快、工作强度大。

（4）领导交办的其他工作。很多招聘信息中往往会加上一句"领导交办的其他工作"。这往往有四层含义：一是该岗位所在部门有可能是一个辅助支持部门，会有临时性工作安排，与其他部门工作交集会比较多；二是该岗位的工作可能会有些不可预见性，会有需要处理突发或紧急事件的情况；三是该岗位职能定位可能尚不清晰，需要在实际工作中不断完善；四是该岗位可能有一定的自由度和灵活机动性，工作地点可能不固定等。

因此，客观解读岗位招聘信息的含义，做到心中有数，在岗位搜索中是非常重要的。

表4-1 投递城市人数分布TOP20及其期望平均年薪

2023届应届生投递人数排名	城市	收到应届生投递人数占比（%）	排名较上届变化	应届生期望平均年薪（万元）
No.1	上海	10.20	不变	22.45
No.2	深圳	8.38	上升+2	21.15
No.3	北京	8.05	下降-1	24.29
No.4	广州	7.21	下降-1	16.77
No.5	杭州	6.93	不变	17.27
No.6	苏州	4.73	上升+2	16.66
No.7	成都	4.64	下降-1	15.25
No.8	南京	4.01	下降-1	16.14
No.9	武汉	3.48	不变	15.34
No.10	重庆	2.69	不变	13.44
No.11	西安	2.60	不变	14.35
No.12	长沙	2.30	不变	15.49
No.13	天津	2.15	不变	14.09
No.14	合肥	2.11	不变	15.73
No.15	青岛	1.79	上升+1	15.55
No.16	佛山	1.75	上升+1	19.61
No.17	郑州	1.66	不变	14.48
No.18	东莞	1.48	不变	20.85
No.19	宁波	1.13	上升+1	17.55
No.20	无锡	1.08	上升+1	18.09

注：全国2023届应届生期望平均年薪为17.43万元。

数据来源：猎聘大数据。

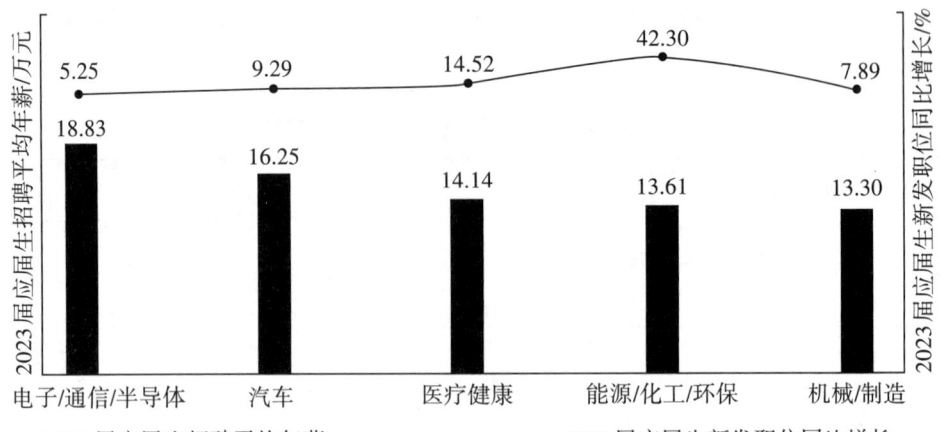

图 4-1 2023 届应届生一级行业新发职位同比增长 TOP5 及其招聘平均年薪

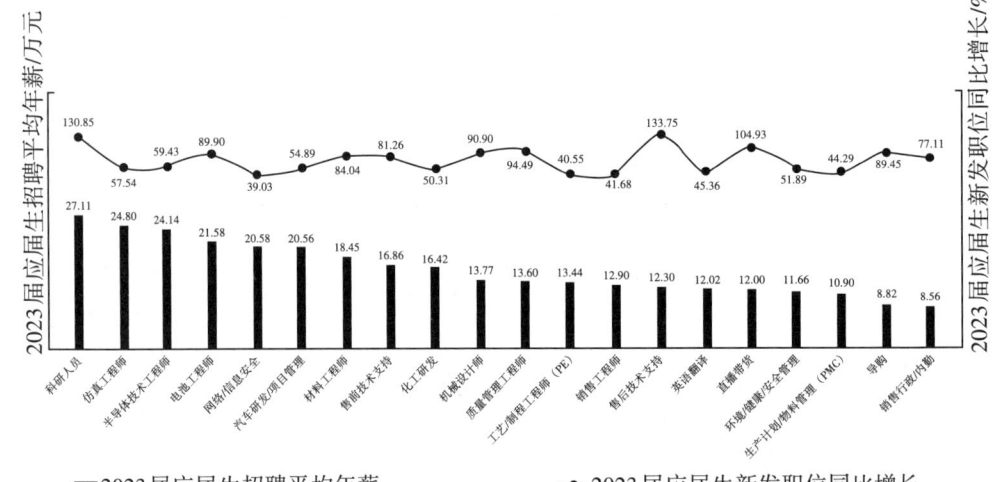

图 4-2 2023 届应届生三级职能新发职位同比增长 TOP20 及其招聘平均年薪

二、影响职业选择的因素

（一）劳动力市场对职业选择的影响

1. 结构性失业问题突出

由于我国正在对经济结构进行重大调整，相应地，劳动力结构必然要同步调整，这就不可避免地导致结构性失业，同时它意味着"劳动供给过剩和短缺并存"，失业不是因为缺乏就业机会，而是合格的劳动力不足。从地区分布看，东部沿海发达地区和大中城市劳动力需求相对旺盛，而西部地区需求不足。非正规就业岗位比例增加，适合高校毕业生就业的、相对高端的就业岗位不足。多数新增毕业生的就业岗位层次趋于下降，薪酬、福利减少。以高校毕业生为代表的新增劳动力正在取代下岗失业人员成为中国就业压力的最大来源之一。

深度链接

> 失业可以分为三类：结构性失业、周期性失业和摩擦性失业。结构性失业主要是由经济结构（包括产业结构、产品结构、地区结构等）的变动造成劳动力供求结构失衡所诱发的失业，其特点是劳动力供求总量大体相当，但存在结构性的供求矛盾，职位空缺与失业并存，失业时间较长。周期性失业是由国民经济的波动导致的，与经济周期相一致，是长期的。摩擦性失业是劳动者在正常流动过程中产生的失业，是短暂的。结构性失业和摩擦性失业在一般的经济学里面被归结为自然失业，是不可避免的，但是也不足为惧。

➡ 2. 信息化、全球化时代带来的国际化人才竞争

信息技术的高度发展缩短了全球各个国家间的距离，使经济资源在全球范围内进行重新组合和配置。一方面，20世纪90年代以来，越来越多的跨国企业进入中国，随之而来的外国籍员工带来更大的人才竞争压力；另一方面，中国的企业开始向国外发展，从"世界工厂"到"中国制造"，再到"中国创造"，企业的国际化势必要求员工具备国际化视角与素质。

➡ 3. 产能过剩、经济波动和贸易摩擦所引发的就业风险增加

投资增长过快、结构不合理引发的产能过剩以及能源、纺织、房地产、汽车等行业供求关系的变动，都将直接或间接地对就业增长产生影响。另外，经济增长方式的转变要求整顿甚至关闭一些高耗能、高污染企业，国际贸易摩擦加剧，会对国内就业形势产生负面影响。

（二）教育环境对职业选择的影响

教育是赋予个人才能、塑造个人性格、促进个人发展的社会活动。它奠定了一个人的发展基础，对人的生涯有着巨大的影响。受教育程度不同的人，在职业选择与被选择时的表现不同，体现在职业的开端与适应期是否良好，还关系到以后的发展、晋升是否顺利。

人们所学的专业，对于其职业生涯也有着决定性的影响，往往在其职业生涯前期乃至一生都产生重要影响。由于教育程度、学科门类、毕业院校及教育思想的不同，受教育者的思维模式也不同，他们会以不同的态度对待自己、对待社会、对待职业选择与职业生涯的发展。

学校是知识的海洋，是文明的摇篮，是人才的基地。学生生活在校园里多年，知识的获得、能力的培养、思想的培育、习惯的形成等都离不开学校。高校学生社团文化是大学校园文化中不可或缺的一部分，学生社团工作经历有助于大学生进行自我认识和定位，提高求职竞争力，有利于大学生进入社会顺利转变角色。总的来说，学校对学生的成长有着巨大的影响，学生时刻受其熏陶。近朱者赤，良好的学校环境更能造就优秀的学生。

（三）家庭环境对职业选择的影响

职业生涯发展与家庭背景关系密切。家庭是人们生活的重要场所，人们的价值观、行为模式都会受到家庭生活和家庭成员潜移默化的影响。每个人的成长环境决定了他们的价值观和行为模式，而这些对他们的职业选择、就业机会都大有影响。

首先，家庭教育方式不同，他们认知世界的方法就不同；其次，父母的职业是孩子最早观察模仿的对象，孩子必然会受到父母职业技能的熏陶；最后，父母的价值观、态度、行为、人际关系等对个人的职业评价及职业选择产生直接或间接的深刻影响。因而，我们常常看到艺术世家、教育世家、商业世家等。

此外，职业生涯的每一个阶段都与家庭因素息息相关。家庭成员的观点、意见对一个人的工作绩效有着举足轻重的影响。已婚人士肩负的家庭责任是个人职业生涯发展的强大动力，这一点在男性身上体现得尤为明显；而家庭压力过大或生活负担过重也会牵制、影响员工的工作和学习，这一点在女性中体现得更为突出。

（四）政策因素对职业选择的影响

▶ 1. 国家、地方政府、学校就业政策

毕业生就业政策是国家根据一定时期内的基本路线、方针制定出来的，它体现了一定时期社会发展的需要，是人力资源配置的具体准则。这就决定它必然成为毕业生在就业过程中所遵循的基本规范。国家教育行政管理部门每年都要下达做好当年普通高等学校毕业生工作的通知，这是当年毕业生就业的指导性文件，用人单位、学校和毕业生都必须遵照执行。

各地政府也会在国家总的就业政策范围内根据本地区实际情况制定一些相

应的区域性规定。同时，为合理引导毕业生就业流向，各所高校制定了一些毕业生就业的规定及实施细则。这些政策、规定主要是为了宏观调控和规范就业市场。

2. 就业市场的约束

我国现行的毕业生就业制度是在国家就业方针、政策指导下，毕业生在一定范围内双向选择、自主择业。无论是哪一种，都要在就业市场运作下完成。大学生择业时一方面受到就业市场运作程序和规范的约束，另一方面无论是双向选择还是自主择业（本质上也是双向选择）都是选择与被选择的关系。选择的双方不是谁必须服从谁的问题，而是双方在相互满足对方需要的基础上达成的一种契约关系。这就摆脱不了政策的导向、调控和约束。比如，挑选毕业生单位的劳动用工政策、吸引人才的政策、发达地区和中心城市的引进人才政策等。另外还受市场竞争机制的制约。

3. 招生计划和培养过程中的契约关系的约束

我国培养模式除国家计划外，还有定向委培等，按招生时的契约，定向委培生必须回委托单位或定向地区就业。还有在培养过程中享受专业奖学金或是已与用人单位达成培养或使用协议的毕业生，在择业时必须按契约或协议执行。

4. 其他政治因素

除大学生就业政策的直接影响外，劳动人事制度中诸如人才流动、工资、公务员制度等，以及社会职业结构调整的有关政策，都会对大学生职业产生直接或间接的影响。

此外，影响大学生职业选择的社会因素还有社会舆论、父母及亲友的意见、老师的参谋作用、传统的性别观念等。

三、职业选择的标准

（一）工资收入水平

一般来说，人才的价值应该在经济收入上表现出来。大学生择业时常把工资收入水平作为重要的因素来考虑。工资收入高的跨国公司或外国企业是很多毕业生的首选。但是，大学生在择业时要目光长远，绝不能一味追求高工资而忽视其他选择因素。

(二) 个人兴趣与爱好

能否发挥个人特长，是否符合个人兴趣、爱好，是广大毕业生关注的重要问题。大学生只有在职业选择与个人状况匹配合理时，才能够"干一行，爱一行"。

(三) 单位的地理位置

大学毕业生择业考虑的另一个问题是工作单位所处的区域。很多人首先考虑的是大城市，其次是沿海开放城市或经济发达地区。选择在大城市、沿海开放城市就职有一定的优越性，生活方便、条件优越，再学习、再深造的机会多。但是也应该考虑到，这些大城市的大公司、大机关人才济济，专业人员齐备，毕业生锻炼的机会较少，容易受压抑。边远地区和中小城市的工作单位虽然条件较差，比较艰苦，但由于缺乏人才，对大学生极为重视，毕业生的才能有充分发挥的余地。

(四) 单位性质

很多大学毕业生受社会舆论对职业评价的影响，会考虑用人单位的性质。据调查，一些毕业生选择单位性质的顺序依次为政府机关、金融机构、高等学校、国有企业、外资企业、合资企业、民营企业。

(五) 就业单位的发展前景

毕业生的发展情况与所在单位的发展前景密切相关，因此许多毕业生注重单位的发展前景，既看眼前，又顾及长远。

(六) 继续深造的条件和机会

大学生从学校毕业时，知识面还是有限的，要想在今后求得发展，有所作为，必须在工作中继续学习，补充新的知识。因此，择业时很多人要考虑用人单位是否具备学习深造的条件和机会。

(七) 发展机会

毕业生到用人单位工作后，在预期时间内可以取得什么样的业绩或晋升到什么职位，这可以根据该单位的发展前景、人事管理制度和培训计划机制等做出判断。

四、职业选择的原则

（一）符合社会需要的原则

大学生在选择职业时，首先要把社会需要作为出发点，将个人的意愿和社会需求结合起来、统一起来。以社会对自己的要求为准绳，去观察、认识问题，进而决定自己的职业岗位，当个人利益与国家利益、集体利益发生冲突时，要顾全大局，服从社会需要，服从祖国需要。我们在选择职业时应首先立足于社会需要的全局。

深度链接

社会需要，是指社会作为一个整体或以整个社会为单位而提出的需要。社会是由人构成的，所以社会需要本质就是人类要求，它反映的是人类需要的共性模式，是体现全社会共同利益和愿望的需要，是对人类个体需要的集中和概括。社会需要的整体性，使得满足社会需要的各种职业活动也具有整体性。尤其是在我国这样一个以公有制为基础的社会主义国家，每一项职业活动的成就都渗透着其他职业活动的贡献，社会的每一步发展，都是各种职业活动共同作用的结果。当前我国经济建设发展的重点是能源、交通、原材料、通信、军工、农林等部门；大力发展第三产业是我国经济发展的一项战略决策；我国正在实施西部大开发战略，西部地区急需大量的建设人才。这些行业、部门和地区，势必成为我国人才需求的主要市场。

虽然大学生在决定自己从事什么样的工作、生活在什么样的环境里这一重大决策中考虑个人因素是无可非议的，但自主择业是相对的、有条件的，并非可以不顾社会需要，一味地追求"自我设计"。如果符合社会需要，这种选择就有了充分实现的可能；反之，则选择可能是不恰当的，职业理想就难以实现。社会的发展、科技的进步、经济的繁荣，都需要合格的大学生为之去奋斗。在现实生活中，个人需要的内容无论怎样多，个人需要的结构无论怎样复杂，它总是受到现实社会要求的制约。人们正是通过不同的职业活动，在满足社会需要的同时满足着个体的需要。

（二）发挥个人素质优势的原则

在确定了职业选择首先要服从社会需要的前提下，选择者应主要遵循发挥个人素质优势的原则。职业选择时，求职者和职业选择目标的最佳契合点，一方面是求职者素质达到或超过了职业的要求，另一方面职业选择的目标适合自身素质的发挥。即我们常常讲的人尽其才、才尽其用。

深度链接

> 职业素质是一个人从事某一项职业的最主要因素。所谓职业素质,也就是从事该职业的人所必须具备的条件。不同的职业,甚至同种职业的不同岗位对职业素质的要求都是不尽相同的。人与职业是否适应,主要是看人的职业素质是否达到职业对人的要求。显然,人的素质不能达到职业素质的要求,便不能很好地完成职业所要求达到的目标;如果人的素质远远超过了职业要求,则会大材小用,造成人才浪费,有时甚至会耽误人的发展。

发挥个人素质优势主要包括以下三个方面。

1. 发挥专业所长

大学生经过大学阶段的学习,不仅具有较为扎实的基础知识,而且具有一定的专业知识。因此,在选择职业岗位时,要从所学专业特点出发,做到专业基本对口。这样就可以在职业岗位上发挥所长,大显身手。

2. 发挥能力所长

同一专业的同届毕业生,由于个人的情况不同,能力也有差异,根据不同的能力选择不同的职业岗位,是充分发挥个人素质优势的最佳体现。比如,有的人语言表达能力较强,适合搞教学、宣传工作;有的人设计能力较强,适合从事设计工作;有的人研究能力较强,适合搞科研;有的人组织能力较强,适合从事领导或管理工作;还有的人文字表达能力较强,适合从事文秘、编辑等工作。由此可见,根据自己的能力所长选择职业岗位,既是胜任工作的需要,也是发挥个人最大潜力、进行创造性劳动的需要。否则,事与愿违,功不成、业不就,就会贻误事业与前程。

3. 适当考虑性格特点

就性格本身来讲,它并不能决定一个人的成才方向和成就的高低。同一性格的人,有的可能很有作为,有的则可能一事无成。性格相异的人也可能在同一领域、同一职业中成才。但是,在选择职业岗位时,适当考虑自己的性格特点,充分发挥性格所长是十分必要的。比如,在职业活动中,有的人用理智衡量一切并配合行动,这样的人就适合从事基础理论研究工作;有的人很有主见,并善于发现问题和解决问题,这样的人就较适合从事科学研究或领导工作。

所以,大学生在职业选择时,要充分考虑发挥素质优势的原则。这样做,将有利于缩短大学生的适应期,从而促进其劳动积极性的提高,增强其成就感;既有利于其自尊心和自信心的增强,也有利于其个人的进一步发展。这样做不仅体现了人尽其才、才尽其用的原则，而且体现了对职业负责、对社会负责的精神品质。

（三）有利于成才的原则

在职业选择原则中，如果说服从社会需要是前提，发挥素质优势是标准，那么，有利于成才则是职业选择的最高原则。

人才是劳动者中掌握现代科学技术技能、具有创新能力、能够进行创造性劳动的那一部分人。诚然，大学生毕业时已具备了一定的基本素质，形成了一定的潜力，这无疑是成长为人才的基础条件。但能否成为人才，还要看其是否获取了超过一般人劳动的创造性的劳动成果。这就是说，要成为人才必须通过劳动创造，而劳动创造又与人的主观能动性和客观条件有着直接的关系。从主观方面讲，环境、机遇、人际关系等都是影响人才成长的重要因素。客观环境能否为创造性劳动提供条件，将直接影响人才的成长及作用的发挥。

因此，渴望成才的大学毕业生，既要树立正确的成才观，又要在职业选择时努力把握好有利于成才的原则。

毕业生在选择职业时，不能只看眼前实惠，而不看企业发展前景；不能只看暂时困难，而不看企业的未来；不能只图生活安逸，而不顾事业的追求。选择职业时，要站得高、看得远，放开视野，厘清思路，把自己的命运紧紧地和祖国的命运联系在一起，找到自己的最佳位置，牢牢地把握好职业选择的主动权。

（四）主动选择，争取及时就业的原则

近年来出现了部分大学生毕业之后不能及时就业的现象。此种现象的出现既有社会方面的原因，也有毕业生自身方面的原因。大学毕业生不能及时就业，不仅造成了人才的闲置与浪费，不利于社会人才资源的合理配置和社会的稳定，而且会给学生及家长造成沉重的心理负担和一定的经济压力，不利于毕业生的身心健康、事业发展和家庭幸福。这个问题必须由高校、社会用人单位、毕业生各方共同努力才能得到有效的解决。

对于求职择业期间的大学生来说，自身必须把握力争及时就业的原则。一是要调整职业选择的心态，合理设定就业期望值，注意克服脱离现实、盲目攀比等心理情绪的干扰，避免因自身择业观念导致有岗不上、有职不任的待业情况。二是要加深对职业流动的认识，改变"一次就业定终身"、对初次就业过

度谨慎的观念，避免错失及时就业的机会。三是要采取顽强竞争、不怕挫折的态度，积极主动地探寻就业机会，避免在消极等待中延误就业时间。

同时，大学毕业生在职业选择中不能消极等待，而应主动出击，积极参与。

深度链接

这里所说的主动选择，主要包括以下三个方面。

一是主动参与职业岗位竞争。竞争机制的引入，冲击着各行各业，也冲击着人才就业市场。竞争使人们增加了紧迫感和危机感，也增加了责任感。从某种意义上说，职业岗位的竞争，就是靠才华、靠良好的素质去争得一份比较理想的职业。二是主动了解人才供求信息和规格要求。社会对大学生的要求在不断变化，因此主动了解用人单位对人才规格的要求和需求信息，对有的放矢地选择职业岗位有着重要意义。三是主动完善自己。大学生应根据社会需要，加强学习、主动提高、完善自己，以尽快适应新的工作岗位。

（五）分清主次的原则

在就业选择过程中，毕业生面临的选择是多方面的，比如单位性质、工作地点、工作条件、生活待遇、职业发展前景、发展方向等，不可能每项都符合其心愿，重要的是在择业过程中怎样权衡利弊，分清主次，做出抉择，切不可因一味求全、急功近利、好高骛远而失去良机。

深度链接

在职业目标制定中还常用到两个工具：STAR目标制定法和SMART目标制定原则。

STAR目标制定法：

S—Situation（情景）、T—Task（任务）、A—Action（行动）、R—Result（结果），可用于结构化面试、简历填写、复盘等场景。STAR法则在实际面试过程中，适用于单面和群面。

（1）Situation（情景），描述你身处于某个环境：什么时间、什么地点、什么背景；

（2）Task（任务），描述你需要完成的任务：什么任务、要达成的目标是什么、完成任务的其他要求；

（3）Action（行动），完成任务的路径是什么：具体做了什么、使用了什么工具、克服了什么困难；

（4）Result（结果），最终的结果是什么：获得了什么成就、有什么认知，最好把结果量化。

SMART目标制定原则：

S—Specific（具体的）、M—Measurable（可衡量的）、A—Achievable（可实现的）、R—Relevant（相关的）、T—Time-bound（有明确截止期限的）。比如，张同学制定了一个职业目标：毕业后3年内，成为海南物流行业优秀职业经理人或分区经理主管。

拓展练习-课堂作业

认识我的意向岗位

名称	岗位意向：
求职意向1	薪资范围（税前）：□3000元以下　□3000~3999元　□4000~4999元 　　　　　　　　　□5000~5999元　□6000元以上
	工作区域：□地铁沿线_____号线　□行政区域_____区 　　　　　□特色地标_____　　　　□其他_____
	工作班时：□做五休二（周末双休）□做五休二（非周末双休）□做一休一 　　　　　□两班制（翻班）　　□三班制（翻班）　　□其他_____
	其他偏好：
名称	岗位意向：
求职意向2	薪资范围（税前）：□3000元以下　□3000~3999元　□4000~4999元 　　　　　　　　　□5000~5999元　□6000元以上
	工作区域：□地铁沿线_____号线　□行政区域_____区 　　　　　□特色地标_____　　　　□其他_____
	工作班时：□做五休二（周末双休）□做五休二（非周末双休）□做一休一 　　　　　□两班制（翻班）　　□三班制（翻班）　　□其他_____
	其他偏好：
名称	岗位意向：
求职意向3	薪资范围（税前）：□3000元以下　□3000~3999元　□4000~4999元 　　　　　　　　　□5000~5999元　□6000元以上
	工作区域：□地铁沿线_____号线　□行政区域_____区 　　　　　□特色地标_____　　　　□其他_____
	工作班时：□做五休二（周末双休）□做五休二（非周末双休）□做一休一 　　　　　□两班制（翻班）　　□三班制（翻班）　　□其他_____
	其他偏好：

第二节　职业决策分析

对意向岗位招聘信息进行解读后，我们就要开始做职业决策分析了。我们可以使用职业决策平衡单来进一步探索自己与岗位的匹配度。

一、决策风格与类型

决策是一件不容易的事情，但同时是一件无法回避的事情。我们从早晨醒来到夜晚入睡，都在不断地做着决定。比如如何安排这一天的时间，穿什么衣服，做哪方面工作，读什么书，与什么人交往，等等。当你清晨听到闹钟响起，考虑是继续睡下去还是立即起床的时候，你就已经在做选择。生活中充满了成百上千个关于日常琐事的决定。可见，决策是不可避免的、不断发生而又有点难度的人类活动。充实、精彩、成功的人生是千万个选择累积的结果。

通常，一个决定对你越重要，决策也就越困难。在日常生活中，选哪部电影，逛超市的时候随手扔进购物车的物品等，这些是寻常的决定，而选择一份职业、挑选人生伴侣却非常重要，这些寻常决定的方式不适用于重大决定的制定。因此，制定科学的学习方法，理性地进行职业规划与决策非常重要。

（一）决策与职业生涯决策

决策是根据所获信息做出选择的过程，任何决策都是承前启后的。

我们认为，决策就是对未来实践的方向、目标及实现这些方向、目标的原则和方法所做的分析与选择。广义上说，决策是人们为了实现一定目标所做的行为设计及选择。狭义上说，决策就是决定政策和策略，是人们为了实现某个目标，制订行动方案并加以优化选择的过程。

深度链接

决策制定是根据决策人的喜好对多种选择进行甄别的过程。我们面临各种抉择，而最终选择的往往是最符合我们的生活方式、目标、价值观及人生经历的那个。决策是为了把握方向、明确目标。通过决策，可以避免混乱的场面，充分整合资源进行积极行动，使得方向始终坚定，目标有序实现。当你觉得难以做决定时，可以问自己下面这些问题：

①我的哪些假象影响了我的决定？
②我对这些决定有哪些感受？
③我为什么总是重复那种阻碍自己做出决策的行为？
④要想出备选方案，我还需要进一步获取哪些信息？

职业生涯决策是综合个人对自己认知、环境认知、职业认知等因素的判断，在面临职业决策情境时所做出的各种反应，如职业目标的确定、职业发展通道的规划与设计、行动策略的制定。

每个人的职业发展都是千姿百态的，没有完全相同的职业发展路径。进行职业生涯决策，有助于大学生把握自己的职业发展方向，明确自身的职业发展目标，从而确保自己沿着目标不断前进。

（二）决策风格

丁克里奇（Dinklage，1966）提出，人们通常采用以下几种决策模式：

①痛苦挣扎型（agonizing）：有些人会用很多的时间和精力来收集信息，确认有哪些选择，向专家询问，反复比较，却迟迟难以做出决定。他们常爱说的一句话是："我就是拿不定主意。"出现这种情况时，收集再多的信息进行分析比较也无济于事。需要弄清的是他们被一些什么样的情绪和非理性信念困住了，比如，害怕自己做出错误的决定、追求完美等。

②冲动型（impulsive）：与"痛苦挣扎型"相反，有的人遇到第一个选择就紧紧抓住不放，不再考虑其他的选择或进一步收集信息。他们的想法是："先决定，以后再考虑。"比如先找到一份工作做了再说。冲动的决策方式可能是出于对困难的回避，不愿意花时间和精力去探索。这种方式风险太大，等看到有更好的选择时自然追悔莫及。

③直觉型（intuitive）：有些人将自己的直觉感受作为决定的基础。他们通常说不出什么理由，一味表示："就是觉得这个好。"人们在择友时常常采用这样的决策方式。直觉在人们对环境情况无法获得充分信息的时候会比较有效，但它有可能不符合事实，有时候，我们的判断可能会因自身先入为主的偏见而

产生较大的误差。因此，我们不能仅仅将直觉作为决策的依据。

④拖延型（delaying）：这些人习惯将对问题的思考和行动都往后拖延，"过两天再考虑"是他们的口头禅。大学生常见的"我还没有准备好工作，所以打算先考研"，就是这种方式的体现。拖延型的人心中暗暗抱有这样的希望：也许事情过几天就自动解决了。然而，问题并不会自动解决，有时候甚至会越拖越严重。如果你现在不知道该怎么找工作，那么读完研究生也未必就能知道。

⑤顺从型（compliant）：这样的人倾向于顺从别人的计划而不是独立地做出决定。他们常说："只要他们都觉得好，我就觉得好。"比如，很多大学生一窝蜂似的争取出国、进外企、考研、参加各种培训班，只因为"大家都这样做"。从众的人固然在追随群体的过程中获得了一种虚假的安全感，但忽略了自身的独特性，这造成他们的选择在很大程度上并不适合自己。他们在不必费心思考的同时，牺牲了对生命可能有的满足感。

⑥瘫痪型（paralytic）：有时候，个体可能在理性上接受了应当自己做决定的观念，却无法开始决策过程。他们知道自己应该开始了，可在内心深处总笼罩着"一想到这事就害怕"的阴影。事实上，他们无法真正为决策和决策的后果承担责任，而这种害怕承担责任的心理可能又源于家庭在其成长过程中长期的不当教育方式。

拓展练习

你在生活中采取过哪些决策模式？你最常用的是哪种？

根据对"自己"和"环境"认知的多少，还可以将上述几种决策类型做如下划分，见表4-2。

表4-2　决策类型

名称		自己	
		未知	已知
环境	未知	困惑和麻木性决策 痛苦挣扎型、拖延型、瘫痪型	直觉性决策 冲动型、直觉型
	已知	依赖型决策 顺从型、宿命型	信息性决策 计划型

以上这几种类型的决策模式，根据情景和其后果重要性的不同，会产生不同程度的作用。比如，我们常常用"冲动"的方式决定晚餐点什么菜或买下一

件新衣服，其后果不会对我们的生活造成太大的影响，反而有可能给自己或他人带来惊喜。我们也常常用"直觉"的方式交到很好的朋友。但是，这些决策模式一旦用在一些重大的决定当中就不适宜了，往往会导致懊悔、耽搁时间、浪费精力等后果。就像你没有想好要买什么或不确定你的购买标准是什么就去逛街，结果往往是一回家就后悔买了一堆自己不要或不是真正喜欢的衣物。买衣服尚且如此，更何况职业选择？在表4-2中，我们可以看出，这些决策模式都存在对自己或环境的"未知"因素。在有很多"未知"因素的情况下决策，显然容易导致结果超出自己预期，令人不满意。

二、决策挑战与阻碍

决策为什么那么难？这是因为决策总是具有风险性，要求我们为其后果承担责任；同时，影响决策的因素相当复杂，而且其中有相当多的阻碍。

▶ 1. 决策的风险与责任

前面我们已经说过，我们在日常生活中无时无刻不在做决定。那么，决定可以分为哪几类呢？

（1）确定无疑的决定

所有的选择及各种选择的结果都是清楚明白的决定。比如，一幢教学楼有左右楼梯，而上课的教室位于大楼的右侧，从右边的楼梯上楼到教室要近一点，那么去该教室上课的同学可能就会选择走右边的楼梯。

（2）有一定风险的决定

这时有多种选择，虽然每种选择的后果不完全确定，但个人在一定程度上知道可能会有什么样的选择和结果。比如，一个大学生决定中午在食堂吃什么，因为他天天都在这个食堂吃饭，他大体上知道食堂提供的饭菜滋味如何，是否适合自己的喜好。但有一些饭菜，他从来没有品尝过，另外食堂师傅的炒菜水平也可能有波动，因此对于各种选择的结果并不能完全确定。

（3）不确定的决定

对于有哪些选择，各种选择相应会产生什么样的结果，几乎完全不清楚。比如，你想投资炒股，但是你对股票完全不懂，对股市行情不能判断。

生活中的决定大多不会是第一种，而多属于第二种，也就是说，有可能获得一定的信息，做出某种预测。当我们面临第三种决定时，最好先尽可能地去搜集一些信息，以便把它变成第二种决定。比如，我们通常会看看饭馆里的人多不多，以此作为对其饭菜质量的一种评判。而职业规划的目的，也正是尽可能地搜集信息，并以一种理性的方式做出决策，将第三种决定转换为第二种决定，降低风险。

从决定的分类中，我们可以看到，在做决定时，通常不可能拥有全部的信息。也就是说，大多数决定有预测的成分，具有不确定性和风险。如果我们对一件事做决定，就意味着我们要为该决定的结果承担责任。可是，我们无法确保决策的结果总是有利的，我们总有犯错误的可能，所以这种责任也必然伴随着一定程度的焦虑和不安。

决策的风险使很多人采取了听天由命、随大溜或让父母等他人做主的方式，来逃避对决策结果所要承担的责任。但这样的人在逃避决策和责任的同时，逃避了自由。因为世上万事，几乎总是有这样那样的风险。不冒风险的人可以逃避挫折和悔恨，但同时他丧失了学习、感受、成长变化、生活和爱的机会。其实，生活中最危险的事就是不去冒险。被"稳定"和"安全"锁住，这个人就变成了奴隶。只有敢于冒险的人，才是自由的。无怪乎有人说："不得不在各种不同的行动方案之间选择，是为自由而付出的代价。"

2. 决策的复杂性

决策为难的另一个原因是它的复杂性——有诸多因素可能会影响到我们的决策。著名的职业辅导理论家克朗伯兹（Krumblotz，1979）将影响个人职业决策的因素划分为四类：

（1）遗传和特殊能力

个人得自遗传的一些特质，如种族、性别、外表特征、智力、个人天赋等，在某种程度上决定了个人的职业表现或影响到个人的职业生涯。例如，在现阶段的大学生就业中，性别因素仍然不可否认地影响到求职者是否有机会参与面试和被录用。而身高、体形、健康状态等先天条件在诸如模特、文艺工作者、军人等职业的招募当中也占据了重要的地位。

（2）环境和重要事件

包括人类活动（如社会、文化、政治、经济、家庭、教育活动）的影响和自然力量（如自然资源的分布或自然灾害，如地震、洪水以及干旱等）的影响。很显然，家庭的社会经济地位（偏远农村还是沿海城市，是不是贫困家庭）、家庭对于个人的期望（如是否重视教育）、所在地区的教育水平等，都会在很大程度上影响到个人的求学背景和发展机会。而像改革开放这样重大的社会政治经济变革，也极大地改变了社会中千万人的人生轨迹。

（3）学习经验

这里所说的"学习"是广义的学习，即每个人在日常生活中不断积累的经验和认识。例如，一个孩子在与小伙伴玩耍的过程中，发现如果自己愿意与伙伴们分享玩具，别人就会更乐意跟自己玩。那么，这个孩子可能由此学会了"分享"与"合作"。而如果父母总是为自己的孩子包办一切，不允许他有自己独立的想法或喜好，那这个孩子就学到了"不负责任"的行为模式。这样的孩子到该独立进行职业决策的时候，就很难承担决策的责任，也没有自己的主见。再如，某小学生恰好遇上了一位特别和蔼可亲、循循善诱的数学老师，于是对数学产生了浓厚的兴趣，对教师这一职业也怀有美好的向往。在成年后，他最终选择数学教师作为自己的终身职业。由此可见，每个人在其成长过程中都积累了无数的学习经验，个体的学习经验是独特的，而这对于个体的职业生涯选择又具有重要的影响。一个人是自信还是自卑、敢于冒险还是畏惧变化，他怎样看待他人，他对于教师、医生、警察等各种职业有些什么样的印象，他更看重工作带来的成就感还是与家人相处的时间……这一切，无不与个人的学习经验有关。

（4）任务取向的技能

受到上述种种因素的作用，个人在面临一项任务时，会表现出特定的工作习惯、解决问题的能力、心理状态、情绪反应和认知过程，这称为"任务取向的技能"。比如，面对找工作这件事情，同一个班里所有的同学都没有经验，都感到犯怵。但其中有的人可能会积极地面对困难，会想到利用学校就业指导中心所提供的各种信息和资源（如选修职业生涯规划课程、听讲座、参加学校组织的各种考察实践活动等），向自己的亲友、老师和高年级的同学请教，之后会开始探索和思考自己的兴趣、能力，并着手联系实习的机会。这样，当他们到了大四的时候，已经对自己和劳动力市场都有了相当的认识，也积累了很多信息和资源，可以说是胸有成竹了。而另外一些人一味地拖延，不去面对困难，直到大三或大四时才开始着急，或寄希望于自己的某个亲戚能够帮助找到一份工作，或埋怨学校不帮助毕业生联系就业单位，最后草草找个工作了事。在这个过程中，不同的人所表现出来的心态、习惯和能力，其实反映了他们不同的任务取向的技能。

在克朗伯兹所说的这四类影响职业决策的因素中，前两类因素（遗传和环境）都在个人的控制之外，而后两类因素（学习经验和任务取向的技能）是个人在成长过程中可以不断积累和更新的。克朗伯兹认为，上述四种因素交互作用的结果，形成了个人对自我和世界的推论或信念。这些推论不一定完全正确，要视个人的学习经验是否丰富而定。但是，人们往往会以偏概全，在一两次深刻经历的基础上得出一些刻板的印象和先入为主的偏见，这就是所谓的"非理性观念"。例如，由于某次住院时遭到医生的粗暴对待，就认为现在的医生都唯利是图，从而在职业选择上排除了医生；又如，因为家庭经济的困窘，就牢牢记住了"没钱就会让人瞧不起"，从而在职业选择上将收入作为考虑的首要标准。

这些非理性观念的不合理之处在于绝对化。"应该""必须"这样的表述方式都体现了观念上的束缚，将个人的选择限制在狭小的范围内，缺乏弹性，最终阻碍了个人长久健康的发展。在真实情景中，人们也许不会做如此绝对化的表述，或者即使持有这种观念，可能在理性上也同意它们是不合理的，只是在潜意识中仍然相信这些想法并且据此做出判断和行动。例如，有的人会希望所有人都喜欢自己，所以如果别人做什么事或搞什么活动没有叫上自己，他就会觉得郁闷。在他的内心深处，可能存在"只有当所有人都喜欢我，我才是有价值的"这样的观念。

对于非理性观念，如果你能对其做适当的调整，改为"我希望如此（而非"应该"或"必须"如此），但如果不能实现，我也能接受"，则你的认识可以更加切合实际，更有利于你的健康发展。

平时你是否也有类似上面列举的想法呢？请回想一下，你通常对自己、他人、世界和职业生涯发展有些什么样的看法？这些观点是建立在什么样的事实基础上的？它们是否绝对化、以偏概全？你是否愿意保持开放的态度，能够接受与你观点不同的事实？

在平时生活中，你可以有意识地多审视自己的观念，看看它们是否合理，有没有对你的职业生涯发展造成阻碍。你还可以与他人谈论或阅读相关书籍。不断反思和更新自己的观念，这是个人成长的重要内容之一。

职业阻碍就是任何使人难以实现某一职业目标的障碍或挑战。它分为内部阻碍和外部阻碍两种。内部阻碍就是那些存在于我们自身的障碍，通常我们对之有较大的控制力，比如焦虑、拖拉等。外部阻碍则来自外界，是我们难以控制的，如就业中存在的重男轻女现象。但我们往往会把外部阻碍想象得过多、过大，这也是我们上面讲到的非理性观念的一部分，这实际上属于内部阻碍。

在职业生涯决策中，我们需要明辨内部阻碍和外部阻碍，才能采取相应的对策。正如中世纪一位哲人所祈祷的那样:"请赐给我宁静的心,去接受我不能改变的一切;赐我勇气,去改变我所能改变的一切;并赐我智慧,去认清这二者之间的分别。"

三、决策困难原因分析

个人出现决策困难的情形,通常分为三种:

①职业生涯不确定。这是正常的发展性问题。大学生还处在职业生涯探索阶段,在以前的学校教育中又缺乏与职业生涯规划相关的内容,造成大学生普遍不了解自己的兴趣或能力、价值观不清晰、缺乏关于工作环境的信息等状况,因此难以进行生涯决策。这种情况通常只要得到关于自我认识、工作环境介绍等相关的信息即可解决,而这可以通过选修职业生涯规划课程、阅读相关书籍、参加社会实践活动等实现。

②职业生涯犹豫。这是由个人特质引起的,如个人兴趣与能力有差异、个人偏好与社会期待有冲突、价值观受到环境条件限制及非理性职业生涯观念桎梏等。比如,有的人由于自信心低落,极大地阻碍了对于职业的憧憬与选择;有的人虽然做出了初步选择,却感到非常焦虑;还有的人,虽然经过多方的探索,在职业兴趣方面却仍然相当混乱;等等。这一类的学生需要较长时间的职业生涯辅导,甚至是心理咨询和治疗,才能够帮助他们提升自我价值感,增进对自我的肯定和信任,并在此基础上提高他们的决策能力。

③非理性信念与刻板印象。我们在成长的过程中会基于成长和社会背景形成一些对事物不合理的认识和信念。比如,一旦下了决定就不能改变;每个人终身只能有一个适合的职业;不能做出决定,说明自己还不够成熟;我会按照家人或者老师的期待去做决策。这些都是不合理的信念。

练习题:

回想迄今为止,你在生活中所做的5个重大决策及影响因素,并填写表4-3。

表4-3 你的决策风格及影响因素分析

决策分析	决策1	决策2	决策3	决策4	决策5
事件					
目标或当时情景					
你所有的选择					

续表

决策分析	决策1	决策2	决策3	决策4	决策5
你做出的选择					
你的决策方式					
对结果的评估					
影响决策的遗传与特殊能力					
环境和重要事件					
学习经验					
任务取向技能					

第三节 职业决策方法

世上万事，总是有这样或那样的风险。笑，有被人视为傻瓜的风险；哭，有被人视为懦弱的风险。不冒风险的人可以逃避挫折和悔恨，但同时丧失了享受成长、感受生活的机会。只要我们搜寻尽可能多的决策信息，再加上正确的决策方法，就能制定合理目标，确定可行方案，优化行动路线，无限靠近目标。

决策方法有很多种，下面介绍几种职业生涯规划领域常见的决策方法。

一、计划性决策：CASVE循环

在进行重大决策时，我们为了降低风险，要尽可能充分地考虑到决策所涉及的多方面因素。推荐使用计划型决策，它由沟通（Communication）—分析（Analysis）—综合（Synthesis）—评估（Valuation）—执行（Execution）五个步骤组成，其英文缩写为"CASVE循环"。

（1）沟通。个人发现理想与现状有差距，意识到问题的存在。这一步是决策的开始。个人如果没有意识到自己的需要，则后面的步骤都无从谈起。比如，许多大学一年级的学生，常常觉得职业生涯规划离自己还很遥远，认为找工作是大三大四的事，自己才大一，只要好好学习就够了。只有当他们具备了职业生涯规划的意识，了解到找工作不是一蹴而就的事情，才会开始产生这方面的需求，从而进入职业决策的下一阶段。

（2）分析。将问题的各个组成部分相互联系起来，对现状进行评估，了解自己和自己可能的选择，对所有的信息进行分析。这当中还包括确认要做出的决定——决定的性质、具体的目标、决策的标准等。很多人将目标与达成目标的手段混淆，比如为了学历而读书，但实际上学历只是手段，就业才是最终目的。如果没有弄清楚自己的目标（如出国或者考研是为了什么），就开始盲目行动，必然不会有好的结果。可以说，分析是决策过程中最容易出现问题的阶段。许多人倾向于用简单化的方式得到结论，直接跳到行动步骤，而未能真正弄清问题的关键，也未能收集充足的信息。

（3）综合。在分析的基础上，个人形成可能的解决方法并进一步收集相关信息，确认自己的选择。需要注意的是，不要在没做探索之前就匆忙决定，这样会将自己的选择面限制得很窄。在职业生涯规划中，我们提倡先列出个人的职业前景清单（通常要列出至少10个可从事的职业），打开视野，充分地看到自己所拥有的可能性，再在收集信息的基础上适当压缩（至少3~5个最后选项）。

（4）评估。从可行性和满意度两个方面评估信息，并按评估结果对所有选择进行排列，得出最终的选择。比如，可以将所有的重要价值观列成表作为评判的标准，并按每一项对所有的选择进行加权计分，最后按总分排序。具体的方法请参看后面的"决策平衡单"练习。

（5）执行。根据自己最终的选择制订计划，采取行动。需要注意的是，决策是一个循环的过程，也就是说，在行动之后，还需要对自己的决定及其结果进行评估，由此可能进入新一轮的决策过程。

二、决策分析法：SWOT

SWOT决策分析法是一种常见的职业决策工具，它是指在职业选择过程中通过对自己的优势（Strength）、弱势（Weakness）、机会（Opportunity）、威胁（Threat）进行分析，对各种机会进行评估，以便选择最佳决策方案的一种职业评估和选择方法。其中，优势和弱势是针对个人自身特点而言，机会和威胁主要指外部的环境因素，包括社会、行业和组织内部环境等（见表4-4）。

表 4-4　SWOT 样表

内部因素	优势（Strength）	弱势（Weakness）
外部因素	机会（Opportunity）	威胁（Threat）

▶ 1. 优势分析

● 我最优秀的品质有哪些？

● 我曾经学习了什么？

● 我做过什么？

● 我最成功的是什么？

主要分析自己出色的地方，特别是相较于竞争对手而言的优势因素。

深度链接

优势分析首先是分析"做过什么"，即已有的人生经历和体验，如在学生组织担任过什么职务，曾经参与或组织的实践活动，获得的奖励等。这些可以从侧面反映出一个人的素质。在自我分析时，要善于利用过去的经验，以利于推断、选择未来的工作方向。其次是分析"学习了什么"，如从专业课程学习、职业技能培训、自学中获取了哪些知识与技能，有什么专长。大学里学习的专业知识也许在未来职业中派不上大用场，但专业思想和专业技能也经常是职业方向的决定因素。最后分析的是"最成功的是什么"，你可能做过很多事情，但最成功的是什么？为何成功？是偶然还是必然？通过分析，可以发现自我性格优势。

▶ 2. 弱势分析

● 我的性格弱点是什么？

● 我在经验和经历方面欠缺什么？

● 我最不擅长的是什么？

● 我最失败的是什么？

弱势主要是指与竞争对手相比处于落后的方面。

深度链接

性格弱点的表现有不善交际、感情用事等。一个独立性强的人常会忽略与他人的合作，而一个优柔寡断的人难以胜任决策者的角色。卡内基曾说，人性的弱点并不可怕，关键对其要有正确的认识，尽量寻找弥补、克服的办法，使自我趋于完善。

3. 机会分析

- 对社会大环境的认识与分析。
- 外部环境分析。
- 人际关系分析。

机会在这里是指有利于职业选择和职业发展的一些机会。

深度链接

> 机会分析首先是对社会大环境的认识和分析，主要考虑当前社会的政治、经济、科技、文化发展趋势是否有利于所选职业的发展；其次是对自己所选组织或单位的外部环境进行分析，分析组织或单位在本行业中的地位和发展趋势、面对的市场、有无职位空缺、需要具备哪些条件等；最后是人际关系分析，分析哪些人可能对自己的职业发展有帮助、作用大小、持续时间、如何保持联络等。

4. 威胁分析

- 关注存在潜在危险的方面。

威胁分析主要是对潜在的危险进行分析，比如单位的效益、领导层的变化、同事的竞争等是否会对自己造成不利甚至构成威胁。

通过这样——分析，步步追问，一幅清晰的职业生涯机会前景图就呈现在我们面前。要注意的是，运用SWOT进行职业生涯机会评估时，要尽可能考虑全面，权衡各种发展机会，然后从中选出最佳方案。

三、职业决策平衡单

1. 决策平衡单考虑因素

我们从个人的物质、他人的物质、个人的精神、他人的精神四个方面来考虑，如表4-5所示。

表4-5 决策平衡单考虑因素

平衡单	物质	精神
个人	失/得	失/得
他人	失/得	失/得

2. 职业决策平衡单是一种计算工具

在选择工作时，将考虑的因素进行罗列，按重要性区分每个因素的权重，依据分值进行打分，最后将每个因素的加权分数相加，得出的分数即可作为我们职业决策的依据。一般来说，职业决策平衡单中的权重分值为1~5分（1为最低分，5为最高分），分数值为1~10分（1为最低分，10为最高分），通过罗列10个考虑因素，我们可以对自己的意向岗位进行决策分析。

工作是生活的一部分，很多工作要素与我们的日常生活密切相关。而这些要素在每个人心里的比重各不相同，我们需要将这些要素罗列出来，梳理出对自己最重要的10个要素，再做进一步详细分析。我们可以以在意向岗位工作一天的生活状态为例，制作一份意向岗位考虑因素罗列表，详见表4-6。

表4-6　意向岗位考虑因素罗列表

考虑因素	考察点	是否能接受
起床时间	岗位要求的上班时间	
穿衣要求	岗位是否有着装要求，具体要求是什么	
早中晚餐	工作场所是否允许吃早餐，企业是否提供用餐（免费、补贴、自费）	
路程时间	单程路程所能承受的最长时长	
交通工具	自行车、电动车、公交车、地铁等	
工作环境	办公室、厂房、仓库、门店等	
薪酬要求	企业提供薪酬的最低接受范围	
福利要求	对福利的基本要求	
上升空间	职业生涯发展路径	
公司发展前景	公司在领域内的排位及发展前景	
外语使用率	所学语种在工作中使用的频率	
专业吻合度	工作内容与所学专业的契合度	
工作人物交集	工作中与人打交道的次数是否比较多	
工作时间	常规的工作时间，还是特殊的工作时间	
培训	企业是否有培训机制，能提供学习成长的机会	
加班	为确保工作进度，工作结束后或者休假日是否愿意投入工作	

我们需要从表4-6中选出10个自认为最重要的考虑因素，先从经济水平、自我成长、工作环境、企业发展4个维度剔除无关因素，再对梳理出来的10个重要因素给出权重分值和分数值。职业决策平衡单可以协助我们系统分析每一个意向重要岗位，判断各因素的利弊得失，然后依据各因素的加权分数总分值确定各意向岗位的优先顺序，以选择总分值最高的意向岗位。

▶ 3. 在岗位搜索环节

我们已经梳理出5个"我最想从事的意向岗位"，经过表4-6的梳理，我们需要从中挑出3个意愿较强烈的岗位，放入职业决策平衡单作进一步分析。

使用职业决策平衡单的步骤：

（1）列出3个意向岗位。

（2）在选择工作的众多考虑因素中罗列出前10个考虑因素。

（3）根据10个考虑因素，对应到3个意向岗位并分别给出权重分值和分数值。

（4）将各因素的权重分值和分数值相乘，计入各加权分数一栏中。

（5）分别统计3个意向岗位的总分值。

（6）根据统计结果，按总分值高低确定3个意向岗位的优先次序，可作为我们职业决策的依据，即将总计1、总计2、总计3由高到低排序。职业决策平衡单样表见表4-7。

表4-7 职业决策平衡单样表

选项		意向岗位1		意向岗位2		意向岗位3	
考虑因素	权重	分数	加权分数	分数	加权分数	分数	加权分数
因素1							
因素2							
因素3							
因素4							
因素5							
因素6							
因素7							
因素8							

续表

选项		意向岗位1		意向岗位2		意向岗位3	
考虑因素	权重	分数	加权分数	分数	加权分数	分数	加权分数
因素9							
因素10							
总计			总计1		总计2		总计3

注：权重打分1~5，意向岗位分数为1~10，加权分数为"权重×分数"。

一般来说，每个岗位都有其特殊性，因此同一个考虑因素会因岗位不同导致权重发生变动。通过职业决策平衡单对3个意向岗位总分值进行比较，最终可以找到相对最适合自己的岗位。

深度链接

岗位匹配大会

经过职业决策平衡单的一番梳理，我们已经确定了意向岗位，但这个意向岗位是否经得起推敲，我们内心从事这个岗位的意愿是否经得起考验，或许需要再次确认。于是，有条件的话，建议采用"自我分析→同伴分析→集体分析"的方法，秉持"自助、互助、他助"的理念，以召开岗位匹配大会的方式，进一步厘清意向岗位，最终做出合理的职业决策。

（一）岗位匹配自我分析与互评

在完成职业决策平衡单时，岗位匹配自我分析就已经完成了一半。此时，我们需要再次追问自己，这样筛选出来的意向岗位是否是自己向往且符合内心需求的。

我们可以和身边的家人、朋友、同学分享分析结果，听取他们对这样选择的建议，进一步了解意向岗位对我们的未来会有怎样的影响，以及在他们眼里意向岗位是否同样适合我们。

（二）岗位匹配大会集体分享

当身边有团队时，可以召开岗位匹配大会，把我们的想法在团队里做集体分享。这样的目的有三个：一是可以加深对岗位的理解，确认我们的意愿；二是让团队的成员从不同角度评估我们与意向岗位的适配度；三是找到在探索意向岗位过程中的困惑点或盲点，确认是否选择开启另一段职业探索。

课堂练习

表4-8 我的岗位匹配表

公司名称		公司岗位		公司性质	
公司地址		招聘信息来源			
联系人姓名		联系人电话		投递简历邮箱	
工作内容（岗位职责、任职要求、薪资待遇）					
发布日期		招聘人数		填表日期	
最终是否接受该岗位		接受理由		拒绝理由	
下一步行动					

第五章　职业生涯发展与管理

学习目标

【知识目标】了解职业素质、职业精神、职业能力的内涵与特征,掌握职业素质的分类、职业精神的构成、职业能力的内容。

【技能目标】通过本章内容的学习,学会整合职业素质、凝聚职业精神、提高职业能力的方法和途径。

【思政目标】介绍现阶段企业对于人才的要求,力图使大学生对当前的职业环境有一个清醒的认识,企业对于人才的要求除了对口和扎实的专业知识,还要有积极主动、谦虚谨慎、吃苦耐劳的态度,使学生明确培养职业素养的意义,从而规划自身的职业素养培养路线,更好地适应职场,转变角色,获得职业生涯的良好发展。

职业生涯发展涵盖理论学习、自我认知、职业认知以及决策行动计划等内容,这些都是在校期间同学们需要掌握的。而真正的职业生涯管理必须到职场中践行,通过真实场景检验我们的认知和计划是否正确,不断调整目标并重新规划行动。为了让自己的职业生涯发展更加顺利,个人需要尽早了解职业生涯发展的阶段、掌握职业生涯适应的方法、提高个人综合素质和能力。

职业生涯管理阶段不仅需要持续提升职业素养和职业能力,还需要明确职业发展阶段,以便从未来看现在,从现在规划未来。在校大学生正处于积累知识、提高能力和健全人格的黄金时期,面对毕业后竞争激烈的就业市场和未来人生事业的空白画卷,进行职业素质的提升意义重大。已经就业的从业者,仍然不能停止职业素质提升,因为整个职业生涯是持续发展的。

第一节 职业生涯阶段

莎士比亚发现,在人生的旅途中,每个人都会或多或少经历几次重大的变化。戏剧《皆大欢喜》里形象地描绘了他对人生七个阶段的看法。这七个阶段承载了人们从婴儿期到中年期再到老年期的种种表现。他的发现实际上提示我们,人生是有规律可循的,我们可以根据人的生理特点和心理特点,将一个人的一生分为不同的阶段。

本节包含了个人生命周期理论、职业生涯阶段理论以及职业生涯规划步骤。这是从校园走向职场需要了解和掌握的基本生命阶段理论。这些理论既有西方学者埃里克森、莱文森、金兹伯格、萨柏、施恩、格林豪斯的职业生涯阶段理论,也有我国古代教育家孔子、当代学者廖泉文、职业生涯规划专家古典的职业生涯阶段理论。

一、个人生命周期理论

(一)埃里克森对生命发展周期的研究

埃里克森(Erik Erickson)是最早研究个人生命周期理论的学者之一,他认为人的心理发展共有八个阶段。这八个阶段的生理年龄期分别是婴儿期、学龄前、适龄期、儿童期、少年期和青春期、青年期、中年期、成熟(老年)期,见表5-1。每个阶段个体都有"危机",这种危机是刺激人成长或阻碍人发展的基础,具体情况由该阶段的结果而定。例如,婴儿的学习和生存全靠他人。在良好的环境下,婴儿会对父母和其他人建立起信任。如果环境不好,婴儿就会对世界产生不信任感,且终身难以消除。每个阶段中正面经历与负面经历的比重大小会决定最后结果的性质。

表5-1 埃里克森的八个生命发展阶段模型

年龄阶段	发展阶段
婴儿期0~1岁	基本信任或不信任
学龄前1~3岁	自信或害羞、怀疑

续表

年龄阶段	发展阶段
适龄期4~6岁	创造或捣乱
儿童期7~11岁	自立或自卑
少年期和青春期12~18岁	懂事或不懂事
青年期19~28岁	亲和或孤僻
中年期29~54岁	多谋善断或故步自封
成熟（老年）期55岁~	乐天知命或怨天尤人

埃里克森模型的最后三个阶段与成人期及职业的关联度最为密切。成人期早期的主要使命是发展亲和关系，真正承担起对他人和组织的义务。如果这一时期没能培养并保持这种亲和关系，年轻人就会产生孤僻感，同时缺乏爱心。到了中年期，发展"多谋善断"（指导年轻人）的能力就变得相当重要了，这种能力可以通过为人父母或为人师长而获得。这一时期如果没有完成这一任务，人们就会产生失落感。到了晚年，人们需要理解和接受人生的终极意义，否则就会面临在遗憾中告别人世的危险。

埃里克森对人生和职业发展研究有两大突出贡献：一是他指出了人生各阶段的基本次序，认为早期阶段的失败会影响到以后的发展；二是他区分了成年期发展的三个关键使命——亲和力、多谋善断、乐天知命。这些使命与个人的职业发展有着显著的关系。

（二）莱文森对成年人生命发展的研究

莱文森（Levinson）通过对美国40位男性和45位女性的传记式研究，提出人的生命周期有四个阶段：成年前、青年期、中年期、老年期。每个时期都由稳定期和转型期交替组成。稳定期通常持续6~7年，人们追求能够实现其人生重要价值的使命。稳定并不是指安静不变，而是指人们试图建立满意的生活结构类型。由于生活结构不可能永远合乎自己的心意，因此就需要有一个转型期，对已经建立的生活结构进行重新评价，考虑是否做出改变。转型期一般持续4~5年。表5-2揭示了成年人生命周期的四个阶段，以及稳定期和转型期相互交错对个体人生发展的重要影响。

表5-2 莱文森的生命周期阶段划分

发展阶段	子阶段	年龄	使命
成年前	早期转变阶段	17~22岁	走出少年时代，在成人社会找到合适位置
青年期	青年期早期	22~28岁	尝试不同角色，建立稳定的生活结构
	30岁转型期	28~33岁	对自己的生活结构进行评价和定位
	青年期后期	33~40岁	寻找合适环境，实现梦想
中年期	40岁中年转型期	40~45岁	对自己的生活结构进行再评价、再定位
	中年前期	45~50岁	建立满意的生活结构，开展多样化的事业
	50岁转型期	50~55岁	解决中年期出现的问题，发展新使命
	中年后期	55~60岁	构建适合中年期剩余岁月的生活方式
老年期	老年转型期	60~65岁	为最后的生命做准备，获得生命的完整感

莱文森将人的发展分为四个时期。他认为人生的使命和事件的发生是有一定顺序的，任何人都会按顺序经历每个阶段，而这些阶段与年龄有着密切的关系。他的结论对研究成年人问题具有重要的指导意义，尤其是他提出的三个生命阶段（早期、中期和晚期）理论为我们提供了一个有意义的、可供借鉴的职业生涯发展结构。

（三）孔子对人生发展阶段的划分

孔子在《论语·为政篇》中论述了自己的人生观点："吾十有五而志于学，三十而立，四十而不惑，五十而知天命，六十而耳顺，七十从心所欲不逾矩。"我国学者辛立洲认为，孔子的这一思想是将人生分为七个阶段：

第一阶段，从学前期，即从出生到15岁。这段时期人的心智逐步形成，开始学习生活中的基本知识。这一时期的学习主要靠家长的安排或受外界环境的影响，通常并非主动学习。

第二阶段，立志学习和社会实践时期，即从15岁到30岁。与从学前期相比，这一阶段的学习更为主动、积极，且已与个人志向相结合，是有目的的学习和实践阶段。

第三阶段，而立时期，即从30岁到40岁。这一时期人的心智已完全成熟，懂得了许多道理，并且在经济和人格上开始独立。

第四阶段，不惑时期，即从40岁到50岁。经过多年的学习与实践，个人已形成独立的见解，不会被外界事物迷惑，办事不再犹豫，行为果断。

第五阶段，知天命时期，即从50岁到60岁。丰富的人生经验可以让人认识自然规律，懂得自己的人生使命。

第六阶段，耳顺时期，即从60岁到70岁。个体在这一阶段总结经验，能够冷静地倾听别人的意见，分真伪、辨是非。

第七阶段，从心所欲、不逾矩时期，即70岁以上。从心所欲并非为所欲为，更不是为非作歹。处于这个阶段，能够做到言行自由，同时并不违背客观规律和道德规范。

从上述个人生命周期理论的研究我们可以看出，成年人的生活和职业相对来说是按部就班发展的。个体在青年时期、中年时期、老年时期会面临不同的使命和挑战：青年时期的特点是长大成人、专心学习、专心工作，在成人世界中"安身立命"；中年时期往往要对自己的生活局面重新评价，考虑如何为社会做出持久的贡献；老年时期则需要考虑自己一生的意义和价值。与此相呼应，个体的职业发展一定会经历不同的阶段，各个阶段也一定会面临不同的职业发展任务。

（四）古典的职业生涯发展阶段理论

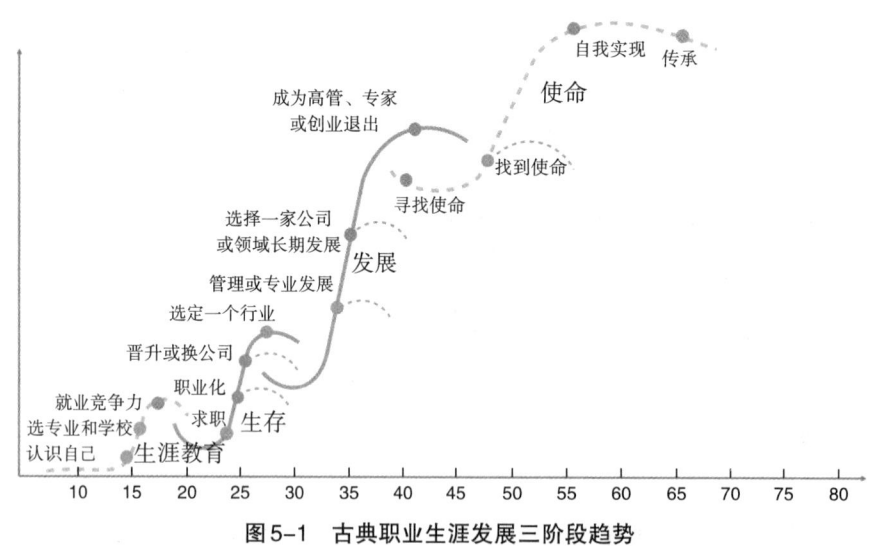

图 5-1 古典职业生涯发展三阶段趋势

古典将职业发展划分为生存期、发展期、事业期三个阶段。

（1）生存期：经济独立，站稳脚跟。

核心目标：实现经济独立，满足基本生存需求。

特点：刚步入职场，缺乏经验和资源；以薪资为主要导向，从事可能不理想但能谋生的工作；积累基础技能，适应职场规则。

关键任务：快速学习行业知识，掌握岗位技能；建立职业习惯（如时间管理、沟通协作）；逐步脱离对家庭的经济依赖。

（2）发展期：能力突破，追求成长。

核心目标：提升专业能力，实现职业跃迁。

特点：经济压力缓解，开始关注长期发展；寻求晋升、跳槽或跨界机会，扩大影响力；可能面临"职业天花板"或转型焦虑。

关键任务：深耕专业领域，成为行业专家或管理者；拓展人脉资源，探索多元可能性；平衡短期收益与长期价值，明确优势方向。

（3）事业期：自我实现，创造价值。

核心目标：追求人生意义，实现社会价值。

特点：物质需求淡化，更关注内心使命感；可能创业、投身公益，或将经验传授他人；工作与生活深度融合，以兴趣和意义驱动。

关键任务：整合资源，打造个人品牌或事业平台；通过工作影响他人，解决社会问题；平衡事业与身心健康，避免过度消耗。

值得注意的是，生存期之前还有一个生涯教育阶段，大概是出生到成年之间，这一阶段的核心任务是认识自己，做好学习规划，为生存期奠定基础。生涯教育理念在今天得到越来越多的父母、老师和专家学者的关注。在职业发展前，做好生涯教育尤其重要，生涯教育的开展与质量也决定了职业生涯的质量和发展。

二、职业生涯阶段理论

个体的职业生涯发展要经历若干阶段，只有了解不同阶段的特征、发展规律和重点任务，才能更好地促进个体的职业生涯发展。下面着重介绍比较有影响的五个职业生涯阶段理论：金兹伯格的三阶段理论、萨柏的五阶段理论、施恩的九阶段理论、格林豪斯的五阶段理论和廖泉文的"三三三"理论。

（一）金兹伯格的三阶段理论

美国著名职业指导专家、职业生涯发展理论的先驱和典型代表人物金兹伯格对职业生涯发展进行过长期的研究。他研究的重点是从童年到青少年阶段的职业心理发展过程。他将职业选择视为一个不可逆转的过程，这个过程可以清晰地划分为几个标志明确的时期。在这个过程中，个体在希望与可能之间做出一系列妥协，这也是职业选择过程的特征。这个过程可以分为幻想期、尝试期和现实期三个阶段。

（1）幻想期，此阶段为11岁之前。这个时期，儿童对外界的信息充满好奇，特别是对他们所看到的或接触到的各类职业工作者，如教师、护士、警察、军人、飞行员、演员、售货员等产生兴趣，幻想着长大成为什么样的人，并在游戏中去扮演他们所喜爱的角色。这时期的职业需求仅由自己的兴趣爱好决定，并不考虑自身的条件、能力和机遇，完全处于幻想之中。

（2）尝试期，此阶段为11~17岁。这一阶段为接受初等和中等教育，并由少年向青年过渡。此时期的职业需求体现为，个体不仅注意自己的职业兴趣，还客观地审视自身各方面的条件、能力和价值观，开始注意职业角色的社会地位、社会意义，以及社会对该职业的需求。

尝试期又可以分为四个阶段：11~12岁是兴趣阶段，个体开始注意并培养对某些职业的兴趣；13~14岁是能力阶段，开始以个人的能力为核心，衡量并测验自己的能力，并将其表现在各种相关的职业活动上；15~16岁是价值观阶段，逐渐了解自己的职业价值观，并能兼顾个人与社会的需要，以职业的价值特点选择职业；17岁是综合阶段，将上述三个阶段进行综合考虑，并整合相关的职业选择资料，以此来正确了解和判定未来的职业生涯发展方向。

（3）现实期，此阶段为17岁以后的青年和成年期。这一时期，个体即将步入社会参与劳动，能够客观地把握自己的职业愿望和要求，将其与自己的主观条件、能力以及社会现实的职业需要密切联系和协调起来，寻找适合自己的职业角色。这一时期的职业需求不再模糊不清，已有具体的、现实的职业目标。

现实期又可以分为三个阶段：试探阶段是根据尝试期的结果，进行各种试探活动，试探各种职业机会和可能的选择；具体化阶段是根据试探阶段的经历作进一步的选择；专业化阶段是依据自我选择的目标，做具体的就业准备。

金兹伯格的职业生涯阶段划分，针对的是个体早年就业前职业意识或职业追求的变化与发展过程。金兹伯格的职业生涯阶段理论对实践产生过广泛的影响。

（二）萨柏的五阶段理论

美国职业心理学家萨柏将职业生涯阶段理论扩大到整个人生，他根据布尔赫勒（Buehler）的生命周期理论和列文基斯特（Lavighurst）的发展阶段论，提出了职业生涯发展五阶段理论。该理论关于职业生涯发展各阶段的具体内容如下：

（1）成长阶段。该阶段为14岁之前，属于认知阶段。在这一阶段，个体通过对家庭成员、老师、朋友的认同和相互作用，逐步建立起自我概念，并经历从对职业好奇、幻想到感兴趣，再到有意识地培养职业能力的过程。这一阶段可以分为幻想期、兴趣期和能力期三个子阶段。其中，10岁之前是幻想期。儿童从外界感知到许多职业，对自己喜爱的职业充满幻想并进行模仿。11~12岁为兴趣期，个体以兴趣为中心，理解、评价职业，并开始做职业选择。13~14岁为能力期，个体开始考虑自身条件与喜爱的职业是否符合，并有意识地进行能力培养。

（2）探索阶段。该阶段为15~24岁，属于学习打基础阶段。在这一阶段，个体将认真地探索各种可能的职业选择，对自己的能力和天赋进行现实的评价，并根据未来的职业选择做出相应的教育决策，完成择业及最初的就业。这个阶段又具体分为三个时期。其中，15~17岁是试验期。个体综合认识自己的兴趣、能力，考虑自己的职业社会价值、就业机会，开始对未来职业进行尝试性的选择。18~21岁是转变期。个体正式步入劳动力市场，或者进行专门的职业培训，由一般性的职业选择转变为有特定目标的选择。22~24岁是尝试期。个体选定工作领域，开始从事某种职业，对职业发展目标的可行性进行实验。

（3）确立阶段。该阶段为25~44岁，属于选择、安置阶段。在这一阶段，个体经过早期的试探与尝试后，最终确定稳定的职业，并谋求发展。这一阶段又分为三个时期。其中，25~30岁是尝试期。个体对最初就业选定的职业和目标进行反省，如有问题则需要重新选择，变换职业。31~44岁为稳定期，此阶段的目标是寻求职业及生活的稳定。个体在30~40岁中的某一时期可能会发现自己并没有向自己的职业目标靠近或者发现了新的目标，因而需要重新评价自己的需求和目标，这时就处于一个转折期，这一时期就称为职业中期危机阶段。

（4）维持阶段。此阶段为45~64岁，属于升迁和专精阶段。这一阶段个体长时间从事某一职业，在该领域已占有一席之地，达到所谓"功成名就"的境地，已不再考虑变换职业，只力求保住所处位置，维持已取得的成就和社会地位。此阶段的重点是维持家庭和工作间的和谐关系，传承工作经验，寻求接替人选。

(5) 衰退阶段。此阶段为65岁之后，属于退休阶段。个体达到65岁以上，临近退休时，其健康状况和工作能力逐步衰退，即将退出工作，结束职业生涯。因此，这一阶段要学会接受权利和责任的减少，学习接受新的角色，适应退休生活，以减缓身心的衰退，维持生命力。

萨柏以年龄为轴，对个体职业生涯阶段进行了划分。但是，现实生活中职业生涯是一个持续的过程，各阶段的时间并没有明确的界限，其经历的时间长短常因个人条件的差异及外在环境的不同而有所不同。

（三）施恩的九阶段理论

美国著名职业管理专家施恩教授根据人的生命周期特点及不同年龄阶段的职业发展所面临的问题和任务，将职业生涯划分为九个阶段。个体在每个阶段会承担不同的角色，面临不同的任务。表5-3详细描述了九个阶段的特点。

表5-3 施恩的九阶段职业生涯划分

阶段	角色	主要任务
（0-21岁）成长、幻想、探索阶段	学生、职业工作的候选人和申请者等	发现和发展自己的需要、兴趣、能力和才干，为进行实际的职业选择打好基础；学习职业方面的知识；做出合理的受教育决策；开发工作领域中需要的知识和技能
（16-25岁）进入工作世界	应聘者、新学员等	进入职业生涯，学会寻找并评估一项工作，做出现实有效的工作选择；个人和雇主之间达成正式可行的契约；个人正式成为一个组织的成员
（16-25岁）基础培训	实习生、新手等	了解、熟悉组织，接受组织文化，克服不安全感；学会与人相处，并融入工作群体；适应独立工作，成为一名有效的成员
（17-30岁）早期职业的正式成员资格	取得组织正式成员资格	承担责任，成功地履行第一次工作任务；发展和展示自己的技能和专长，为提升技能或横向职业成长打基础；重新评估现有的职业，理智地进行新的职业决策；寻求良师和保护人
（25岁以上）职业中期	正式成员、任职者、终生成员、主管、经理等	选定一项专业或进入管理部门；保持技术竞争力，力争成为一名专家或职业能手；承担较大的责任，确立自己的地位；开发个人的长期职业计划；寻求家庭、自我和工作事务间的平衡
（35-45岁）职业中期危险阶段	正式成员、任职者、终生成员、主管、经理等	现实地评估自己的才干，进一步明确自己的职业抱负及个人前途；接受现状或为争取看得见的前途做出具体选择；建立与他人的良师关系

续表

阶段	角色	主要任务
（40岁到退休）职业后期	骨干成员、管理者、有效贡献者	成为一名工作指导者，学会影响他人并承担责任；提高才干，以担负更大的责任；选拔和培养接替人员；如果求安稳就此停止，则要接受和正视自己影响力和挑战能力的下降
（40岁到退休）衰退和离职阶段		学会接受权利、责任和地位的下降；学会接受和发展新的角色；培养新的工作以外的兴趣、爱好，寻找新的满足源；评估自己的职业生涯，着手退休
退休		适应角色、生活方式和生活标准的急剧变化，保持一种认同感；保持一种自我价值观，运用自己积累的经验和智慧，以自身的各种角色对他人进行传帮带

（四）格林豪斯的五阶段理论

格林豪斯关于个体职业生涯发展阶段的研究侧重于不同年龄段职业生涯所面临的主要任务，并以此为依据将职业生涯划分为五个阶段：职业准备阶段、职业选择阶段、职业生涯早期、职业生涯中期和职业生涯后期。

（1）职业准备阶段。这个时期是从出生到25岁。这个阶段的主要使命包括对将来的职业进行自我设计、修正，研究可选择职业的性质，至少从事一次临时工作，接受完成工作所需的教育或培训。要实现上述使命必须充分了解自己的才能、兴趣、价值观、渴望的生活方式，此外还要考虑与可供选择职业相关的需要、机会和报酬。

（2）职业选择阶段。职业选择的年龄由个人接受教育的年限决定，通常在18~25岁。这个时期的主要使命是在选定的职业领域中选择一个单位和工作，即个体以求职者的身份出现在劳动力市场上，在获取充足信息的基础上，尽量选择一种合适的、较为满意的职业，并在一个理想的组织中获得一份工作。

（3）职业生涯早期。这一阶段一般为25~40岁。这一阶段实际可以从两个方面来看：一是为自己在成人世界找一个立足点，二是沿着已选择的道路去奋斗。这个时期的个体除了必须掌握工作的技能，还必须学习组织的规范、标准，达到组织的要求。在早期立业阶段，个人的主要使命是学会工作，学会适应组织，换句话说，就是为自己在职业和组织中找个落脚点。

（4）职业生涯中期。这一阶段一般为40~55岁，是青年和中年的过渡期。这一时期的特点在于中年人有一系列使命需要完成，要不断学习新的知识，努力工作，并力争有所成就。这一阶段还需要对早期职业生涯进行重新评估，以便强化或改变自己的职业理想,重新选定职业。

(5) 职业生涯后期。这一时期大体上从55岁开始,延续至退休。职业生涯后期的主要任务是,继续保持已有的职业成就,成为一名良师,对他人承担责任,维护自尊,准备退休。

(五) 廖泉文的"三三三"理论

我国学者廖泉文在总结国外学者职业生涯阶段理论的基础上,提出了职业发展的"三三三"理论。"三三三"理论是将个体的职业生涯划分为三大阶段——输入阶段、输出阶段和淡出阶段,具体见表5-4。输入是指对知识、信息、经验的输入,输出是指输出服务、知识、智慧和其他产品。廖泉文提出的人生三大阶段是一个弹性边界,弹性受教育程度、工作行业、职位、个人特质等因素影响,见表5-5。此外,廖泉文将职业生涯的每一阶段又划分为三个子阶段——适应阶段、创新阶段和再适应阶段,而每一个子阶段又可以分为三种状况——顺利晋升、原地踏步、降到波谷。

表5-4 人生发展三阶段

阶段	输入阶段	输出阶段	淡出阶段
阶段	从出生到就业前	从就业到退休前	退休后
内容	输入信息、知识、经验、技能,为其就业做重要准备;认识环境和社会,锻造自己的各种能力	输出自己的智慧、知识、服务、才干。此阶段也有知识的再输入、经验的再积累、能力的再锻造	此阶段个人精力渐衰,但阅历渐丰,经验渐多,应鼓励退出职业。适应角色转换,有更加广阔的空间实现以往的夙愿

表5-5 人生输入阶段和输出阶段的弹性交点

年龄	输入阶段	输出阶段
18岁左右	高中(中专)教育	从业于技工、小学幼儿教师、护士或其他工作等
20岁左右	大专教育	从业于高级技工、医护师、农村初等教育工作等
24岁左右	大学本科教育	从业于中学教师、医生、政府公务员和企业中基层管理者等
27岁左右	硕士研究生学位教育	从业于大专教师、企业中高级管理人员、政府公务员等
30岁左右	博士研究生学位教育	从业于大学教师、研究员、政府高级公务员、企业高级管理人员等

三、职业生涯规划步骤

制定职业生涯规划并不难，它和制订一份旅游计划有很多相似之处。具体而言，一个系统的职业生涯规划应当包括觉知与承诺、认识自己、认识工作世界、决策、行动和再评估/成长六个步骤。

1. 觉知与承诺

在这个阶段，你需要了解职业生涯规划的重要性和作用，并愿意花时间来规划自己的职业生涯。但也要提醒自己，职业生涯规划是一个过程，是一种面对职业生涯发展的态度，它未必能立竿见影，为自己带来理想的工作。就好像我们播下的种子未必能马上发芽一样。所以，对职业生涯规划要有合理的预期。

2. 认识自己

系统化的职业生涯规划是一个"从内而外"的过程。因此，在职业生涯规划时，首先要认识自己，诚实地自问：

①我有哪些人格特质？

②我的兴趣是什么？

③哪些东西是我生命中不能缺少的？我最看重什么？

④我的哪些技能是与众不同的、赖以为生的？

⑤其他的信息如健康、性别、民族等。

3. 认识工作世界

工作世界信息和自我信息是职业生涯规划中重要的基础部分。对工作世界的了解具体包括：

①专业与职业的关系；

②工作世界的宏观发展趋势；

③具体职业对工作人员的要求、条件和待遇等；

④继续教育方面的选择。

4. 决策

决策是综合整理和评估信息的部分，在决策时有可能因信息不全而重新回到前面两个步骤，具体内容包括：

①综合与评估信息；

②目标设立与计划；

③处理决策过程中的各种问题，如梳理职业生涯信念、克服障碍等。

▶ 5. 行动

行动是将全部的探索和思考落实的阶段。学生要通过行动来实现自己设立的工作目标。

也有可能在与现实的接触过程中,你对自己有新的发现,由此对职业生涯发展有新的思考。所以,虽然我们为了方便学习,将职业生涯规划人为地割裂成不同的步骤,但无论在哪个步骤,自我与外部信息的探索都不会停止,不要忽略这些部分带给你的新启示。

▶ 6. 再评估/成长

当学生在实践中迈出职业生涯的重要一步——进入工作世界时,随着外部环境的变化,他们或许会继续沿着过去的规划前进,也有可能发现过去的规划已不适合自己,或者发现过去的规划并不尽如人意,这就需要再次进行职业生涯探索,定期评估、及时调整职业生涯规划。职业生涯规划的评估与反馈过程是个人对自己不断认识的过程,也是对社会不断认知的过程,是使职业生涯规划更加有效的有力保障。

所以说,职业生涯规划是一个循环的过程,需要一辈子来探索。

深度链接

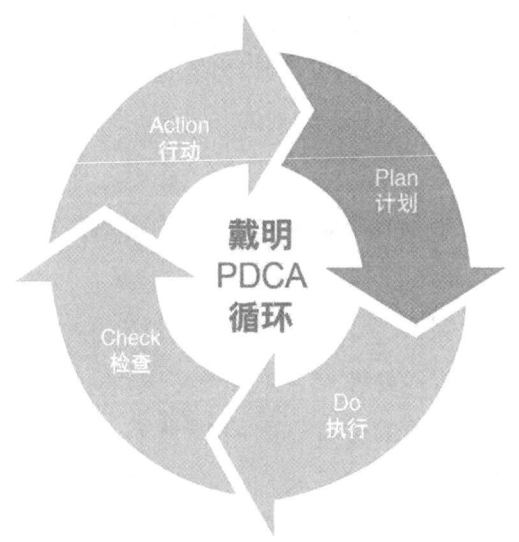

图 5-2　戴明 PDCA 循环

第二节　职业生涯调控

职业生涯调控包含多个方面，是个人职业生涯发展过程中的重要环节。比如有初入职场的适应、职业角色的适应、组织文化的适应、工作内容方式的适应、人际关系的适应、职业转换、角色转化、职业高原、工作压力、时间管理、生活平衡等。

一、职业适应

对每个人来说，初入职场都是人生道路上一个关键的转折点。实践证明，职业适应比较快的人，容易较早地获得单位的认可，更快地寻找到人生的新起点，更容易享受到事业成功和生活幸福的喜悦，同时更容易找到自己的"职业锚"。因此，初入职场的个体一定要对职场有一个理性的认识，尽快适应新环境、新文化、新工作和新的人际关系，做好相应的角色转变。概括地讲，职业适应包括角色适应、文化适应、工作适应、人际适应四个维度。

（一）角色适应

角色（role），原意指戏剧舞台上的人物。社会角色是指由人们所处的特定社会地位和身份所决定的一整套规范系列和行为模式，是人们对具有特定地位的人的行为的一种期望，是社会群体的基础，随着社会实践的发展而不断更新。社会角色由角色权力、角色义务和角色规范三要素组成。也就是说，社会角色不同，社会责任就不同，社会规范就不同，社会权利也不同。

大学毕业生走出校门、步入社会的过程是从"学校人"到"职业人"的转变，是由学生角色向职业角色的转换。学生角色与职业角色的不同之处在于，一个是受教育者，掌握本领，接受经济供给和资助，逐步完善自己的过程；一个是用自己已经掌握的本领，通过工作为社会做贡献，有一定的权利和义务，以自己的行为承担社会责任的过程。

从学生角色转换为职业角色，是人生过程中最重要的转折。这种角色转换并不是一蹴而就的，而是一个行为过程。一般来说，进入角色包括下列行为过程：获得承担某个角色的认可；表现出扮演这个社会角色必需的社会品质和才能；本能地或积极地从精神上和行为上完全地投入这一社会角色。

完成从"学校人"到"职业人"的转变并非易事，甚至充满艰辛，需要大家在实践中不断摸索、感知与总结。一般而言，大学生快速实现角色转变就必须做到以下几个方面：一是安心本职工作，甘于吃苦；二是放下架子，虚心学习；三是善于观察，勤于思考；四是勇于承担重任，乐于奉献。

（二）文化适应

"优胜劣汰，适者生存"是生物链得以延续的法则。远古时代，我们的祖先为了生存，努力适应环境，所以他们存活下来了。现代社会，我们不再需要为生存苦苦挣扎，但是面临的社会环境和工作环境却变得越来越复杂。从学校到社会的转换，需要每一名毕业生努力去适应所在企业的环境，尤其是企业文化。

大学文化与职场文化之间到底存在什么样的差别呢？丹尼尔·弗雷德曼（Daniel Feldman，1987）的研究显示，大学文化与职场文化在时间安排、工作周期、工作任务、绩效考核、奖励机制等方面存在显著差别，见表5-6。

表5-6　大学文化与职场文化的差别

大学文化	职场文化
弹性的时间安排	更固定的时间安排
你能够逃课	不能随便缺勤
长假和自由的节假休息	没有寒暑假，节假休息很少
工作循环周期较短	工作循环时间长
教学大纲提供清晰的任务	任务模糊、不清晰
要解决的问题常有标准答案	要解决的问题很少有标准答案
分数上的个人竞争	按团队业绩进行评估
奖励以客观性标准和优点为基础	奖励更多是以主观性标准和个人判断为基础
节奏比较缓和，压力较小	工作繁忙，经常需要加班加点

除了大学文化与职场文化存在巨大的差别以外，每个公司的企业文化也不尽相同。有的崇尚个性张扬，有的崇尚沉稳踏实。任何组织都不会轻易改变约定俗成的文化，成功人士会自我调节，让自己适应文化，而不是让文化去适应自己。因此，进入一个新的组织，要想尽快融入，首先要了解企业文化，在了解的基础上进行自我调整，并不断探索出在组织中生存的法则。

成功融入企业文化往往比技术层面上取得的成就更重要。每个企业都有一定的用人标准,被录用的人员在智力、能力上相差无几,但对于企业文化的适应程度不尽相同,很多人面临着"水土不服"的困境。适应企业文化,简单地说就是入乡随俗,"跟从"同事的工作方式,"模仿"上司的办事风格。这里的"跟从"和"模仿"并非盲目地效仿,也并非一味地追从,而是选择一种大家都认可的方式去工作和做人,这会令周围的人感到很亲切。

(三)工作适应

大学的学习生活与职场的工作生活之间同样存在很大的差别。表5-7表明了二者在学习方面的差别。

表5-7 大学学习和职场学习的差别

大学的学习过程	职场的学习过程
抽象性、理论性的原则	具体问题解决和决策制定
正规的、结构性的和抽象的学习	以工作中发生的临时性事件和具体真实的生活为基础
个人化的学习	社会性、分享性的学习

正是由于大学的学习生活与职场的工作生活之间存在很大的差别,所以对于刚刚毕业的大学生来说,要尽快适应职场的工作要求。首先要了解行业差别、工作性质。不同的工作需要不同的工作方法,只有随时调整自己、打破思维定式去适应工作的人,才会有更大的发展。职场不是家庭或者学校,职场意味着有要求、有标准,只有适应这些要求和标准,才有可能获得快速的发展。

我们分享一个故事让大家更好地体会应如何做好工作适应。故事发生在美国百老汇:一位导演告诉一群前来面试的舞蹈演员,他招聘的女配角要急速越过正在燃烧的房子。前来应聘的舞蹈演员听了导演的要求后纷纷离开了,唯有安吉莉娜·朱丽留了下来,并且果断地脱掉了舞鞋。导演感到很奇怪,于是就走过去问她为什么这么做。朱丽回答说,既然你们需要的不是舞蹈演员,那么我就脱掉舞鞋,做你们需要的配角。从她脱掉舞鞋的那一刻起,她就已经把自己当成了一名演员。这则案例告诉我们,任何人在接受一份新工作的时候,都要勇敢地抛弃从前的成功经历,放低自己并立志从头开始。

(四)人际适应

步入职场,毕业生面临的人际关系要远比在学校期间复杂。弗雷德曼以上司为例,对比了大学人际关系与职场人际关系的差别,指出老师与老板在工作要求、领导风格方面存在显著差别,见表5-8。

表5-8　大学老师与职场上司的差别

你的老师	你的老板
鼓励讨论	通常对讨论不感兴趣
规定完成任务的交付时间	分派紧急的工作,交付周期很短
期待公平	有时很独断,并不总是公平
知识导向	结果导向

面对完全不同于学校的职场人际关系,大学毕业生要认识到,接受一份新工作,不仅是迈进一个新组织,更是走进一个新的人际关系圈。在没有摸清楚新组织中人际关系情况之前,不要轻易踏入别人已经形成的关系网,也不要试图去破坏别人已经形成的圈子,更不要倒向办公室政治的任何一边,以免踏入人际关系的旋涡。在新的工作岗位中,要尽量把姿态放低,恰当地运用礼貌和尊重赢得他人的好感,为融入组织奠定良好的基础。对于某些同事的言论,要学会保持沉默,凭借自己的智慧去独立观察和思考,以鉴别言论的真伪。无论对领导还是同事,无论是喜欢还是厌恶,都不卑不亢,做到既相对独立又不脱离团队。对新的合作伙伴,无论职务是否高过自己,都不妨称呼其为老师,毕竟在这个组织中他们是前辈,他们对于处理人际关系也许有自己独到的见解值得借鉴。良好的人际关系有助于一个人脱颖而出,发挥自身的才智,实现自己的人生价值。

二、职业高原

职业高原(career plateau)被看作个体职业生涯的峰点,是向上运动中工作责任与挑战的相对终止,是个体职业发展的一种"停滞期"。

(一)内涵与类型

最早提出职业高原概念的是弗瑞斯(Ference,1977)。他认为:"职业高原是指在个体职业生涯发展过程中的某个阶段,个体获得进一步晋升的可能性很小。"弗雷德曼与威茨(Feldman & Weitz,1988)则认为,职业高原意味着个体工作上接受进一步增加责任与挑战的可能性很小。可以说,职业高原是一种个体职业变动的缺失，与个体的工作晋升和变动密切相关。

职业高原概念提出之后，关于职业高原的分类目前存在三种方法。

（1）弗瑞斯根据影响员工达到职业高原的组织和个人因素，将职业高原分为组织高原与个人高原。组织高原是指在一个组织内缺少员工发展所需的机会，组织无法满足员工个人职业发展的需要而导致员工无法向上发展的情况。个人高原则是指员工缺少进一步晋升所需的能力和动机，是因个体自身因素所导致的职业发展高原。

（2）巴德威克（Bardwick，1986）也根据影响员工达到职业高原的不同因素，将职业高原分为结构高原、内容高原和个人高原。结构高原发生于组织水平之上，是因组织结构的不合理而使员工职业发展受到限制的情况，它一般不受员工个人的控制，是最为复杂的一种职业高原。内容高原是指当员工掌握了与他（她）的工作相关的所有技能和信息之后，缺乏进一步发展知识与技能的挑战，而出现的一种个体职业发展上的停滞状态。个人高原主要是因个体生活上的静止，而导致职业发展上的停滞。

（3）根据评价主体不同，职业高原可以分为主观职业高原与客观职业高原。主观职业高原与个体自我概念相关，是个体主观上所认知到的一种职业上的"停滞期"。它强调个体对现有工作状况的认知、评价与反应。客观职业高原是个体可以观察到的客观测量指标，甚至是研究人员根据实际情况所分析出来的员工现有职业状况。客观测量指标包括未来晋升的可能性、现有岗位工作时间、两次晋升间隔的时间等。

（二）职业高原的影响

职业高原的影响既有其消极的一面，也有其积极的意义。因此，必须对它的利与弊有一个清楚的认识，从而更好地发挥其有利影响，避免产生不利影响，使员工和企业都有更好的发展。

1. 职业高原的消极影响

职业高原的负面影响是多维的，包括工作、生活、心理等各个方面。无论对员工还是对企业来说，它都会带来很大的不便：①对员工的负面影响。员工对自己未来的工作、生活等方面感到迷茫，看不到自己未来职业发展的方向。在工作中会表现为对工作很冷漠，没有激情，消极怠工。在生活中会表现为长期处于职业高原状态，感到心理受挫，对生活也感到无趣，觉得生活平淡无奇，进而对人生不抱太多希望。②对企业的负面影响。一旦企业中出现了较多职业高原员工，整个企业就会变得缺乏活力与生机。员工不求上进，企业创新活力减少，竞争力下降，更有可能造成大量优秀人才的流失，而新的人力资源又没有得到及时补充，企业的整体运营将受到惨重打击，使企业大伤元气。

2. 职业高原的积极影响

任何事物都具有两面性，关键在于自己如何看待这一问题。当职业生涯进入高原期时，应该学会利用这一相对稳定的时机进行自我充电，克服浮躁的心态，潜心"修炼"本职工作。同时，由于高原期的职业生涯发展处于"停滞"状态，相应地要担负的责任也较少。在这种情况下，可以追求自我发展，从事个人活动，实现自己的兴趣爱好，保持一种平和的心态，坦然面对现状，而不必有太多的竞争压力。其实，进入职业高原期也就意味着已经进入了职业生涯的中后期阶段。在这一时期可以进一步加强学习，不断地提高自我、完善自我，从而为今后在职业生涯中的角色转换做好准备。从这一角度来说，职业高原无疑为个人自我价值的实现提供了一次良机。

（三）职业高原的应对策略

职业高原对于企业和员工来说是不可避免的，但并不是说我们面对职业高原不能有所作为。总体而言，职业高原分为结构高原和内容高原，结构高原是不可避免的，但内容高原通过努力是可以克服的。因此，应对职业高原的总体思路是：结构高原采用转移策略，内容高原采用克服措施。具体来说，可以从员工个人、管理者和组织三个方面制定应对的行动策略。

1. 个人应对职业高原的策略

就个体来说，当员工认识到他（她）的绩效、对组织的贡献、能力不再重要或得不到承认时，就会发生机能失调。这就需要员工积极地采取相应的策略。

（1）正确认知自我，区分高原类型

当个体发现自己处于职业高原期时，首先要分析自己所面对的职业高原的类型。如果感觉缺少晋升机会，那么应该意识到这是属于结构高原现象，它具有一定的不可避免性。因此，要勇于接受现实，积极采取措施提升自我能力与水平。如果感觉工作内容或任务缺乏挑战性，那么应该意识到这是属于内容高原现象，它可以通过努力在工作中进行克服。

（2）提高个人能力，挖掘自身潜能

在工作中，个体要不断利用各种机会提高自身的技术水平，不断进行职业培训，提升自我的职业素养，不断接受挑战性的任务去开发自我的潜能；在工作之余，努力学习新知识和新技术，不断进行"充电"，为以后的职业发展争取更多的主动性，获得更多的发展机遇。

(3) 寻求上级的真实反馈，认识工作缺陷

通过寻求上级的真实反馈，员工可以树立正确的自我观念，在认识到自我优势的同时能认识到自身的劣势，从而为全面提升自我、谋求后续发展预先做好准备。

(4) 充实工作内容，承担多种角色

在工作中通过尝试新方法和新技术，更新工作流程，提高工作效率，拓宽工作范围，承担更大责任，增加工作挑战性等，从而达到充实工作内容、获得工作成就感的目的。与此同时，在工作或生活中通过承担多种角色，例如，担任年轻员工的教练、充当同事关系的协调者、担任组织内部顾问、担任巡回演讲人或讲师、担任组织与外部机构的联络人等，从而在新的角色中找到挑战性，找到被尊重和被需要的感觉。

2. 组织应对职业高原的策略

虽然个人的调整与努力是应对职业高原的最根本手段，但是对企业来说，采取有效的措施，创造一个良好的工作环境也是消除职业高原负面效应的重要策略。

(1) 提供多渠道的晋升途径

晋升通道是组织为员工提供职级提升的路径。企业一般会根据岗位之间的差异进行职级分档，并依据员工的工作表现对其进行提拔。企业常见的晋升通道只是单通道晋升，也就是纯粹的管理通道。而晋升的双通道包括管理通道和技术通道，即从技术方面再开辟一条晋升通道。实行多通道晋升，一方面，能够增加员工的职业路径，减少其遭遇职业高原的可能性；另一方面，使并不适合做管理人员的优秀技术人员有机会继续上升，避免遭遇晋升"瓶颈"，从而激励他们更加重视技术上的钻研和能力的提高。

(2) 进行工作的重新设计

工作重新设计的方法有三种：工作轮换、工作丰富化和工作项目化。工作轮换是指让员工在同一水平的职位上轮换工作，通过多样化的职业活动提高能力，避免职务专业化所产生的厌倦。工作丰富化是指工作的横向扩张，它增加了员工对计划、执行以及工作评价控制的程度。工作项目化是指团队成员相互学习、相互协作、共同完成工作任务。这种工作类型不仅可以使组织获得更大

的灵活性,而且可以满足员工不断拓展个人职业经验的要求。

(3) 完善培训体系

在企业竞争日益表现为人力资源竞争的今天,培训无疑是企业培养高素质员工并提高企业核心竞争力的重要手段。在实际中,许多企业并不重视或尚未建立有效的培训体系。为防止职业高原现象,企业必须尽力完善培训体系,满足员工的不同状况和需求,采取不同的方式方法进行培训,帮助员工更新知识,提高技能,从而提高他们的自我认同感,提升其工作满意度,最终将员工个人的发展目标与企业的战略发展目标统一起来,调动员工的工作热情。

(4) 积极开展职业咨询

在企业内部,管理者为员工积极建立职业咨询的服务渠道,鼓励处于职业高原期的员工与职业管理专家、人力资源经理等共同讨论自己面临的问题,寻找应对策略。通过沟通和情感上的交流,员工可以体会到企业的温暖,提高自我价值的认同感,增强工作热情和战胜职业困境的信心,从而有目标、有计划地实现个人的职业发展。

(5) 营造良好的企业文化氛围

企业文化是在企业成员相互作用的过程中形成的,为大多数成员所认同,并用来教育新成员的一套价值体系。在竞争日益激烈的环境中,培养和重塑良好的企业文化,创建健康的职业环境,有利于员工间的沟通协调,增强员工凝聚力,培养团队精神,并使员工心情愉快,提高工作效率。同时,培养优秀的企业文化,能够引导员工塑造正确的价值观和成功观,使他们不仅仅为了晋升和金钱而工作,更重要的是为了工作本身提供的乐趣和自我价值的提升而工作。另外,一旦企业形成良好的文化氛围,员工对企业会有更强的认同感、归属感和忠诚度,愿意为企业做出更多努力与奉献,企业也能真正留住人才。

三、职业压力

中国社会正处于转型的关键时期,社会结构的变化、利益分配的调整、生活节奏的加快、各种思潮的冲击,使人们的思想、观念、心理、行为发生了一系列的变化,人们感受到的压力无处不在。工作压力已经成为当前职场人士必须正视的普遍现象,而积极应对压力是实现自我职业生涯发展的重要途径。

(一)压力来源与识别

"压力"一词来源于拉丁语"stineere",译为"拉紧"。压力的定义最初用于物理学和工程学,后来才延伸为描述个体面对外部刺激产生的心理感受。一般认为,压力是个体在某种需求与自己满足这种需求的能力之间出现不平衡时,所感到的"紧张"的心理或生理反应。工作中的压力表现就是工作压力,即人们因工作而感到"紧张"的一种心理或生理反应。

压力的来源即压力源。在现实生活中,工作压力的来源大体包括环境因素、组织因素和个人因素三个层面。

1. 与环境有关的因素

环境的不确定性不仅会影响组织的运作,而且会影响员工的工作压力。与环境有关的因素包括经济的不确定性、政治的不确定性、技术的不确定性等。例如,金融风暴来袭,很多企业的订单减少,工厂被迫停产,甚至倒闭,一些企业员工整日担心裁员、减薪事件的发生,社会笼罩在阴影之中。这种恐慌和紧张虽与个人内部因素有一定关系,但它的产生更多源自外部环境的变化。

2. 与组织有关的因素

工作压力的产生与组织有关,相关因素包含以下六个方面:

(1) 组织结构

组织模式的差异影响组织员工工作压力的大小。金字塔式的组织结构模式等级森严,层级分明,重视规章制度的效力,不讲求人情。尽管金字塔式的结构模式有它的优势,但从员工的角度来讲,这种严肃性和层级感无形间拉大了上下级之间的距离。距离感往往是工作压力产生的源头。相反,扁平式组织结构模式在管理风格上更加人性化,上下级关系相对和谐。比起金字塔式的组织结构,员工通常工作起来没有那么紧张和压抑。

(2) 工作任务量

工作量的多少,直接关系到员工的工作积极性。合理的任务量,有利于人尽其职,激发能者多劳。相反,过多和过少的工作量,都会给员工带来工作压力。工作量不饱和,难以实现人尽其能,在组织中容易滋生懒惰情绪。工作量超负荷,员工休息不充足,工作氛围紧张,精神负担过重。因此,合理地分配工作任务有利于减轻员工的工作压力。

(3) 角色模糊和角色冲突

当员工不能清楚地知道自己该承担什么工作任务,不能明确自己享有哪些权利、承担哪些义务的时候,他们会因为不知所措而感到焦虑,抑或因为过于主动而越俎代庖。不知所措和越俎代庖都源自角色模糊，角色定位不清晰。个体在组织中往往扮演着不同的角色，当个体难以同时满足不同角色的不同要求时，角色冲突就产生了。角色冲突同样会给员工带来紧张感，这也是组织中非常重要的一个压力源。

（4）人际关系

无论是工作还是生活，与人打交道都是必不可少的。人际关系和谐，有利于营造良好的工作氛围，而良好的工作氛围有利于提高员工的工作效率。相反，人际关系不和谐，会使员工内心感到紧张。尔虞我诈、钩心斗角、办公室政治往往是工作压力的罪魁祸首。群体中零和博弈式的竞争和不公平待遇都会造成人际关系的紧张。

（5）工作条件

研究发现，恶劣的工作环境是工作系统中个体紧张的一个根源。一般来说，令人不适的工作环境，如噪声、拥挤、污染、照明不适等都会让员工产生焦虑甚至恐惧。以上这些因素都是构成压力的诱因，另外，长期加班、频繁出差也容易使人产生压力。

（6）职业发展

进修深造是员工职业生涯规划中必不可少的一部分。如果组织不能为员工提供充分的发展机会，员工就会为个人价值无法实现而担忧，从而产生一定的压力。因此，组织应当为员工提供必要的职业发展通道，并对员工做出相应的指导，以减轻员工对未来发展的担忧，这些方法有利于稳定"军心"。

3. 与个体自身有关的因素

工作压力的产生与个体自身因素有关，包含以下三个方面：

（1）工作经验

业务上的困难可以通过业务指导和反复操练来克服，但是工作经验的缺憾是任何外部条件都无法弥补的，工作经验需要员工亲力亲为去积累。丰富的工作经历可以帮助个体顺利地完成工作任务。因此，身处同一职位、面对同一难题，工作经验不足的人通常会显得焦虑、紧张，而经验丰富的员工感受不到太多的压力。

（2）性格特点

不同性格特征的人，对压力的敏感程度不一样。日常生活中，我们常常发现，有些人追求完美，所以对工作经常表现出不满意，对他人常常显得没有耐心，情绪容易激动，喜欢挑战自己且乐于争强好胜，即使休息也很难真正放松下来。与之相反的另一类人表现为性情温和，慢条斯理，不卑不亢，与世无争。上述两种性格的人在同种压力情境之下，对压力表现出的反应截然不同。前者很容易感到焦虑和紧张，神经过敏，自我防卫意识强；后者的性格特征决定其对压力的感受不明显，在某种程度上，这种性格的人可以为自己避免很多不必要的压力和烦恼。

（3）社会网络支持

社会网络支持是周边人提供的一种资源，它表明个体生活在一个彼此支持、相互帮助的网络当中，在那里能感受到被爱、被关心和被尊重。良好的社会支持有助于削弱工作压力带来的影响。例如，工作上遇到难题，同事在业务操作方面分享经验，上司在精神方面给予开导鼓励，对于个体减轻工作压力都会产生积极的作用。相反，缺少社会网络支持，会使员工感到紧张，产生焦虑。

（二）工作压力的影响

著名心理学家罗伯尔说过："压力如同一把刀，它可以为我们所用，也可以把我们割伤，那要看你握住的是刀刃还是刀柄。"谈到工作压力，我们首先想到的就是它的负面影响。然而，压力本身并不一定有害。组织中工作压力的影响包括积极和消极两个方面，适度的压力对提高工作绩效和身体健康大有裨益。当压力达到极端状态时会使人苦恼，极端状态包括压力水平过高和压力水平过低两种状态。过高的压力，令人不堪重负，忧心忡忡；过低的压力，令人不思进取，安于现状。理想水平下的工作压力，使人积极向上，充满活力。

罗伯特（Robert）和道森（Dodson）阐述了压力与健康、绩效之间的倒"U"形关系，如图5-3所示。在某一压力点（唤醒点）之前，绩效随压力的提高而提高；在唤醒点之后，绩效则随压力的提高而降低。绩效和压力之间的倒"U"形关系，表明适度的压力对促进绩效的作用最大，给予较小的与给予较大的压力一样，都达不到最佳的绩效。

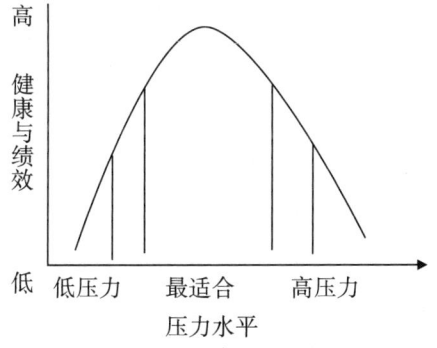

图5-3 压力对健康和绩效的影响

1. 工作压力的积极作用

适度的工作压力具有一定的积极作用，具体体现为它可以提高自我实现的动机、增强机体活力、提高工作效率。

(1) 提高自我实现的动机

世界500强企业富士康公司总裁郭台铭有一句名言："当你感到有压力的时候，说明你的能力不够。"如果能正确地理解压力，并在平凡工作中激情不减、奋勇向前，目标就会在潜移默化中慢慢实现。适当的工作压力是激发自我实现的催化剂，是提高动机水平的有力工具。企业设计有挑战性的目标和合理的工作任务，可以有效地激发员工自我实现的动机。

(2) 增强机体活力，有利于促进身心健康

适当的工作压力可以激发个体肾上腺素分泌，能提高心肌的兴奋性，使人呼吸加快，心跳与血液流动加速，为身体活动提供更多的能量，使反应更加快速。因此，适度的压力有利于员工保持积极向上的心态，对于促进身心健康大有裨益。

(3) 有利于集中注意力，提高工作效率，防止惰化现象

制定纪律规则、规范业务流程是绝大多数企业采取的规范员工行为的方法。严明的工作纪律，规范的操作流程，会使员工集中注意力，提高工作效率。富有挑战性的工作，非员工触手可及，也非空中楼阁，而是员工经过努力就可以实现的目标，是一种激发员工主动性的激励方式。上述两种方式，对于员工来说，都是工作压力的来源。可见，适当的工作压力可以增加工作的动力，提高工作效率，防止惰化现象。

2. 工作压力的消极影响

罗宾斯（Robbins）认为，压力会从生理状况、心理状况与行为状况三个方面给员工带来消极的影响。

(1) 生理问题

大量的健康心理学研究表明，过度的压力将导致个体新陈代谢紊乱，疾病抵抗力下降，常见相关的生理反应包括心跳加快、呼吸急促、肠胃失调、肌肉紧张、疲倦、头痛、失眠等，甚至可能诱发癌症。如今，职场竞争日趋激烈，各行各业的人们都承受着来自各方的压力，如果不能很好地将压力化解，长此以往，压力必将会引起人体器官运行的紊乱，损害生理健康。由于工作压力的影响最先体现为身体方面的不适，所以时常对自己的身体状况进行检查十分必要。

(2) 心理问题

工作上的不满意感是工作压力方面最简单和最直接的情绪后果。工作压力情绪通常表现为紧张、焦虑、冲动、易怒、烦躁、悲观等。如果个体长期处于不良情绪的笼罩之下，极易诱发焦虑症、抑郁症、强迫症等心理疾病。这些心理疾病如果得不到有效治疗，可能会导致更为严重的行为问题。因此当员工面

临心理危机，如裁员、并购、突发事件时，企业应当进行心理干预及指导，帮助他们消除心理问题。

（3）行为问题

过度的压力可能导致行为上的扭曲，主要表现为注意力低下、饮食习惯改变、抽烟酗酒行为增加、烦躁、睡眠失调、言语速度加快等，最终会导致员工工作效率低、缺勤、离职、情绪低落等情况。

（三）应对工作压力策略

工作压力是一把"双刃剑"，它的积极作用表现为适度的压力会激发个人的斗志、提高工作效率，消极作用体现在过度的压力会影响身心健康，导致一些心理和行为问题。因此，如何应对压力，便成为一门工作与生活的艺术。

1. 个人的应对策略

一般来说，个体从面临压力到解决问题，要经过三个不同的阶段：冲击阶段、安定阶段和解决阶段。从短期来看，回避策略更有效；从长期来看，积极策略更有效。个体究竟选择哪种应对策略，与个人的自我调节机制有关。压力管理并不是一劳永逸的，它是一个长期的任务，当代年轻人要想有效地应对压力，需要从以下几个方面培养自我的抗压能力。

（1）积极地舒缓压力

心理学家认为，哭能有效地缓解压力，让情感抒发出来要比深埋在心里有益得多。深度放松练习，有助于减轻紧张感，使人产生显著的平和感。坚持放松练习，每天给自己几分钟时间放空思绪，进行冥想。同时，劳逸结合，有规律地作息，合理安排锻炼，保证充分的睡眠，有助于恢复身体机能。

（2）正确地表达内心想法

倾诉是解压的一种好方法。无论是生活中的烦恼，还是工作中遇到的难题，都要学会正确地表达出来，不要憋在心里。将烦恼讲给一个人听，原本一个烦恼就变成了二分之一的烦恼。当你向第二个人倾诉烦恼的时候，烦恼就化解为原来的四分之一了。倾听者还可以从旁观者的角度帮助你对压力情境重新做出思考。

（3）做好时间管理

将工作任务按照轻重缓急进行分类，并加以合理的时间规划，往往会得到事半功倍的效果。掌握并运用时间管理的原则，可以帮助员工更好地应对工作压力。

做好时间管理，要遵循以下原则：①列出每天要完成的工作任务；②根据重要程度和紧急程度，分清工作任务的主次顺序；③了解自己的生物钟，在自己最清醒和效率最高的时间段里完成最主要的工作；④把要用的材料和东西放好，避免在寻找东西上耽误时间；⑤把大项目分解成小项目，分别确定时间，再按部就班地完成；⑥规定每项任务的完成时间；⑦集中时间处理琐碎小事，每天留出一些固定时间来处理这些事情。

（4）提高自身业务能力

业务熟练的员工对工作总是信心满满，不熟悉业务的员工时常会遭遇来自业务方面的困扰。当员工能很好地驾驭工作的时候，即使工作性质本身难度再高，也不易感到压力很大。业务能力的提高有助于增强员工的工作信心，可以有效地避免因业务不熟练而带来的压力。

（5）健康饮食，合理搭配减压食物

合理饮食有利于安定情绪、舒缓神经，帮助我们达到减压的目的。例如，含钙高的牛奶、酸奶、虾皮、蛋黄等食物，有利于稳定情绪；香蕉中富含的钾元素，能维持人体电解质及酸碱代谢平衡，使神经肌肉兴奋性保持正常状态，常吃香蕉，可以缓解紧张的情绪，消除疲劳、稳定心态；维生素C的主要来源为新鲜蔬菜和水果，常吃富含维生素C的食品可调节心理压力；小米富含人体所需的维生素B1、维生素B2、维生素A、烟酸、硫胺素、胡萝卜素等，可以调节内分泌，平衡情绪，放松神经。因此，在忙碌的工作之余，合理均衡饮食，搭配减压食物必不可少。

2. 组织的应对策略

工作压力既可能来自个人，也可能来自组织。因此，组织应积极采取措施，帮助员工缓解工作压力。具体而言，组织可以采取如下措施缓解员工的工作压力。

（1）进行有效的目标管理

大量的研究结果表明，当员工具备明确、富有挑战性的目标时，他们会因为降低角色模糊感而减少挫败感，进而激发他们实现目标的勇气。当员工参与目标制定时，会因为增强了控制感而减轻角色压力；当他们能够得到及时沟通和反馈，了解自己的工作业绩和工作表现时，他们更愿意付出努力，提高工作水平，并在实现目标时体验到成就感。因此，有效的目标管理可以帮助员工减压。

（2）员工援助计划

员工援助计划（employee assistance program，EAP）是为了帮助那些面临

个人问题的员工而组织发起的计划。组织意识到员工面临各种心理问题时，可以通过提供各种咨询活动帮助员工改善因工作压力而引起的症状。企业可以聘请专业的心理咨询师定期为员工答疑解惑，也可以专门为心理咨询设立一个常设机构，随时接待有需要的员工，帮助他们调节情绪，扫除心理障碍。心理咨询作为专业的第三方，容易赢得员工的信任，对于激发员工畅所欲言、摆脱顾虑也很有帮助。

（3）优化工作设计

要想改善员工的压力水平，不仅要治标，更要治本。压力的根本常常集中于工作任务，工作任务常常带给员工最直接的压力。不同性质的工作，工作压力的表现形式不同，抓主要矛盾、具体问题具体分析才是硬道理。对于一些过于枯燥的岗位，可以实行工作扩大化和丰富化，使员工在工作中获得更多的乐趣，经历更多的挑战、承担更多的责任，从而帮助员工削弱因工作乏味而带来的紧张感。对于创意性工作，可以对工作条件做出一些改善，轻松、自由的工作环境和弹性工作制度可能更有助于激发灵感和想象力。具体工作具体分析，抓住每一个岗位的特点，有针对性地进行工作设计，有助于从源头上消除压力。

工作是生活之中必不可少的组成部分，在很大程度上，我们的快乐和满足既取决于我们对工作生活过程的良好控制，也取决于我们在工作、家庭上取得平衡。要做自己职业生涯的舵手，就要正确理解职业生涯调控，及时调整近期与远期、局部与整体、个人与组织等一系列矛盾和冲突。只有处理好职业生涯中的各种矛盾和冲突，才能获得理想的工作满意度和职业满意度。

第三节　职业素养提升

一、职业素质

职业素质是指从业者在一定生理条件和心理条件基础上，通过教育培训、职业实践、自我修炼等途径形成和发展起来的，在职业活动中起决定性作用的、内在的、相对稳定的基本品质。由于职业是人生意义和价值的根本所在，职业生涯既是人生历程中的主体部分，又是最具价值的部分。职业人应该注重综合素质的培养，具备深厚的基本功，在任何专业、任何岗位都可以灵活应变。

（一）职业素质的内涵

职业素质（Professional Quality）是劳动者对社会职业了解与适应能力的一种综合体现，主要表现在职业兴趣、职业能力、职业个性等方面。影响和制约职业素质的因素很多，主要包括受教育程度、实践经验、社会环境、工作经历以及自身的一些基本情况（如身体状况等）。

素质包括先天素质和后天素质。先天素质是通过父母遗传因素而获得的素质，主要包括感觉器官、神经系统和身体其他方面的一些生理特点；后天素质是通过环境影响和教育而获得的。因此，可以说，素质是在人的先天生理基础上，受后天的教育训练和社会环境的影响，通过自身的认识和社会实践逐步养成的比较稳定的身心发展的基本品质。

对素质的这种理解，主要包括以下三个方面的内容：

（1）素质首先是教化的结果。它是在先天素质的基础上，通过教育和社会环境影响逐步形成和发展起来的。

（2）素质是自身努力的结果。一个人素质的高低，是通过自己的努力学习、实践，获得一定知识并把它变成自觉行为的结果。

（3）素质是一种比较稳定的身心发展的基本品质。这种品质一旦形成，就比较稳定。

（二）职业素质的基本特征

一般来说，职业素质具有下列主要特征：

1. 职业性

不同的职业，职业素质是不同的。对建筑工人的素质要求，不同于对护士职业的素质要求；对商业服务人员的素质要求，不同于对教师职业的素质要求。李素丽的职业素质始终是和她作为一名优秀的售票员联系在一起的，正如她自己所说："如果我能把十米车厢、三尺票台当成为人民服务的岗位，实实在在去为社会做贡献，就能在服务中融入真情，为社会增添一份美好。即便有时自己有点烦心事，只要一上车，一见到乘客，就不烦了。"

2. 稳定性

一个人的职业素质是在长期执业过程中日积月累形成的。它一旦形成，便产生相对的稳定性。比如，一位教师，经过三年五载的教学生涯，就逐渐形成了怎样备课、怎样讲课、怎样热爱自己的学生、怎样为人师表等一系列教师职业素质，并且能保持相对的稳定。

当然，随着他继续学习、工作和受环境的影响，这种素质还可以继续提高。

3. 内在性

从业人员在长期的职业活动中，经过自己学习、认识和亲身体验，认识到怎样做是对的，怎样做是不对的。这样，这一经过有意识地内化、积淀和升华的心理品质，就是职业素质的内在性。我们常说："把这件事交给小张师傅去做，有把握，请放心。"人们之所以放心让他去做，就是因为他的内在素质好。

4. 整体性

一个从业人员的职业素质与其整体素质相关。我们说某某同志职业素质好，不仅指他的思想政治素质、职业道德素质好，而且包括他的科学文化素质、专业技能素质好，甚至还包括身体心理素质好。一个从业人员虽然思想道德素质好，但科学文化素质、专业技能素质差，就不能说这个人整体素质好。相反，一个从业人员科学文化素质、专业技能素质都不错，但思想道德素质比较差，同样，我们也不能说这个人整体素质好。所以，职业素质一个很重要的特点就是整体性。

5. 发展性

一个人的素质是通过教育、自身社会实践和社会影响逐步形成的，它具有相对性和稳定性。但是，随着社会发展对人们不断提出新要求，人们为了更好地适应、满足、促进社会发展的需要，总是不断地提高自己的素质，所以，素质具有发展性。

（三）职业素质的主要分类

（1）身体素质：指体质和健康（主要指生理）方面的素质。

（2）心理素质：指认知、感知、记忆、想象、情感、意志、态度、个性特征（兴趣、能力、气质、性格、习惯）等方面的素质。拓展训练可提高心理素质，很多知名企业通过拓展训练来提高员工的心理素质，增进团队信任关系。

（3）政治素质：指政治立场、政治观点、政治信念与信仰等方面的素质。

（4）思想素质：指思想认识、思想觉悟、思想方法、价值观念等方面的素质。思想素质受客观环境等因素影响，例如，家庭、社会等环境因素。

（5）道德素质：指道德认识、道德情感、道德意志、道德行为、道德修养、组织纪律观念方面的素质。

（6）科技文化素质：指科学知识、技术知识、文化知识、文化修养方面的素质。

（7）审美素质：指美感、审美意识、审美观、审美情趣、审美能力方面的素质。

（8）专业素质：指专业知识、专业理论、专业技能、必要的组织管理能力等。

（9）社会交往和适应素质：主要是语言表达能力、社交活动能力、社会适应能力等。社交适应是后天培养的个人能力，是职业素质的另一核心，侧面反映了个人能力。

（10）学习和创新方面的素质：主要是学习能力、信息能力、创新意识、创新精神、创新能力、创业意识与创业能力等。学习和创新是体现个人价值的重要形式，能展现个人的发展潜力及对企业的价值。

深度链接

职业人和十大职业素养

不经营自己，也没有人经营他的人，我们形容他为活着的死人；不经营自己，由别人来经营他，我们形容他为活着的人；经营自己，也经营别人，我们形容他为老板；经营自己的人，我们形容他为职业人。

什么是职业人？职业人是懂得经营自我的人。职业人是能够设计、规范自己职业生涯的人。职业人的发展与职业的发展密不可分。

一流员工的十大职业素养

1. 敬业

不怕起点低，就怕境界低；只有小雇员，没有小角色；培养工作中的使命感，处处以专业的标准要求自己，将简单的事情做到最好。

2. 主动

你是雇员，但你更是主人；不是上级，但能影响上级；老总不在，要干得更好；先走一步，海阔天空；先让你的付出超越报酬，然后你的报酬会超过你的付出。

3. 责任

拿得起责任，放得下架子；优秀者，就是优秀的责任承担者；扩大了"承担圈"，便放大了"成功圈"；"活儿是给别人做的，更是给自己做的"。

4. 执行

不是做事，而是做成事；常言道"烧开一壶水"；四个"到位"不仅要求我们眼到嘴到，更要手到脚到；秉持"从考虑点到考虑系统"的理念去完成每个任务。

5. 品格

成为值得依赖的人，坚守原则，经得住考验的品格，才是真品格。

6. 绩效

"穷忙""瞎忙"是职场大罪；"老黄牛"也要插上绩效的翅膀；强化工作的结果导向；优化你的工作方式。

7. 协作

没有人能独自成功，团队不是缩小了自我，而是放大了自我；最佳团队，需要牺牲精神；没有完美的个人，只有完美的团队！

8. 智慧

做智慧型员工：总有解决的办法，总有更多的办法，总有更好的办法。

9. 形象

不要往自己喝水的井里吐痰；单位提前，自我退后；你就是单位的"金字招牌"。

10. 发展

个人发展要跟上公司发展的主旋律，是选择钱，还是选择路；别太在乎自己，地球不会因你而不转动。任何时候，都要有长远发展的眼光，看待个人成长。

（四）职业素质的影响因素

影响和制约职业素质的因素很多，主要包括身体素质、心理素质、政治素质、道德素质、科技文化素质、审美素质、社会交往和适应素质、学习和创新方面的素质。一般来说，劳动者能否顺利就业并取得成就，在很大程度上取决于本人的职业素质，职业素质越高的人，获得成功的机会就越多。

职业素质是人才选用的第一标准，职业素质是职场制胜、事业成功的第一法宝。

（五）了解自己的职业素质

职业素质是求职者走向就业的基本条件，但如何才能了解自己的职业素质呢？了解自己职业素质的办法很多，归纳起来，主要有三种：

（1）接受职业指导。目前，许多就业服务机构，如市、区、县职业介绍服务中心，街道社会保障事务所等，都开设了"职业指导"服务项目，可以到那里接受有关这方面的指导。

（2）接受职业素质测试。部分职业介绍服务机构开设了"职业素质测试"的服务，求职者可在那里获得相关服务。

（3）自测。求职者可以通过填答职业素质自测问卷的方式，了解自己的职业素质状况。

（六）职业素质整合的方法

（1）努力完成自己的学业。

（2）在生活与工作实践中整合。

（3）在自我认识和评价的基础上，提出自我要求，进行设计与计划。

（4）在自我要求的目标引导下，不断通过实践过程中的自我体验、监督、自我控制、调节，力争达到一定的预期效果。

（5）用自己认可的标准和价值观对自己进行检查与总结，形成对自己的新的认识与评价。

（6）在这一新的基础上又开始了新的自我教育循环上升过程。

所以，认识与评价、设计与计划、体验与调节、检查与总结四个环节循环往复的过程，就是职业素质的具体整合方法。

二、职业精神

职业精神似乎十分抽象，究竟职业精神有何特征？哪些内容构成了职业精神？它的实践内涵又是什么？

社会发展的进程表明，人类的职业生活是一个历史范畴。一般说来，所谓职业，就是人们由于社会分工和生产内部的劳动分工而长期从事的具有专门业务和特定职责并以此作为主要生活来源的社会活动。人们在一定的职业生活中能动地表现自己，就形成了一定的职业精神。

职业作为社会关系的一个重要方面，对社会成员的精神生活和精神传统产生着重大影响。其一，职业分工及由此决定的从事不同职业的人们对社会所承担的责任不同，影响着人们对生活目标的确立和对人生道路的选择，以至于在很大程度上影响着人们的人生观、价值观和职业观。其二，人们的职业活动方式及对职业利益和义务的认识，对职业精神的形成有着决定性作用。一个人一旦从事特定的职业，就直接承担着一定的职业责任，并同他所从事的职业利益紧密地联系在一起。他对一定职业的整体利益的认识，促进其对于具体社会义务的文化自觉。这种文化自觉，可以逐步形成职业道德，并进而升华为职业精神。其三，职业活动的环境、内容和方式，以及职业内部的相互作用，强烈影响着人们的情趣、爱好以及性格和作风。其中包含着特定的精神涵养和情操，反映着从业者在职业品质和境界上的特殊性。可见，所谓职业精神，就是与人们的职业活动紧密联系且具有自身职业特征的精神，它反映出一个人的职业素质。

职业精神具有以下特征。在内容方面，它总是鲜明地表达职业的根本利益以及职业责任、职业行为上的精神要求。也就是说，职业精神不是一般地反映社会精神的要求，而是着重反映一定职业的特殊利益和要求；不是在普遍的社会实践中产生的，而是在特定的职业实践基础上形成的。它鲜明地表现为某一职业特有的精神传统和从业者特定的心理和素质。职业精神往往世代相传。在表达形式方面，职业精神比较具体、灵活、多样。各种不同职业对于从业者的精神要求总是从本职业的活动及交往的内容和方式出发，适应于本职业活动的客观环境和具体条件。因而，它不仅有原则性的要求，而且往往很具体、有可操作性。在调节范围上，职业精神主要调整两个方面的关系：一是同一职业内部的关系，二是同一职业内部的人同其所接触的对象之间的关系。从历史上来看，各种职业集团为了维护自己的利益、职业信誉和职业尊严，不但要设法制定和巩固体现职业精神的规范，以调整本职业集团内部的相互关系，而且注意满足社会各个方面对于该职业的要求，调整该职业同社会各方面的关系。在功效上，职业精神一方面使社会的精神原则"职业化"，另一方面使个人精神"成熟化"。职业精神与社会精神之间的关系，是特殊与一般、个性与共性的关系。任何形式的职业精神都不同程度地体现着社会精神。同样，社会精神在很大程度上是通过具体的职业精神表现出来的。社会精神寓于职业精神之中，职业精神体现或包含着社会精神。职业精神与职业生活相结合，具有较强的稳定性和连续性，形成具有导向性的职业心理和职业习惯，以至在很大程度上改变了从业者在社会和家庭生活中所形成的品行，影响着主体的精神风貌。

职业精神是由多种要素构成的。这些要素分别从各个方面反映着职业精神的特定本质和基础，同时相互配合，形成严谨的职业精神模式。

(一）职业理想

职业精神所提倡的职业理想，主张各行各业的从业者，放眼社会利益，努力做好本职工作。一般说来，从业者对职业的要求可以概括为三个方面：维持生活、完善自我和服务社会。公民在选择职业时应该把服务社会放在首位。因为只有从社会的整体利益出发，从事社会所需要的各种职业，社会才能顺利地前进和发展，也只有在这个基础上，广大社会成员包括从业者自身，才能过上幸福的生活。

（二）职业态度

树立正确的职业态度是从业者做好本职工作的前提。职业态度具有经济学和伦理学的双重意义，它不仅揭示从业者在职业生活中的客观状况及参与社会生产的方式，而且揭示出他们的主观态度。其中，与职业有关的价值观念对职业态度有着特殊的影响。一个从业者积极性的高低和完成职业任务的好坏，在很大程度上取决于他的职业价值观念。职业伦理学研究表明，先进生产者的职业态度指标最高。因此，改善职业态度对于培育职业精神有着十分重要的意义。

（三）职业责任

这包括职业团体责任和从业者个体责任两个方面。例如，企业是拥有生产经营所必需的责、权、利的经济实体。在国家与企业的责、权、利关系中，责是主导方面。现代企业制度不仅正确划分了国家与企业的责、权、利，而且规定了企业与从业者的责、权、利，并使三者有机地结合起来。这里的关键在于，要促进从业者把客观的职业责任变成自觉履行的道德义务，这是职业精神的一个重要内容。

（四）职业技能

在现代社会中，职业对职业技能的要求越来越高，不但需要科学技术专家，而且迫切需要千百万名受过良好职业技术教育的技术人员、管理人员和其他具有一定科学文化知识和技能的熟练从业者。没有这样一支劳动者大军，先进的科学技术和先进的设备就不能成为现实的社会生产力。我国经济建设的实践证明，各级科技人员之间以及科技人员和工人之间都应有恰当的比例，这样生产建设才能顺利进行。

（五）职业纪律

职业纪律是从业者在利益、信念、目标基本一致的基础上所形成的高度自觉的新型纪律。从业者理解了这个道理，就能够把职业纪律由外在的强制力转化为内在的约束力。从根本上说，职业纪律可以保障从业者的自由和人权，促进其主动性和创造性的发挥。因此，职业纪律虽然有强制性的一面，但更有为从业者的内心信念所支持、自觉遵守的一面，而且是主要的一面，具有丰富的精神内涵。自觉的意志表示和服从职业的要求，这两种因素的统一构成了职业纪律的基础，这种职业纪律是法规性和道德性的统一。

（六）职业良心

这是从业者对职业责任的自觉意识，在人们的职业生活中有着巨大的作用，贯穿职业行为过程的各个阶段，是从业者重要的精神支柱。职业良心能依据履行责任的要求，对行为的动机进行自我检查，对行为活动进行自我监督。从业者在职业行为之后，能够对行为的结果和影响做出评价。对于履行职业责任所产生的良好后果和影响，从业者会得到内心的满足和欣慰；反之，从业者会进行内心的谴责，表现出内疚和悔恨。

（七）职业信誉

它是职业责任和职业良心的价值尺度，包括对职业行为的社会价值所做出的客观评价和正确的认识。从主观方面看，职业信誉是职业良心中知耻心、自尊心、自爱心的表现。职业良心中的这些方面，能使一个人自觉地按照客观要求的尺度去履行义务，宁愿做出自我牺牲也不愿违背职业良心，做出可耻、败坏声誉和损害职业精神的事情。在这个意义上，职业信誉鲜明地体现着为社会服务的职业理想和主人翁的职业态度。从客观方面看，职业信誉是社会对职业集团和从业者的肯定性评价，是职业行为的价值体现或价值尺度。同时，职业信誉要求从业者提高职业技能，遵守职业纪律。职业精神强调职业信誉，更重视把社会的客观评价转化为从业者的自我评价，促使从业者自觉发扬职业精神。

（八）职业作风

它是从业者在职业实践中所表现出的一贯态度。从总体上看，职业作风是职业精神在从业者职业生活中的习惯性表现。职业作风具有潜移默化的教育作用。它好比一个大熔炉，能把新成员锻炼成坚强的从业者，使老成员永远保持优良的职业品质。职业集体有了优良的职业作风，就可以互相影响、互为榜样，形成良好的职业风尚。

人类认识世界，只是为了改造世界，此外再无别的目的。一个正确的认识，往往需要经过由物质到精神、由精神到物质，即由实践到认识、由认识到实践这样多次的反复，才能够完成。这就是马克思主义的认识论，是辩证唯物论的认识论。因此，必须十分重视推进职业精神向职业实践的转化。

（九）敬业

敬业是职业精神的首要实践内涵，是指社会成员，特别是从业者对契合社会发展需要的各类职业，尤其是对自己所从事职业的尊敬和热爱。敬业本质上是一种文化精神，是职业道德的集中体现；是从业者希望通过自身的职业实践，去实现自身的文化价值追求，践行职业伦理观念。

深度链接

> 敬业与人的存在方式、本质、全面发展都有着直接的联系，并共同构成职业精神的完整价值系统。从事职业活动，既是对社会履行职责和义务，也是对自我价值的肯定和完善。职业精神所要求的敬业，承载着强烈的主观需求和明确的价值取向，这种主观需求和价值取向构成了从业者实践活动的内在尺度，规定着职业实践活动的价值目标。马克思在其中学毕业论文《青年在选择职业时的考虑》中写道："在选择职业时，我们应该遵循的主要指针是人类的幸福和我们自身的完美。不应认为，这两种利益是敌对的、互相冲突的、一种利益必须消灭另一种的；人类的天性本来就是这样：人们只有为同时代人的完美和为他们的幸福而工作，才能使自己也达到完善。""如果我们选择了最能为人类服务的职业，我们就不会为任何沉重负担所压倒，因为这是为全人类做出牺牲；那时我们得到的将不是可怜的、有限的和自私自利的快乐，我们的幸福将属于亿万人，我们的事业虽然并不显赫一时，但将永远发挥作用，当我们离开人世之后，高尚的人将在我们的骨灰上洒下热泪。"马克思在青年时期就树立了为全人类服务的崇高敬业精神，为我们树立了光辉的榜样。

（十）勤业

古人说"业精于勤"。职业精神必须落实到勤业上。为了做到勤业，我们不仅要强化职业责任，端正职业态度，还需要努力提高职业能力。在新世纪新阶段的今天，提高职业能力，就要在推进改革开放和现代化建设的实践中去提高，在驾驭社会主义市场经济的实践中去提高，在解决复杂矛盾和突出问题的实践中去提高，在应对各种挑战和风险的实践中去提高。

深度链接

> 毛泽东在《纪念白求恩》一文中对"勤业"给予了充分的肯定和高度的评价。他指出："白求恩同志毫不利己专门利人的精神，表现在他对工作的极端的负责任，对同志对人民的极端的热忱。白求恩同志以医疗为职业，对技术精益求精，在整个八路军医务系统中，他的医术是很高明的。这对于一班见异思迁的人，对于一班鄙薄技术工作以为不足道、以为无出路的人，也是一个极好的教训。"

（十一）创新

"创新是一个民族的灵魂，是一个国家兴旺发达的不竭动力。"职业发展的动力在于创新。面对世界科技进步所带来的日新月异的挑战，面对我国现代化建设提出的巨大需求，我们的职业活动必须开阔眼界，紧跟世界潮流，抓住那些对经济、科技、国防和社会发展具有战略性、基础性、关键性作用的重大课题，抓紧攻关、自主创新，不断有所发现、有所发明、有所创造、有所前进。历史反复证明，推进职业发展，关键要敢于和善于创新。创新是当今世界范围内经济和职业竞争的决定性因素。我们要坚持解放思想、实事求是，一切从实际出发，主观与客观相一致，理论与实践相统一，及时提出适应职业实践发展要求的方针政策，及时改革生产关系中不适应生产力发展及上层建筑中不适应经济基础发展的环节，不断从人民群众在实践中创造的新鲜经验中吸取营养，改进和完善我们的工作。

（十二）立业

随着人类社会跨入21世纪，各行各业的职业精神必须服从和服务于大局。综观全局，我们必须清醒地看到，我国正处于并将长期处于社会主义初级阶段，21世纪头20年，对我国来说，是一个必须紧紧抓住并且可以大有作为的重要战略时期。我们一定要高举社会主义旗帜，集中力量，全面建设惠及十几亿人口的更高水平的小康社会，使经济更加发展、民主更加健全、科教更加进步、文化更加繁荣、社会更加和谐、人民生活更加殷实。

三、职业能力

要干好一份职业，必须具备相应的职业能力。因为职业能力的强弱决定了一个人能否胜任相应的职业岗位，也将影响一个人的发展前途。职业不同，所需的职业能力也不同，但也有一些能力属于各行各业都需要的综合职业能力。职业能力分为一般职业能力、专业能力和综合能力。职业实践和教育培训是职业能力发展的前提。

职业能力（occupational ability）是人们从事其职业的多种能力的综合。职业能力可以定义为个体将所学的知识、技能和态度在特定的职业活动或情境中进行类化迁移与整合所形成的能完成一定职业任务的能力。

职业能力测试是通过某些测试来预测某人的职业定位及适合职业类型的倾向性测试，也称为职业能力倾向性测试。通过职业能力测试能更好地确定一个人的职业综合能力。

职业能力主要包含三个方面基本要素：①为了胜任一种具体职业而必须具备的能力，表现为任职资格；②步入职场之后表现出的职业素质；③开始职业生涯之后具备的职业生涯管理能力。例如，一位教师只具有语言表达能力是不够的，还必须具有对教学的组织和管理能力、对教材的理解和使用能力、对教学问题和教学效果的分析及判断能力等，并且能够对学生进行积极有效的教育。

如果说职业兴趣能决定一个人的择业方向以及在该方面乐于付出的努力的程度，那么职业能力则能说明一个人在既定的职业方面是否能够胜任，以及其在该职业中取得成功的可能性。

（一）职业能力的分类

职业能力是多种能力的综合，因此，我们可以把职业能力分为一般职业能力、专业能力和综合能力。

一般职业能力主要是指一般的学习能力、文字和语言运用能力、数学运用能力、空间判断能力、形体知觉能力、颜色分辨能力、手的灵巧度、手眼协调能力等。此外，任何职业岗位的工作都需要与人打交道，因此，人际交往能力、团队协作能力、对环境的适应能力，以及遇到挫折时良好的心理承受能力都是我们在职业活动中不可缺少的能力。

专业能力主要是指从事某一职业的专业能力。在求职过程中，招聘方最关注的就是求职者是否具备胜任岗位工作的专业能力。例如，你去应聘教学工作岗位，对方最看重你是否具备最基本的教学能力。

这里主要介绍国际上普遍注重培养的"关键能力"——综合能力，包括四个方面：

其一，跨职业的专业能力。从以下三个方面可以体现出一个人跨职业的专业能力：一是运用数学和测量方法的能力；二是计算机应用能力；三是运用外语解决技术问题和进行交流的能力。

其二，方法能力。一是信息收集和筛选能力；二是制订工作计划、独立决策和实施的能力；三是准确的自我评价能力和接受他人评价的承受力，以及从成败经历中有效吸取经验教训的能力。

其三，社会能力。社会能力主要是指团队协作能力、人际交往和沟通的能力。在工作中能够协同他人共同完成工作，对他人公正宽容，具有判断力和自律能力等，这是胜任岗位和在工作中开拓进取的重要条件。

其四，个人能力。随着中国经济体制改革的深入、法制的不断健全完善，人的社会责任心和诚信将越来越被重视，假冒伪劣将越来越无藏身之地，一个人的职业道德会越来越受到全社会的尊重和赞赏，爱岗敬业、工作负责、注重细节的职业人格会得到全社会的肯定和推崇。

（二）职业能力的作用

一方面，一定的职业能力是胜任某种岗位的必要条件。任何一个岗位都有相应的岗位职责要求，一定的职业能力是胜任岗位的必要条件。因此，求职者在进行择业时，首先要明确自己的能力优势以及胜任某种工作的可能性。条件允许的情况下，可寻求专业职业指导人员帮助分析。专业职业指导人员要根据求职者的学历状况、职业资格、职业实践等来确定求职者的职业能力，必要时可以将心理测试作为参考，在基本确定求职者的职业能力和发展可能性的基础上帮助求职者进行职业选择。

另一方面，职业能力是人的发展和创造的基础。能力是成功完成某种任务或胜任工作的基本因素，没有能力或能力低下，就难以达到工作岗位的要求，便不能胜任。个体的职业能力越强，各种能力越是综合发展，就越能在职业活动中实现创造和发展，取得较好的工作绩效，获得职业成就感。

要提升职业能力，主要途径有实践与总结、教育与培训两个方面，另外，还必须树立终身学习的理念，获取终身学习的途径。

1. 实践与总结

职业实践促进职业能力的发展。职业能力是在实践的基础上得到发展和提高的，一个人长期从事某一专业劳动，能促使人的能力向高度专业化发展。例如，计算机文字录用人员，随着工作的熟练和经验的积累，录入的速度会越来越快，准确性也会越来越高。个体的职业能力只有在实际工作中才能不断得到发展、强化和提高。

2. 教育与培训

教育培训能促进教育能力的提高。个体职业能力的提升，除了在实践中磨炼，最有效的途径就是接受教育和培训。像我们所熟悉的职业教育、专科教育、本科教育、研究生教育等，学生通过接受教育和培训，掌握相关知识和技能，这对以后更好地胜任本职工作会有极大的帮助。

3. 终身学习

（1）从书本中学习：书本知识是人类获取间接经验的最主要途径，阅读是学习书本知识最常用的方法。

（2）从生活中学习：生活中充满了实用性的知识和技能，只要当个有心人，就能够学到很多，这些知识与技能的灵活运用对个体的职业发展也有很大的帮助。

（3）从职场中学习：在职场，每个人包括上司、同事、客户甚至是竞争对手，都有可能成为个体学习的对象。

（4）从网络中学习：信息时代，知识更新速度加快，互联网的普及使学习变得高效。

（5）从思考中学习：学习知识关键在于善于思考。思考、发现并解决问题的过程就是一个自我提升的过程。

附录一　霍兰德职业索引——职业兴趣代码与其相应的职业对照表

R（现实型）：木匠、农民、操作X光的技师、飞机机械师、鱼类和野生动物专家、自动化技师、机械工（车工、钳工等）、电工、无线电报务员、火车司机、长途公共汽车司机、机械制图员、机器修理工、电器师。

I（研究型）：气象学者、生物学者、天文学家、药剂师、动物学者、化学家、科学报刊编辑、地质学者、植物学者、物理学者、数学家、实验员、科研人员、科技作者。

A（艺术型）：室内装饰专家、图书管理专家、摄影师、音乐教师、作家、演员、记者、诗人、作曲家、编剧、雕刻家、漫画家。

S（社会型）：社会学者、导游、福利机构工作者、咨询人员、社会工作者、社会教师、学校领导、精神病工作者、公共保健护士。

E（企业型）：推销员、进货员、商品批发员、旅游经理、饭店经理、广告宣传员、调度员、律师、政治家、零售商。

C（传统型）：记账员、会计、银行出纳、法庭速记员、成本估算员、税务员、核算员、打字员、办公室职员、计算机操作员、秘书。

下面介绍与你3个代号的职业兴趣类型一致的职业，对照的方法如下：

首先根据你的职业兴趣代号，找出相对应的职业，例如，你的职业兴趣代号是RIA，那么牙科技术人员、陶工等是适合你兴趣的职业。其次寻找与你的职业兴趣代号相近的职业，如你的职业兴趣代号是RIA，那么，其他由这三个字母组合成的编号（如IRA、IAR、ARI等）对应的职业也适合你的兴趣。

RIA：牙科技术员、陶工、建筑设计员、模型工、细木工、制作链条人员。

RIS：厨师、林务员、跳水员、潜水员、染色员、电器修理工、电工、纺织机器装配工、服务员、装玻璃工人、发电厂工人、焊接工。

RIE：建筑和桥梁工程技术人员、环境工程技术人员、航空工程技术人员、公路工程技术人员、电力工程技术人员、信号工程技术人员、电话工程技术人员、一般机械工程技术人员、自动工程技术人员、矿业工程技术人员、海洋工程技术人员、交通工程技术人员、计量员、农民、农场工人、农业机械操作员、清洁工、无线电修理工、手表修理工、管工、线路装配工、工具仓库管理员。

RIC：船上工作人员、接待员、杂志保管员、牙医助手、制帽工、磨坊工、石匠、机器制造人员、机车（火车头）制造人员、农业机器制造人员、缝纫机装配工、钟表装配和检验人员、电动器具装配人员、鞋匠、锁匠、货物检验员、电梯机修理工、托儿所所长、钢琴调音员、装配工、印刷工、建筑钢铁工作、卡车司机。

RAI：手工雕刻人员、玻璃雕刻人员、制作模型人员、家具木工、制作皮革品、手工绣花、手工钩针纺织、排字工作、印刷工作、图画雕刻、装订工。

RSE：消防员、交通巡警、警察、门卫、理发师、房间清洁工、屠夫、锻工、开凿工人、管道安装工、出租汽车驾驶员、货物搬运工、送报员、勘探员、娱乐场所的服务员、起卸机操作工、灭害虫者、电梯操作工、厨房助手。

RSI：纺织工、编织工、农业学校教师、某些职业课程教师（如艺术、商业、技术、工艺课程）、雨衣上胶工。

REC：抄水表员、保姆、实验室动物饲养员、动物管理员。

REI：轮船船长、航海领航员、大副、试管实验员。

RES：旅游服务员、家畜饲养员、渔民、渔网修补工、水手长、收割机操作工、搬运行李工人、公园服务员、救生员、登山导游、火车工程技术员、建筑工人、铺轨工人。

RCI：测量员、勘测员、仪表操作者、农业工程技师、化学工程技师、民用工程技师、石油工程技术师、资料管理员、探矿工、煅烧工、烧窑工、矿工、保养工、磨床工、取样工、样品检验员、纺纱工、炮手、漂洗工、电焊工、锯木工、刨床工、制帽工、手工缝纫工、油漆工、染色工、按摩工、木匠、农民建筑工、电影放映员、勘测助手。

RCS：公共汽车驾驶员、一等水手、游泳池服务员、裁缝、建筑工、石匠、烟囱修建工、混凝土工、电话修理工、爆炸手、邮递员、矿工、裱糊工人、纺纱工。

RCE：打井工、吊车驾驶员、农场工人、邮件分类员、铲车司机、拖拉机司机。

IAS：普通经济学家、农场经济学家、财经经济学家、国际贸易经济学家、实验心理学家、工程心理学家、心理学家、哲学家、内科医生、数学家。

IAR：人类学家、天文学家、化学家、物理学家、医学病理学家、动物标本剥制者、化石修复者、艺术品管理者。

ISE：营养学家、饮食顾问、火灾检查员、邮政服务检查员。

ISC：侦查员、电视播音室修理员、电视修理服务员、验尸室人员、编目录者、调查研究者。

ISR：水生生物学者、昆虫学者、微生物学家、配镜师、视力矫正者、细菌学家、牙科医生、骨科医生。

ISA：实验心理学家、普通心理学家、发展心理学家、教育心理学家、社会心理学家、临床心理学家、目标学家、皮肤病学家、精神病学家、妇产科医师、眼科医生、五官科医生、医学实验室技术专家、民航医务人员、护士。

IES：细菌学家、生理学家、化学专家、地质专家、地理物理学专家、纺织技术专家、医院药剂师、工业药剂师、药房营业员。

IEC：档案保管员、保险统计员。

ICR：质量检验技术员、地质学技师、工程师、法官、图书馆技术辅导员、计算机操作员、医院听诊员、家禽检查员。

IRA：地理学家、地质学家、声学物理学家、矿物学家、古生物学家、石油学家、地震学家、声学物理学家、原子、分子物理学家、电学和磁学物理学家、气象学家、设计审核员、人口统计学家、数学统计学家、外科医生、城市规划家、气象员。

IRS：流体物理学家、物理海洋学家、等离子体物理学家、农业科学家、动物学家、生物化学家、食品科学家、园艺学家、植物学家、细菌学家、解剖学家、动物病理学家、作物病理学家、药物学家、生物化学家、生物物理学家、细胞生物学家、临床化学家、遗传学家、量子生物学家、质量控制工程师、地理学家、兽医、放射性治疗师。

IRE：化验员、化学工程师、纺织工程师、食品技师、渔业技术专家、材料合测试工程师、电气工程师、土木工程师、航空工程师、行政官员、冶金专家、原子核工程师、陶瓷工程师、地质工程师、电力工程师、口腔科医生、牙科医生。

IRC：领航员、飞行员、物理实验室技师、文献检查员、农业技术专家、动植物技术专家、生物技师、油管检查员、工商业规划者、矿藏安全检查员、纺织品检验员、照相机修理者、工程技术员、编计算程序者、工具设计者、仪器维修工。

CRI：簿记员、会计、记时员、铸造机操作工、打字员、按键操作工、复印机操作工。

CRS：仓库保管员、档案管理员、缝纫工、讲述员、收款人。

CRE：标价员、实验室工作者、广告管理员、自动操作员、电动机装配工、缝纫机操作工。

CIS：记账员、顾客服务员、报刊发行员、土地测量员、保险公司职员、会计师、估价员、邮政检查员、外贸检查员。

CIE：打字员、统计员、支票记录员、订货员、校对员、办公室工作人员。

CIR：校对员、工程职员、海底电报员、检修计划员、发报员。

CES：接待员、通讯员、电话接线员、卖票员、旅馆服务员、私人职员、商学教师、旅游办事员。

CSR：运货代理商、铁路职员、交通检查员、办公室通信员、簿记员、出纳员、银行财务职员。

CSA：秘书、图书管理员、办公室办事员。

CER：邮递员、数据处理员、办公室办事员。

CEI：推销员、经济分析家。

CES：银行会计、记账员、法人秘书、速记员、法院报告人。

ECI：银行行长、审计员、信用管理员、地产管理员、商业管理员。

ECS：信用办事员、保险人员、各类进货人员、海关服务经理、售货员、购买员、会计。

ERI：建筑物管理员、工业工程师、农场管理员、护士长、农业经营管理人员。

ERS：仓库管理员、房屋管理员、货栈监督管理员。

ERC：邮政局局长、渔船船长、机械操作领班、木工领班、瓦工领班、驾驶员领班。

EIR：科学、技术及有关周期出版物的管理员。

EIC：专利代理人、鉴定人、运输服务检查员、安全检查员、废品收购人员。

EIS：警官、侦查员、交通检查员、安全咨询员、合同管理员、商人。

EAS：法官、律师、公证人。

EAR：展览室管理员、舞台管理员、播音员、驯兽员。

ESC：理发师、裁判员、政府行政管理员、财政管理员、工程管理员、职业病治疗助手、售货员、商业经理、办公室主任、人事负责人、调度员。

ESR：家具售货员、书店售货员、公共汽车驾驶员、日用品售货员、护士长、自然科学和工程的行政领导。

ESI：博物馆管理员、图书馆管理员、古迹管理员、饮食业经理、地区安全服务管理员、技术服务咨询者、超级市场管理员、零售商品店店员、批发商、出租汽车服务站调度员。

ESA：博物馆馆长、报刊管理员、音乐器材销售员、广告商售画营业员、导游（轮船或班机上的）、事务长、飞机上的服务员、船员、法官、律师。

ASE：戏剧导演、舞蹈教师、广告撰稿人、报刊/专栏作者、记者、演员、英语翻译。

ASI：音乐教师、乐器教师、美术教师、管弦乐指挥、合唱队指挥、歌手、演奏家、哲学家、作家、广告经理、时装模特。

AER：新闻摄影师、电视摄影师、艺术指挥、录音指导、魔术师、木偶戏演员、骑士、跳水员。

AEI：音乐指挥、舞台指导、电影演员。

AES：流行歌手、舞蹈演员、电影导演、广播节目主持人、舞蹈教师、口技表演员、喜剧演员、模特。

AIS：画家、剧作家、编辑、评论家、时装艺术人师、新闻摄影师、演员、文学作者。

AIE：花匠、皮衣设计师、工业产品设计师、剪影艺术家、复制雕刻品大师。

AIR：建筑师、画家、摄影师、绘图员、环境美化工、雕刻家、包装设计师、陶器设计师、绣花工、漫画工。

SEC：社会活动家、退伍军人服务官员、工商会事务代表、教育咨询者、宿舍管理员、旅游管理员、饮食服务管理员。

SER：体育教练、游泳指导。

SEI：大学校长、学院院长、医院行政管理员、历史学家、家政经济学家、职业学校教师、资料员。

SEA：娱乐活动管理员、国外服务办事员、社会服务助理、一般咨询者、宗教教育工作者。

SCE：部长助理、福利机构职员、生产协调人、环境卫生管理人员、戏院经理、餐馆经理、售票员。

SRI：外科医师助理、医院服务员。

SRE：体育教师、职业病治疗者、体育教练、专业运动员、房管员、儿童家庭教师、警察、引座员、传达员、保姆。

SRC：护理员、护理助理、医院勤杂工、理发师、学校儿童服务人员。

SIA：社会学家、心理咨询者、学校心理学家、政治科学家、大学或学院的教育学教师、大学农业教师、大学工程和建筑课程的教师、大学法律教师、大学教师（教授科目为数学、医学、物理、社会科学和生命科学）、研究生助教、成人教育教师。

SIE：营养学家、饮食学家、海关检查员、安全检查员、税务稽查员、校长。

SIC：描图员、兽医助理、诊所助理、体检检查员、监督缓刑犯的工作者、娱乐指导者、咨询人员、社会科学教师。

SIR：理疗员、救护队工作人员、手足病医生、职业病治疗助手。

附录二　价值观拍卖表

待出售的职业（能够让我……的职业）	我的预算金额	我的最高价格	我赢得的项目	与项目相关的价值
有吸引力，让每一个认识的人都喜欢自己				
拥有健康——长寿而且没有疾病				
有清晰的自我认识，知道自己是谁				
每年至少赚100万元				
成为一个团体或者政党中最有影响力的人				
有时间过愉快的、有意义的家庭生活				
参加社会活动，如音乐会、戏剧、芭蕾舞表演或体育运动				
在一个没有歧视、欺骗和不公正的环境中工作				
为弱势群体竭诚服务				
什么时候都可以做自己喜欢的事情				
有一份稳定的工作和收入				
能够寻找到生活的意义和真谛				
精通专业，能在所做的一切事情上取得成功				
有学习的条件——有所需的全部书籍、电脑和各种辅助物				
创造一个能让人们自由地给予和付出爱的氛围				
冒险、迎接挑战，过一个精彩的人生				
产生新思想，创造新的行动方式				
自由决定工作的条件、时间、位置和着装等				
制作有吸引力的物品，为世界增添美丽				
获得全国范围内和世界性的荣誉和声望				
休长假，什么都不用做，只要开心玩乐				

附录三　我的成就事件回忆表

序号	要达到的目标	障碍及限制	具体做什么	取得什么成就	成就可用什么度量
1					
2					
3					
4					
5					
6					
7					

附录四　职业生涯人物访谈报告

姓名：_____

对象：_____

专业：_____

班级：_____

日期：_____

目　录

一、目标职业生涯人物选取

二、目标职业生涯人物简介

三、访谈过程简介

四、目标职业分析

五、总结

附件：访谈记录

大学生职业生涯规划人物访谈记录

一、访谈时间：＿＿＿＿＿＿＿＿＿＿＿＿＿＿＿＿＿＿＿＿＿＿＿＿＿＿

二、访谈方式：＿＿＿＿＿＿＿＿＿＿＿＿＿＿＿＿＿＿＿＿＿＿＿＿＿＿

三、被访谈人：＿＿＿＿＿＿＿＿＿＿＿＿＿＿＿＿＿＿＿＿＿＿＿＿＿＿

四、访谈人：＿＿＿＿＿＿＿＿＿＿＿＿＿＿＿＿＿＿＿＿＿＿＿＿＿＿＿

五、访谈内容：＿＿＿＿＿＿＿＿＿＿＿＿＿＿＿＿＿＿＿＿＿＿＿＿＿＿

1. 问题：＿＿＿＿＿＿＿＿＿＿＿＿＿＿＿＿＿＿＿＿＿＿＿＿＿＿＿＿＿

答：＿＿＿＿＿＿＿＿＿＿＿＿＿＿＿＿＿＿＿＿＿＿＿＿＿＿＿＿＿＿＿

2. 问题：＿＿＿＿＿＿＿＿＿＿＿＿＿＿＿＿＿＿＿＿＿＿＿＿＿＿＿＿＿

答：＿＿＿＿＿＿＿＿＿＿＿＿＿＿＿＿＿＿＿＿＿＿＿＿＿＿＿＿＿＿＿

3. 问题：＿＿＿＿＿＿＿＿＿＿＿＿＿＿＿＿＿＿＿＿＿＿＿＿＿＿＿＿＿

答：＿＿＿＿＿＿＿＿＿＿＿＿＿＿＿＿＿＿＿＿＿＿＿＿＿＿＿＿＿＿＿

提交纸质版及电子版。请每组准备好推选1名同学上台分享。

附录五 我的生涯规划档案

我的生涯规划档案

姓名：　　　　　日期：

一、你如何描述自己

1. 你的霍兰德类型

请根据"霍兰德职业兴趣类型"表和职业兴趣测试报告中对六种类型的描述，在下面列出最能描述你自己的语句。

"霍兰德职业兴趣类型"表中符合你自身情况的描述：

　　　　　　　　　　　　　　　　　　　　　　
　　　　　　　　　　　　　　　　　　　　　　
　　　　　　　　　　　　　　　　　　　　　　
　　　　　　　　　　　　　　　　　　　　　　
　　　　　　　　　　　　　　　　　　　　　　
　　　　　　　　　　　　　　　　　　　　　　
　　　　　　　　　　　　　　　　　　　　　　
　　　　　　　　　　　　　　　　　　　　　　
　　　　　　　　　　　　　　　　　　　　　　
　　　　　　　　　　　　　　　　　　　　　　

2. 你的MBTI偏好类型

请根据"MBTI人格类型的四个维度及其特点"表和"MBTI性格类型及其适合职业"表中对MBTI类型的描述，写下最能描述你自己的语句。

注意：你所考虑的职业至少应当在一定程度上允许你展现自己的兴趣和个性。如果你阅读完相关材料并做完测试后，仍不能确定自己的类型，请与职业生涯咨询师约谈。

_____ _____
_____ _____
_____ _____
_____ _____
_____ _____
_____ _____
_____ _____
_____ _____
_____ _____

二、职业清单

1. 你的霍兰德类型建议你考虑的职业

根据你的兴趣探索结果，列出至少十种与你的霍兰德类型相对应（或近似）的职业，并标出每种职业的霍兰德代码。

         职业   霍兰德代码（3个字母）

(1) _____ _____
(2) _____ _____
(3) _____ _____
(4) _____ _____
(5) _____ _____
(6) _____ _____
(7) _____ _____
(8) _____ _____
(9) _____ _____
(10) _____ _____
(11) _____ _____
(12) _____ _____

注意：请参考你所学的其他兴趣练习，思考什么样的职业令你感兴趣。

_____
_____

2. 你的MBTI类型所建议的职业

根据你的MBTI类型偏好，从相关测试或资料所列出的职业中挑选出你感兴趣的职业，<u>至少要有十种</u>。

职业

① _____
② _____
③ _____
④ _____
⑤ _____
⑥ _____
⑦ _____
⑧ _____
⑨ _____
⑩ _____
⑪ _____
⑫ _____

注意：这些工作有什么共通之处吗？请根据自己的MBTI类型思考什么样的职业能使你感到满意。

_____

三、将你的清单上的职业进行分类和进一步探索

对你在前两项中所列出的每一个职业进行分类，并把它填在相应的横线上。比如，若医生这个职业在你的兴趣列表和MBTI列表中都有出现，就将它列在第一类中。在第四类中列出那些你特别感兴趣但在前面未曾出现过的职业。

第一类：很有可能

在兴趣和个性探索中都曾出现的职业

_____   _____
_____   _____
_____   _____
_____   _____

注意：这些职业都值得你去深入地探索。你的职业探索最好首先集中在这些职业上。了解这些职业的要求和工作环境等细节。根据目前你对自己的兴趣和个性的了解，考虑一下你将会如何从事这份工作。

第二类：比较有可能
在兴趣或个性探索中出现过一次的职业

_____   _____

_____   _____

_____   _____

注意：这些职业供你进行下一步的探索。

第三类：有些可能
根据你的兴趣和个性探索结果，筛选出符合你某方面情况，但与你另一方面的情况有冲突的职业

_____   _____

注意：考虑一下，如果你从事这些职业，会出现什么情况？是否会有矛盾冲突？如何解决？

第四类：其他的职业
在兴趣和个性探索中都未曾出现且与之没有共同点但你感兴趣的职业

_____   _____

_____   _____

注意：这些职业的可能性通常不是很大。问问自己：为什么会对它感兴趣？是出于什么样的动机？想想你的目标和信念是否与这些工作匹配。

四、你的价值观

列出你最重要的五项价值观，并请具体说明它们的含义。

1. _____
2. _____
3. _____
4. _____
5. _____

五、你的技能

找出你<u>最擅长</u>并愿意在未来的职业中运用的技能。

1. 你最重要的五项自我管理技能（形容词）
   ① _____
   ② _____
   ③ _____
   ④ _____
   ⑤ _____

2. 你最重要的五项可迁移技能（动词）
   ① _____
   ② _____
   ③ _____
   ④ _____
   ⑤ _____

3. 你最重要的五项专业技能（名词）
   ① _____
   ② _____
   ③ _____
   ④ _____
   ⑤ _____

六、继续探索的职业清单

重阅你在前面所列出的所有技能，根据你对自我的了解，结合你的价值观和技能，在下面空白处列出那些你想继续探索的职业（可能是上面出现过的，也可以是未曾出现但符合上面共同特点的职业）。

注意：在选择你想继续探索的职业时，<u>请不要在未对它有任何了解前就轻易地将它排除。在这张清单上，你需要有足够的职业供自己探索，但也要有一定的目标。也就是说，最好不要少于五个，不多于十个</u>。将你的精力集中在下面的这些职业上。

作为职业探索的一部分，下一步我打算：
☐ 收集、研究与特定领域的职业有关的书面信息。
☐ 采访有关人士，对我感兴趣的职业领域做进一步的了解。
☐ 从职业咨询老师或其他老师那里寻求更多的个人帮助。
☐ 通过选修课程来检验自己对某一相关职业领域的兴趣。
☐ 通过参加社团活动来检验自己对某一相关职业领域的兴趣。

□通过业余兼职、实习或做志愿者等方式来检验自己对某一相关职业领域的兴趣。

□_____

七、目标设立与行动计划

1. 我的长期目标

_____
_____

2. 为了做到这一点，我还需要以下信息和帮助

_____
_____
_____

3. 为了实现这一目标，在这一个月内我应该做的事

_____
_____
_____
_____
_____

八、我的简历

姓名： 　　　　　　　　　　性别：

电话： 　　　　　　　　　　地址：

邮编： 　　　　　　　　　　E-mail：

求职意向：

●

个人特点：

●

●

●

教育背景：

●

●

●

相关经历（含职务升迁）：

- ●社会实践：
- ●志愿工作：
- ●全职/兼职：
- ●实习经历：
- ●社团活动：

获得奖励：

- ●

职业资格证：

- ●

其他技能（外语、计算机等）：

- ●
- ●

九、求职档案内容清单（略）

十、面试笔记（略）

附录六 我的参访计划反馈表

企业名称		参访人员	
企业情况			
参访时想要了解的内容	具体内容		实地情况
访谈对象职位		姓名/职位	
想询问的问题	具体问题		答复
确定的意向岗位			
原因分析			

附录七 考公、考研、考证备考指南

一、研究生备考（硕士）

（一）报考条件

（1）国家承认学历的应届本科毕业生；

（2）具有国家承认的大学本科毕业学历的人员；

（3）获得国家承认的高职高专学历后，经两年或两年以上，达到与大学本科毕业生同等学力，且符合招生单位的培养目标对考生提出的具体业务要求的人员；国家承认学历的本科结业生和成人高校应届本科毕业生要按本科毕业同等学力报考。

（二）报考科目

（1）公共课

（2）专业课

（3）外语

（三）考试时间

（1）笔试一般在每年的1月左右进行。

（2）复试一般在5月上旬结束。

二、公务员备考

（1）所谓公务员，是指国家机关正式工作人员。国家机关有广义和狭义之分。狭义的只包括国家行政机关，广义的包括权力机关、党的机关以及司法机关和检察机关。

（2）考试科目：中央的为《行政职业能力倾向测试》和《申论》，地方的有所不同。

（3）招考程序

①发布招考公告：每年10月左右发布，内容包括招考职位和名额、报考专业、自身条件、报名方式、考试科目、内容、报名及考试时间和地点等。

②报名：一般先在网上报名再打印出来，加上相关证件，到指定地点确认。

③考试：分笔试和面试，笔试统一命制试卷、统一考试时间、统一组织阅卷评分。笔试合格者一般按照1∶3比例确定面试对象。

④体检和考核：对面试合格的考生，按笔试、面试成绩各占50%的比例合成总成绩，依总成绩高低顺序，确定体检人选。

⑤录用：根据考生总成绩高低顺序和体检、考核结果，分类择优录取，报人事部门审批。

⑥试用期：新录用的公务员，试用期为1年。试用期合格正式任职，不合格的取消录用资格。

三、职业资格证备考

职业资格证制度是劳动就业制度的一项重要内容，也是一种特殊的考试制度。资格证种类繁多，主要内容是按照国家指定的职业技能标准或任职资格条件，通过政府认定的考核鉴定机构，对劳动者的技能水平或任职资格进行客观公正、科学规范的评价和鉴定，对合格者授予相应的国家职业资格证书的政策规定和实施办法。

四、专业技术资格备考

与其说专业技术资格是一种考试，不如说是一种需要考试配合的评聘制度。专业技术资格的评聘是一个人获得相关职业岗位后达到一定水平的考核制度。专业技能水平主要依靠机构内部的考查评审，但资格的获得需要职称外语和职称计算机两项考试的合格成绩。

参考文献

［1］曲振国．大学生职业生涯规划与就业创业指导教程［M］．西安：西安交通大学出版社．

［2］时寒冰．时寒冰说未来二十年，经济大趋势现实篇［M］．上海：上海财经大学出版社．

［3］李开复，徐小平，雷军，等．创业时，我们在知乎上聊什么［M］．北京：中信出版社．

［4］古典．拆掉思维里的墙［M］．长春：吉林出版集团，北方妇女儿童出版社．

［5］古典．你的生命有什么可能［M］．长沙：湖南文艺出版社．

［6］鲍利斯．你的降落伞是什么颜色［M］．李春雨，王鹏程，陈雁，译．北京：中国华侨出版社．

［7］李笑来，胖兔子粥粥．把时间当作朋友［M］．北京：电子工业出版社．

［8］霍尔特．世界为何存在［M］．北京：北京大学出版社．

［9］凯曼．丈量世界［M］．海口：南海出版公司．

［10］霍奇斯．艾伦·图灵传［M］．长沙：湖南科学技术出版社．

［11］戈登．疯狂的投资［M］．北京：中信出版社．

［12］刘军宁．投资哲学［M］．北京：中信出版社．

［13］熊秉元．正义的成本［M］．北京：东方出版社．

［14］薛兆丰．经济学通识［M］．北京：北京大学出版社．

［15］黑兹利特．一课经济学［M］．北京：中信出版社．

［16］曼彻斯特．光荣与梦想［M］．四川外国语大学翻译学院翻译组，译．北京：中信出版集团股份有限公司．

［17］高阳．慈禧全传［M］．北京：新星出版社．

［18］熊逸．春秋大义［M］．北京：民主与建设出版社．

［19］方伟．大学生职业生涯规划咨询案例教程［M］．北京：北京大学出版社．

［20］章达友．职业生涯规划与管理［M］．厦门：厦门大学出版社．

［21］里尔登．职业生涯发展与规划：第4版［M］．北京：中国人民大学出版社．

［22］张博．职业生涯规划与管理［M］．北京：中国电力出版社．

［23］侯志瑾．职业生涯发展与规划［M］．北京：高等教育出版社．

［24］曲振国，杨文亭，陈子文，等．大学生就业指导与职业生涯规划（修订版）［M］．北京：清华大学出版社，2015．

［25］钟谷兰，杨开．大学生职业生涯发展与规划［M］．上海：华东师范大学出版社．

［26］戴安萨克尼克，丽萨若夫门．职业指导：职业生涯规划教程［M］．张群芳，王家宝，方慧，译．中国劳动社会保障出版社．

［27］王伯庆，马妍．2018年中国本科生就业报告［R］．北京：社会科学文献出版社．

［28］中国教育在线［OL］．http：//career.eol.cn/zhuanye/201506/t20150616_1275422.shtml．

［29］何建华，张婧．职业生涯管理［M］．北京：知识产权出版社．

［30］人力资源社会保障部职业能力建设司，中国就业培训技术指导中心．求职能力实训手册［M］．北京：中国劳动社会保障出版社，2022．

［31］张强，李静怡．职业生涯规划与就业创业指导［M］．重庆：重庆大学出版社．

［32］金树人．生涯咨询与辅导［M］．北京：高等教育出版社．

编后记

　　高等教育的目标不仅是传授专业知识，更是培养适应社会发展的综合型人才。在当今快速变革的时代，大学生面临着前所未有的机遇与挑战：科技革命催生新业态，产业升级重塑就业市场，职业路径日益多元化。在此背景下，创新创业能力、职业规划意识和就业竞争力已成为学生走向社会的核心素养。为此，我们编写了本系列教材，旨在构建贯穿大学四年的生涯发展教育体系，助力学生从校园到职场的顺利过渡。

　　当前，全球正经历数字化、智能化的深刻变革。一方面，新技术、新模式不断涌现，为创新创业提供了广阔空间；另一方面，就业市场结构性矛盾突出，"慢就业""缓就业"现象增多，职业选择的复杂性显著提升。这一趋势对高等教育提出了新要求：学生不仅需要具备扎实的专业基础，更需要具备前瞻性的职业视野、灵活的应变能力和主动的进取精神。本系列教材的编写，正是顺应了这一时代需求。

　　《创新引领未来　创业成就梦想》《投身创新演练　淬炼创业本领》教材聚焦创新思维与创业实践，通过案例解析与技能训练，帮助学生突破传统认知边界，培养机会识别、资源整合和风险应对能力；《规划职业理想　成就精彩人生》教材引导学生从大二开始科学规划学业与职业，通过行业分析和目标管理工具，建立个性化的成长路径；《掌握求职技巧　开启职业之门》针对大四学生的实际需求，涵盖简历制作、面试技巧、职业适应等内容，缩短学生与职场之间的认知差距。教材层层递进，形成"启蒙—规划—实践"的闭环，既符合学生成长规律，也契合社会对复合型人才的期待。教材的编写始终围绕"能力培养"这一核心。我们摒弃了空洞的理论说教，代之以任务驱动、情境模拟和实战演练，强调"做中学、学中悟"。我们深信，教育的本质是点燃学生内在的动力,鼓励学生主动探索、批判思考,而非被动接受知识。

世界永远属于那些敢于创新、善于规划、勇于行动的人。愿这套教材能陪伴大家在充满不确定性的时代,走出属于自己的确定性道路。

编 者

2025年5月